农民合作社与新型农村社区治理

NONGMIN HEZUOSHE YU XINXING NONGCUN SHEQU ZHILI

董进才◎著

经济管理出版社
ECONOMY & MANAGEMENT PUBLISHING HOUSE

图书在版编目（CIP）数据

农民合作社与新型农村社区治理/董进才著. —北京：经济管理出版社，2020. 11
ISBN 978-7-5096-7647-9

Ⅰ. ①农…　Ⅱ. ①董…　Ⅲ. ①农业合作社—研究—中国 ②农村社区—社区管理—研究—中国　Ⅳ. ①F321. 42 ②D669. 3

中国版本图书馆 CIP 数据核字（2020）第 235460 号

组稿编辑：张莉琼
责任编辑：丁慧敏　张莉琼　乔倩颖
责任印制：黄章平
责任校对：张晓燕

出版发行：经济管理出版社
（北京市海淀区北蜂窝 8 号中雅大厦 A 座 11 层　100038）
网　　址：www. E-mp. com. cn
电　　话：（010）51915602
印　　刷：北京玺诚印务有限公司
经　　销：新华书店
开　　本：710mm×1000mm /16
印　　张：12. 25
字　　数：214 千字
版　　次：2020 年 12 月第 1 版　　2020 年 12 月第 1 次印刷
书　　号：ISBN 978-7-5096-7647-9
定　　价：68. 00 元

前　言

随着农村“空心化”现象日益严重，农村社会化服务的改善问题越来越突出，一些地区开始将若干自然村进行规划整合，建设集中居住区，通过这种方式展开了以城镇化改造、公共服务社会化推动农村社区改造的农村变革。新型农村社区形成后，农村基层社会结构发生了很大变化，传统的农村治理结构已不适应，出现了许多问题，尤其是缺乏治理主体间的协同，居民参与积极性不高，与中央提出的“党委领导、政府负责、社会协同、公众参与”要求还有很大差距。本书拟从农民合作社与现有治理体系融合的角度，探讨“社会协同、公众参与”的具体方式和路径，为新型农村社区治理提供一条可以借鉴的思路。

本书在梳理国内外农村社区建设文献的基础上，通过对浙江、江苏、山东、河北、湖南、山西一些农村社区和农民合作社的调研，以及对农业主管部门领导、社区组织和农民合作社负责人、普通农村居民的深度访谈、问卷调查，了解目前农民合作社和农村新型社区发展中的典型案例和突出问题，借鉴日本、韩国的一些发展经验，探索在新型农村社区治理中嵌入农民合作社的体制机制和运行模式，并提出促进农民合作社发展及推动其参与农村社区治理的措施。

本书研究内容主要包括：①新型农村社区建设的必要性分析。从解决农村“空心化”、改善人民生活、缩小城乡差距等方面阐述新型农村社区建设的必要性。②新型农村社区治理现状与问题分析。以浙江省为例，从农民聚集程度的变化、基础设施的建设以及农村基本社会服务改善情况，分析新型农村社区建设给农村带来的变化，通过梳理社区建设的三种主要治理模式——行政组织主导、社区组织主导和两者协同治理，指出社区建设中存在的集体资产管理不善、公共服务水平低、产业支撑能力弱、农民参与程度不够和对新型社区认同度不高等问题。③农民合作社参与农村社区治理的外部经验。重点考察日本农协、韩国农协在农村社区管理中的经验，分析农民合作经济组织在各自国家或地区带领农民致富、维护农民权益、协助政府执行农业政策以及在社区建设中的典型做法。④农民合作社参与农村社区治理的可行性。通过对合作社农民的调查，了解现阶段合作社农民参与农村社区治理的意愿和动机，以及农民合作社参与农村治理的一些现实做法。⑤农民合作社参与新型农村社区治理的依据研究。从农民合作社的历史使命、农村社会环境条件变化、农民合作社参与社区治理的理论依据和现实基础四个方面分析农民合作社参与新型农村社区治理的依据。⑥不同类型农民合作社参与新型农村社区治理的现状分析。对目前在农村社区治理中影响比较大的农民专业合作社、土地流转合作社、社区股份合作社、社区综合合作社以及消费合作社等成功案例进行研究。⑦探索嵌入农民合作社的新型农村社区治理模式。从治理结构、治理机制、运作模式的角度，分析在传统的治理体系内如何有机地融入农民合作社及其他社会组织，并提出促进农民合作社在新型农村社区治理中充分发挥作用的一些对策和措施。

本书主要得出以下观点和研究结论：①新型农村社区善治的关键在于多元主体间协同效应的发挥，只有充分发挥社会组织力量，与现有治理主体一起形成多位一体的立体管理，多元利益得以有效整合，才能达到治理协同效应的最大化。②虽然都属于民间组织，农民合作社具有其他农村社区社会组织无法比拟的重要性，在各个方面对农民的影响都比较大，是农村社区构建“平权式治理结构”中的重要一环，因此要区别对待。③尽管发展过程中受到一些质疑，但从长期来看，新型农村社区建设是解决农村“空心化”问题、缩小城乡差别、实现乡村振兴的重要途径。④要保证农村社区能够健康可持续发展，必须重视社区居民在治理体系中的作用发挥，多元主体治理结构的构建，是防止农村社区建设片面发展的保证，能够有效避免政绩工程、形象工程的出现。⑤社区治理体制、机制创新的关键在于社会组织形成整合力量，没有有机整合，松散的社会组织即使数量再多，也难以成为一股重要的参与力量，因此，组建“社会组织联合会”是提高公民参与能力的有效途径。⑥现行的《中华人民共和国农民专业合作社法》针对的是农民专业合作社，而现实中出现了多种不同类型的农民合作组织，在各自领域内为农民生产生活的改善创造条件，因此应该从政策制度方面，扩大对合作社的支持范围，同时还要加大对农民合作社的支持力度，使之真正成为能够承担起农业产业化发展、农民脱贫致富、农村社会治理的重要组织载体。

我国新型农村社区发展的时间不长，也不普遍，多数地区尚未形成有效的治理结构和高效的运行机制。本书通过对农民合作社四大功能的探讨，认为在新型农村社区治理中嵌入农民合作社，是完善新型农村社区治理的有效举措，并提出了现有农村治理体制机制完善的思路，希望对新型农村社区的治理有所帮助。

目 录

第一章　绪　论

第一节　问题的提出

2006年党的十六届六中全会通过的《中共中央关于构建社会主义和谐社会的若干重大问题决定》中提出，要“全面开展城市社区建设，积极推进农村社区建设，健全新型社区管理和服务体制，把社区建设成为管理有序、服务完善、文明祥和的社会生活共同体。完善居（村）民自治，支持居（村）民委员会协助政府做好公共服务和社会管理工作，发挥驻区单位、社区民间组织、物业管理机构、专业合作经济组织在社区建设中的积极作用，实现政府行政管理和社区自我管理有效衔接、政府依法行政和居民依法自治良性互动。加强流动人口服务和管理，促进流动人口同当地居民和睦相处。完善社区公共服务，开展社区群众性自助和互助服务，发展社区服务业。”以此为标志，新农村建设开始全面向新型农村社区建设演进。新型农村社区建设在全国许多地方轰轰烈烈开展起来，通过把若干自然村通过规划整合，形成新的农村社区，这是一场以城镇化改造、公共服务社会化推动农村社区改造的农村变革。

2008年党的十七届三中全会通过的《中共中央关于推进农村改革发展若干重大问题的决定》进一步强调：必须完善农村社会管理体制机制，加强农村社区建设，保持农村社区和谐稳定。同年，原国土资源部发布了《城乡建设用地增减挂钩试点管理办法》，为地方政府推动新型农村社区建设注入了强大的内在动力，特别是经济发达地区，城市建设、工商业发展已经严重受制于土地，通过新型农村社区建设，拆除占用土地相对较多的农村旧的房屋，集中建设高层住宅，可以节约出大量的土地，经过复垦以后，就能够获得土地使用增量指标。农村新型社区建设，目的是解决农村目前居住集中度低、土地资源浪费的问题，通过农村新型社区建设，可以有效盘活农村闲置的资产，提高土地的使用效率，促进农民向新型农村社区聚集，同时为工商业的发展提供空间，缓解目前城市和工商业用地紧张的局面。此外，许多省份也相应出台了具体的城乡建设用地管理办法，纷纷开展增减挂钩试点工作。这项工作的出发点是坚持以统筹城乡发展为导向，以推动新型农村社区和城镇化建设、改善农村生产生活条件、科学合理配置土地资源为目标，以切实维护农民权益、增加农民收入为出发点和落脚点。受这一利益的驱使，政府部门和工商企业对推动新型农村社区建设就形成了强烈的刺激，客观上推动了农村社区的发展。

2012 年印发的《中华人民共和国国民经济和社会发展第十二个五年规划纲要》提出开展城市社区建设，积极推进农村社区建设。该文件中把城市社区和农村社区同样对待，指出要健全新型社区管理和服务体制，目的是把城乡社区建设成为管理秩序好、服务设施完善、文明祥和的社会生活共同体。城乡二元结构是制约城乡发展一体化的主要障碍，2013 年通过的《中共中央关于全面深化改革若干重大问题的决定》也提出必须健全体制机制，形成城乡一体的新型工农城乡关系，让广大农民平等参与现代化进程，共同分享现代化成果。

新型农村社区与传统农村社区的区别主要体现在发展水平上。新型农村社区应该有比较完善的基础设施、相对良好的居住环境、齐全的公共服务、丰富的文化生活和更加开放的社会文明等特征，符合新农村建设“生产发展、生活宽裕、乡风文明、村容整洁、管理民主”的二十字方针。新型农村社区的“新”不仅体现在外部环境上，同时非常关注内部的治理方面，新型农村社区治理，必然要坚持以农民为主体，注重政府、农村自治组织、社会组织等多元主体的联合共治，实现农村社区健康持续稳定协调发展。不过事实并非如此，一些地区在建设过程中出现了不顾当地的经济社会发展水平，盲目追求“高大上”，赶农民“上楼”，最后被迫叫停，也有一些新型农村社区，虽然表面看起来达到了“居住集中化、环境生态化、管理社区化、设施城镇化；集约土地、规模生产、提升功能、方便生活”等要求，但在实际运行过程中，出现了许多新的问题。不少地区的农民在“上楼”的同时，由于失去原有的土地经营权，虽然有土地流转费，但出现了形式上的“失业”。此外，新型农村社区并没有使农民形成有机整体，相反伴随着居住的分散化，原来靠地缘和血缘关系凝聚起来的农民，“原子化”问题在一些社区变得更加严重了。

如何解决失地农民的再就业问题，如何将分散的农民有机地联系在一起，对于这些问题的解决，实践部门和学术界已经达成共识，即大力发展各种社会组织，提高农民的组织化程度，是新型农村社区建设的必然选择。在这些社会组织中，农民合作社具有独特的地位，一方面它能够起到联系农民、团结农民的作用，构建起业缘关系的组织体系，另一方面又能够推动农业产业化，有效增加农民的收入。农村新型社区打破了传统的村落格局，旧的乡村管理体制难以满足社区治理需要。2013 年中央一号文件提出农民合作社要成为创新农村社会管理的有效载体，也就是说，农村社会管理需要新的载体，这个载体能够带领农村从事农业生产，能够积极组织农民参与农村的治理，为农村社区实现善治贡献力量。农民合作社作为当前农村中最重要的组织资源，是农村社会管理中最重要的可以依托的载体，新型农村社区建设中应该充分发挥农民合作社的作用，积极引导农民合作社加入社区治理体系中来，这对于提升社区治理水平，提高农民的参与度、满意度都有积极的意义。本书旨在探索农民合作社嵌入新型农村社区的途径，为新型农村社区的善治提供借鉴。

本书探讨的嵌入农民合作社的农村社区治理，不同于传统的纯“地缘政治”研究，是对现有农村社会管理研究的有益补充，为完善农村社区治理特别是新型农村社区治理进行了理论上的探索。同时有助于全面认识农民合作社经济功能以外的政治功能、社会功能和文化教育功能，完善中国情境下的农民合作社理论，研究成果可以为政府管理新型农村社区提供借鉴。本书从农民合作社与传统农村治理组织的互动协同的角度，对农村新型社区治理路径进行研究，旨在探索一种适应农村社会经济结构变革的平权式治理结构，为农村社区治理实现“党委领导、政府负责、社会协同、公众参与”的目标提供一种路径选择，为完善新型农村社区的公共服务和社会管理、健全农村民主政治制度提供可资借鉴的政策思路。

几年前，一些省份出台相关政策，通过“合村并居”的方式大力推进新型农村社区建设，但是，一些地方政府在政策执行过程中出现了不少偏激行为，带来了不少负面影响，引起老百姓的反感，反对新型农村社区建设的呼声很高，有些地方的新型农村社区建设被叫停，有人对是否要通过这种方式发展新型农村社区产生了质疑。为此，本书先从理论上说明进行新型农村社区建设的必要性，并对国内外的一些案例进行了经验总结，得出新型农村社区建设是实现乡村振兴的一条有效途径，无论如何都不应该低估新型农村社区在解决“三农”问题中的重要作用的结论，这为下一步我国新型农村社区建设提供了理论依据。同时，本书进一步分析了问题产生的原因，认为我国的新型农村社区建设方式是“自上而下”的，而一些发达国家和地区采用的是社区居民主导的治理模式，两者具有明显的不同。为此，我国在借鉴先进国家和地区经验的时候，可以由农民合作社牵头，联合带动农村社区其他社会组织，形成整合力量参与农村社区治理，形成新的农村社区治理模式，这一模式的创新在于使“社会协同、公众参与”政策导向有了依托，各地可以通过组建类似于“社会组织联合会”的方式，使社会组织摆脱散乱无序的状态，真正成为一支农村社区治理的骨干队伍，从而突破目前我国农村社区治理的困境。

第二节　研究对象的选择

（一）新型农村社区的类型

项继权（2009）、滕玉成（2010）根据社区建制和组建方式的不同，把新型农村社区分成了一村一社区模式、一村多社区模式、多村一社区模式和集中建设区模式四种主要类型。首先，一村一社区模式就是在村委会的基础上，一个村设立一个社区，把社区建于行政村中，仍然保留行政村的建制，通过更加完善的新型社区平台开展村级行政工作，实行村社合一，这种模式引起的变动比较小，容易协调村级组织和社区组织之间的关系，变革的阻力较小，但是社区职能的发挥受到一定影响。这种模式适用于村庄规模比较大，但集体经济实力不雄厚的情况。其次，一村多社区模式就是在一个建制村中设立多个社区，构建“行政村—社区—居民”结构。这种模式一般适用于行政村由两个或两个以上相对分散的自然村构成，特别是在一些偏僻地区，村庄分散，不适合集中规划建设新型社区，或者缺乏足够的财力集中建设新社区，只能依托自然村落建设小型社区。再次，多村一社区模式按照地域相近、规模适度、公共资源集约配置的原则，将彼此邻近的两个或两个以上行政村建设为一个社区，选择中心村或者较大的村建立社区综合服务中心，并引导周边村庄人口向中心村集聚，推进基础设施和公共服务共享。建设过程中，如果行政村仍然保留，那么构建“社区—行政村—居民”结构，社区和行政村没有隶属关系，仅仅是在行政村上多了一个协调机构，这样引起的变动同样不大。如果建设过程中把原有建制村取消，合并建设成一个大社区，那么构建“社区—居民”结构，同时不断引导农民向社区所在地聚集，这种模式带来的变动比较大，行政村撤并，涉及建制村原有集体资产、土地关系、债权债务的整合问题。最后，集中建社区模式是指对多个规模较小的村庄进行合并，通过在异地集中新建社区，或者在原聚居地附近规划新建社区，对周边村庄开展社区服务。这种模式与多村一社区的第二种情形类似，涉及村庄之间的合并、重组，是一种新型的改变原有治理关系的社区结构。

本书探讨嵌入农民合作社的新型农村社区治理问题，重点解决的是农民以原有的血缘关系和地缘关系为主形成的社区被打破后，在新的社区中如何构建更加有效的治理体系问题，而一村一社区、一村多社区以及多村一社区模式均为在原自然村落基础上建设社区，设置社区服务中心、卫生室、警务室等机构，虽然服务体系有所完善，但是原有农村的社会结构并未发生改变，治理体系也没有根本性的变化，因此不作为本书的重点研究对象。本书研究的新型农村社区是指通过村庄合并的方式，把两个及以上村庄的居民统一集中在新规划的社区内，原有的宅基地通过土地整理的方式重新规划用途。因为投入比较大，农民需要购买新的房屋，虽然有一定的补贴，但是仍然需要较多的资金，因此，这种情况通常发生在经济比较发达的地区，这样建设起来的农村社区是名副其实的新型农村社区。

（二）新型农村社区的特点

社区是在一定地域范围内聚在一起的人们组成的生活共同体。在社区内，“共同生活”应该是社区的最重要特性，农村社区和城市社区首先是一个居民的共同生活体。但是，无论是传统的农村还是向城镇化靠拢的新型农村社区，与城市社区有着很大的不同，在社区治理上也要求有不同的治理方式，不能用管理城市的方法来管理农村新型社区。在新型农村社区建设过程中虽然也建社区管理服务中心，安排各类服务人员入驻社区，为农村居民提供周到的服务，但是如果不去考虑如何把农民有效地组织起来，特别是在生产领域的联合，新型农村社区的建设只能说取得了表面上的成绩，距离“善治”的要求相差甚远。

与城市社区比较，农村社区有着许多自身特点：从社区功能上看，农村社区是生产活动和日常生活高度融合的社区，与绝大多数的城市社区相比具有不同的性质。城市社区如果是生产单位的生活社区，那么居住在一起的通常是一个单位的同事，形成了与农村相似的“熟人社会”，这是改革开放之前城市社区的主要形式。但是随着房地产市场的快速崛起和不断发展壮大，中国城市社区发生了根本性的变化，商品房代替了分配式住房，社区变成了陌生人的聚集地，而且社区也仅仅是一个生活场所，社区内的工商企业与社区内的居民并没有直接的联系，城市社区不具有经济功能。农村社区则不同，农村社区生产和生活密不可分，社区的重要功能是组织农民的农业生产，同时也要尽可能发展工商业和各类副业，增加农民的收入，因此，农业生产就成为农村治理的重要内容之一。传统农村社区是典型的“熟人社会”，新型农村社区则发生了一定程度的改变，虽然不像目前许多城市新社区那样完全由陌生人构成，但是由于由不同村庄及外来人员构成，所以社区中也在一定程度上展现出来“非同质性”，加上村落之间因为各种利益冲突，往往会形成各种利益群体，所以新型农村社区就成为一种比较独特的社区，间杂了“熟人社会”和“陌生人社会”的双重特点，呈现出如下特征：

一是强调生活与生产并重理念。新农村建设涉及农业、农村、农民三个方面，但重点在农村建设方面。新型农村社区建设与一般意义的新农村建设还不同，借助于居住方式的变化，新型农村社区可以把农业、农村和农民有机地融合在一起，以农村居住环境的改善为切入点，以带动农业产业的升级为抓手，最终实现农民生活品质提升的目的。

二是强调社会服务的完善。新型农村社区建设，是通过改变农村面貌，使农民过上和城市居民相当的生活，实现不离土不离乡，也能达到提高生活水平的目标。这也是防止在城市繁荣发展的同时农村出现衰落的重要举措。按照城乡统筹的原则，通过新型农村社区建设，积极改善农村公共服务和社会保障，提高医疗卫生、文化、体育等社会公共服务水平。

三是强调社区认同理念的培养。作为一个生活共同体，社区内的居民应该有基本一致的价值理念，对社区有比较强烈的归属感和认同感。新型农村社区建设要注意农村精神文明的培育，注重社区归属感和认同感的培育，弘扬积极向上的社区文化，充分挖掘当地丰富的传统文化资源，打造农民共同的精神家园，让新型农村社区在建设“绿水青山”的同时，真正成为“留得住乡愁”的地方。

四是强调管理水平的提升。新型农村社区与传统农村相比，居住的成员更复杂，各种组织力量交汇一起，对农村居民带来的冲击也更大，各种矛盾更加突出，农村社区的稳定关系着整个社会的和谐稳定，基层社会管理的任务十分艰巨，倒逼社区尽快建立社会舆情分析机制、利益诉求机制、民主监督机制、协调机制等，不断提升农村基层社会的管理水平。

五是关注社会组织在农村社区建设中的重要作用。新型农村社区更加强调基层社会组织参与到治理过程中来。传统的村落是在长期历史演变过程中形成的，有着浓厚的地缘关系、血缘关系、宗亲关系，熟人社会的性质非常突出，许多社会秩序的形成依靠的是潜规则。而新型农村社区，打乱了原来的地缘关系，原来的村组关系也不复存在，不同村落的农民整合到一个社区中来，本地人、外地人交叉居住，彻底改变了他们原来的生活空间，形成了新的邻里关系，同时，也涉及村民原有的财产权利关系、农村土地等。农民的公民意识本来就差，相比较原来的社会关系，新型农村社区中的农民更加“原子化”，如果不组织起来，等于一片散沙，因为与原来的村庄相比，新社区的居民缺乏共同的财产权利关系、利益联结，很难实现真正的整合。如果不把农村居民有效地组织起来，民主管理、民主参与、民主监督社区事务很难实现，社区公益事业的发展就只能依靠外部输血，很难形成自身的造血机制。因此，这样的新型农村社区更加需要农民合作社的参与。农民合作社可以超越地缘关系和血缘关系，依托产业使社区的农民建立起新的密切联系，真正形成一个有机整体，使农村居民快速融合。只有有意识地培育农民合作社，把居住在社区的农民重新组织起来，有意识地引导农民合作社参与到社区治理中来，农民才能够有机地结合起来，新型农村社区治理才会有得力的抓手。

第三节　主要研究内容

（一）新型农村社区建设的必要性分析

随着城市化进程的快速推进，目前我国农村出现了许多发达国家曾经出现过的“空心化”现象，依据国际经验，新型农村社区建设是治理农村“空心化”的重要措施。新型农村社区建设，也是坚持全体人民共享改革开放成果的重要举措，通过新型农村社区建设，达到改善农村公共服务供给，提高农村社会服务水平，实现乡村振兴的重要途径。而且，从国际上来看，合并建设农村新区是缩小城乡差别的通行做法，本书将从几个方面来阐述目前在我国农村特别是发达地区的农村推行新型农村社区建设的必要性。

（二）新型农村社区治理现状与问题分析

客观地讲，新型农村社区建设在一些地区取得了相当大的成就，让我们看到了农村坚持这条发展道路的前景。本书以新农村建设比较具有代表性的浙江省为例，分析新型农村社区建设带来的成就，包括农民聚集程度的变化、基础设施的建设以及农村基本社会服务改善情况。同时，分析几种典型的新型农村社区治理方式，包括行政主导型、社区组织主导型和两者共同治理的模式。此外本书将重点分析新型农村社区建设过程中普遍存在的产权模糊、服务不完善、产业支撑能力薄弱、农村居民参与少，以及居民对社区文化的认同不够等问题，以此说明新型农村社区建设的迫切性。

（三）农民合作社参与新型农村社区治理的外部经验

农民合作组织介入农村社区治理在国际上是非常普遍的现象，有许多值得借鉴的经验，特别是亚洲的一些国家和地区农村的基本情况与我国农村非常相似，农户经营规模不大，城市化进程非常快，农村中出现的问题基本一致，而且许多社会文化也比较接近，因此，借鉴这些国家或地区的农村社区治理经验，对于我国农村新型社区建设具有积极的指导意义。本书将重点考察日本农协、韩国农协在农村社区管理中的参与途径、作用方式等，重点分析它们在各自国家或地区带领农民致富、维护农民权益、协助政府执行农业政策以及在社区建设过程中的做法和经验，通过与我国大陆的社会经济环境进行比较研究，提供可以借鉴的改革思路。

（四）农民合作社参与新型农村社区治理的依据

本书从历史使命、环境条件、理论依据和现实基础四个方面分析新型农村社区治理过程中融入农民合作社的依据。概括来讲，这是国家政策的期望，是农村社会和谐发展的需要，也是合作社的七大基本原则之一，因此农民合作社肩负着农村新型社区治理的历史使命。原来的“乡政村治”农村管理体制陷入了治理上的困境，亟须进行制度创新，同时，农村“税费改革”也削弱了传统农村管理体制的治理基础。加之新型社区自身对农村社会带来冲击，农村需要顺势而为，吸收农民合作社参与到社区治理中来。从社会资本角度来分析，农民合作社参与新型农村社区治理有着很强的理论基础，而现实中农民合作社在经济、社会、政治和教育等方面，都取得了非常突出的成就，特别是2007年《中华人民共和国农民专业合作社法》颁布实施以来，农民合作社得到了更加快速的发展，已经成为农村建设的重要组织力量，具备了参与社区治理的实力，完全具备了在社区治理中担负重要任务的能力。本书将从几个方面来论证合作社参与社区治理的重要依据。

（五）不同类型农民合作社参与新型农村社区治理的现状分析

我国在引导农民合作社参与社区治理方面也出现了不少典型的案例，特别是在浙江、山东等发达地区的农村社区中，农民合作社介入社区管理的经验非常值得研究。当然，由于社区治理过程中可能出现各类资源的重新配置，导致农民合作社和现有治理方式之间产生矛盾和冲突，一旦处理不好，就会出现社区治理困境。目前，在农村社区治理中影响比较大的合作社有农民专业合作社、土地流转合作社、社区股份合作社、社区综合合作社以及消费合作社，本书将分别对这些典型的合作社参与农村社区治理的状况进行剖析，分析它们在社区治理中的作用，为提出新型农村社区治理政策建议提供依据。

（六）探索嵌入农民合作社的新型农村社区治理模式

本书分别从治理结构、治理机制和运作模式三个方面探讨新型农村社区的治理问题。通过深入分析城镇化、产业化、社区化、社会关系网络化、资源整合等社会结构变化对农村社会管理带来的影响，结合农民合作社展现出来的经济、社会和政治功能，从理论上探索嵌入农民合作社的新型农村社区治理模式。其中，治理结构包括决策机构、领导机构、执行服务机构和议事监督机构；治理机制包括民主参与机制、科学决策机制、监督制衡机制和激励约束机制，确定农民合作社参与新型农村社区治理的组织体制和内部运行机制。运作模式重点分析新型农村社区治理过程中，各类农民合作社如何有机地参与到社区治理中来，从而实现社会协同和民众参与的目标。

（七）促进农民合作社嵌入新型农村社区治理的措施

本书提出要积极培育完善各种不同类型农民合作社，包括农民专业合作社、土地流转合作社、社区股份合作社、社区综合合作社以及消费合作社等，尽可能地让不同类型合作社有机会享有合法的权利，从建设项目、金融扶持、税收优惠、用地用电等各个方面对这些合作社进行全面的支持，推动其快速发展。本书提出从规制性、规范性和文化—认知性三个层面加快农民合作社参与社区治理的制度建设，促进农民合作社依法合理合规地参与农村社区治理。为了充分发挥农民合作社在社区治理中的作用，政府部门应该积极搭建实体平台、服务平台和参与平台，让农民合作社有充分的空间施展自己的才华。本书认为要充分发挥农民合作社的作用，提高农村居民的社区归属感和认同感，为构建和谐社区贡献自己的力量。

第四节　主要观点与研究结论

（一）农村社区善治的关键在于多元主体间协同效应的发挥

新型农村社区是空间结构、要素资源的大整合，打破了原有农村的发展方式，是农村基层社会组织与管理体制的一次重大变革，必须探索培育与之相适应的组织架构，才能为农民提供更好的社会服务，促进农村民主政治发展。农村新型社区治理需要对传统的治理结构进行变革，充分发挥社会组织的力量，与政府一起在农村基层形成多位一体的立体管理，完善社会管理多元主体的协调运转机制，使多元力量结构得以优化配置，多元利益得以有效整合，达到协同效应最大化。协同治理可以弥补乡村组织社会服务功能方面的缺陷，缓解因税费改革带来的农村社会管理困难，更好地维护农民权益，促进新型农村社区实现“善治”目标。只要社区基层党组织、自治组织和农民合作社分别拥有对方所需要的、稀缺的、不可替代的资源，不同组织之间就建立起了依赖关系，具备了相互合作的基础。造成不同区域社会治理绩效出现差异的原因是社会资本的差异，社会资本的大小决定着社区治理绩效的好坏，发展农民合作社有利于构建积极参与、团结合作、运作规范的公民参与网络，可以使社区治理的绩效最大化。

（二）农民合作社具有其他农村社会组织无法比拟的优势

农民合作社在经济功能不断壮大的同时，其政治功能、社会功能、教育功能开始显现出来，在不少地区的农村社会管理中占据重要地位，有必要也有能力与乡镇政府、自治组织一起，承担起新型农村社区治理的重要任务。在实践中，农民专业合作社、土地流转合作社、社区股份合作社、社区综合合作社以及居民消费合作社等，出现了好多参与农村社区治理的成功案例，产生了非常大的影响，成为社区治理的重要力量。虽然目前农村社区中还有许多如老年协会、红白喜事协会、文化活动组织、调解会等社会组织，甚至有些组织如宗教组织、宗族组织等在居民生活中影响很大，但是都不如农民合作社那样与农民的生产、生活息息相关，而且拥有更强的经济实力和承接政府职能的能力，因此，在农村社区治理中，尤其要重视农民合作社的重要作用。

（三）农民合作社是农村社区平权式治理结构中的重要一环

理论上讲，实现善治的前提是要求除了政府之外的多元化主体参与，并在这些主体之间形成有效协同的治理结构，使各种治理力量的作用得到充分发挥。因此，实现善治须构建促进多元主体协同的社会治理结构，满足多元治理主体之间“权责明确、协调有序、运转高效、相互制衡”的运行机制要求。本书提出的治理结构中，最重要的变化是在现有社区治理结构中加入了农民合作社这一变量，以农民合作社为牵头的社会组织，以集体的力量融入社会治理。农民合作社拥有完善的组织网络，相比其他社会组织实力雄厚，与农民有着天然的密切联系，能够成为社会协同治理机构中的重要一员，与基层政府组织、社区治理组织共同形成农村社区的治理，由农民合作社来执行政府的农村和农业政策，或者说政府把一部分权力和社会资源交给农民合作社来实施和运用，可以使政府政策得到有力的贯彻落实。并且充分发挥合作社的影响力，促进农村社会的和谐稳定，形成良好的治理模式，也就是一些学者主张的“平权式治理结构”。

（四）新型农村社区建设是实现乡村振兴的一条有效途径

我国新型农村社区建设在发展过程中遇到了一些波折，有些地区出现了不顾经济社会发展水平，盲目追求大规模、高档次、推倒重来的建设思路，引起社会各界的质疑，河南省的新型农村社区建设甚至被中央巡视组叫停，但是，从外部经验来看，新型农村社区建设是应对农村人口大量外流、“空心化”现象严重的重要举措，通过社区再造，改善农村生态环境，发展农业产业化，完善农村社会服务设施，提高农民的生活质量，为满足农民对美好生活的向往创造条件。尽管会给部分农民的生活带来不便，但长期来看，新型农村社区建设是缩小城乡差别的通行做法，方向值得肯定。新型农村社区建设是实现乡村振兴的有效途径之一。当然，从一些发达国家和地区的发展过程中可知，要保证农村社区正确的建设方向和持久的发展动力，充分调动农民自身的积极性非常重要，无论是日本的社区营造运动，还是韩国的“新村运动”，农民合作组织都发挥了相当重要的作用。所以说，对于农民合作社，不能仅仅把它们当作经济组织来看待，要充分认识到它们具备的社会功能、政治功能和教育功能，在农村社区建设过程中，要充分发挥农民合作社的重要作用。

（五）多元主体治理是防止农村社区建设片面发展的重要保证

本书认为新农村社区建设具有必要性，不能因为发展过程中出现某些不和谐现象就否认其发展趋势。建设新型社区，是解决农村“空心化”问题的重要路径选择，是满足农村居民美好生活向往的需要，也是发达国家解决农村问题、消除城乡差距的通行做法，不能因为一些地区在新型农村社区建设中出现了“大跃进”“一刀切”式的乱象，给新农村建设带来了负面影响就否定其积极作用。应该充分认识新型农村社区建设的积极意义，通过合理规划，积极引导，完善治理，促进其健康持续发展。但是也要认识到，农村社区建设中之所以出现这么多的问题，一个重要原因是在社区治理中过多地强调了“政府主导”的原则，“长官意志”严重，没有充分发挥各社会主体的力量。农民自己的组织最懂农民，也最知道农村社区建设的重点在哪里。各种类型的农民合作社给农民带来了实实在在的收益，它们在经济、社会等领域中发挥了重要的治理功能，充分显示它们有能力成为农村社区治理的重要一员。农民合作社参与到社区决策、社区管理中来，能够最大限度地代表农民利益，防止损害农民利益的事情发生，那种“大呼隆”式的社区建设方式，以及不顾实际需求一味追求“高大上”的官员主张，才有可能不断减少甚至消失，所以说，农村社区治理中嵌入农民合作社，是农村社区健康发展的重要保证。

（六）组建“社会组织联合会”是提高公民参与能力的有效途径

社会组织都有着参与社区治理的动机，随着社区建设的日益成熟，农村社区中社会组织也越来越多，在提供社会服务过程中，必然会有工作交集，彼此之间容易产生矛盾和冲突。因此，加强对社会组织的统一管理很重要，当然，社会组织的自我管理、自我约束既是社会组织健康有序发展的重要途径，也是最大限度提高社会服务效率的重要保证。建议有条件的地方可以选择由实力雄厚、运作规范的农民合作社牵头组建社会组织联合会，负责社区内社会组织的统筹协调工作。现在各地组织的农民专业合作社联合社是行业的联合组织，大都是跨区域的，与社区之间的联系并不密切，而且各个专业合作社许多不在同一个社区，因此不容易开展与某个社区的全面合作。在社区内部组建的社会组织联合会，是一种“地缘”组织，这些社会组织基本处在同一个社区内，与大家的生活息息相关，社会组织的成员也是相互交叉的，一个居民可以是专业合作社的社员，同时可以是各个协会的会员，这种社员构成的重叠性质，更加说明成立社会组织联合会很有必要，可以整合资源，提高效益，还可以在民主决策、民主参与、民主监督过程中，代表社区内的所有社会组织参与，提升社会组织的谈判能力和影响力，提高其社会地位，真正成为维护农民权益的一股重要力量。

（七）社区治理体制机制创新的关键在于社会组织形成整合力量

完善农村基层社会的治理，必须高度重视各治理主体特别是新兴社会力量的作用，这点已经成为各界的共识，党中央和国务院也在多个文件中提出，要充分发挥农民合作经济组织、农村群团组织和社会组织等各类主体在农村社区管理中的积极性、主动性和创造性。如果仅仅是号召它们一般性地参与农村公共事业和公共事务，那么它们的贡献也只能是农村社区管理的有益补充，并没有对农村社区治理体制机制产生根本性的影响。农村社区是农民自己的社区，如果它们在治理过程中只是配角，那么农村社区的治理不可能真正形成“善治”。本书提出的治理结构和治理机制，是落实党的十六届四中全会上提出的要“建立健全党委领导、政府负责、社会协同、公众参与的社会管理格局”的社会治理目标精神，努力将“公众参与”的要求落在实处，希望通过农民合作社带领其他社会组织一道形成合力，以组织联合体的方式成为一股独立的治理力量，从而真正实现民主参与、民主管理、民主监督，同时，在提供社会服务方面发挥联合的力量，提供更多的服务内容。社会组织如果不能有效地团结在一起，它们的作用只能停留在表面层次，对于彻底转变农村社区的治理体制机制作用不大。

（八）鼓励农民合作社发展的政策范围要扩大、支持力度要加强

《中华人民共和国农民专业合作社法》的颁布，为农民专业合作社的发展提供了坚强有力的法律保障。但从实际情况来看，农民专业合作社得到的支持力度还远远不够，而且，优惠的对象仅限于农民专业合作社。通过分析发现，对于新型农村社区或新农村建设来说，仅仅发展农民专业合作社是不够的。现实中除了专业合作社外，还有土地流转合作社、社区股份合作社、社区综合合作社、居民消费合作社等不同形式的合作社组织，它们在不同的领域，采用不同的方式为提高农民的收益、保障农民的权益发挥着作用，也应该得到大力的支持。各地方政府应该根据各地农民合作组织的发展情况，结合本地的财力和物力情况，制定详细的实施细则，落实对农民合作组织的支持政策，在加大对专业合作社支持力度的同时，将政策的优惠面扩大到其他类型的农民合作社，促进农民合作社组织的全面发展和繁荣。

第二章　新型农村社区建设的必要性

合村并居并不是简单地把原来的一些旧村子拆了新建居民小区，合村并居由“合村”与“并居”两种情况组成。合村本意并不涉及自然村在物理意义上改变，只是指将几个原来相邻的小行政村合并为一个大行政村，在此基础上建设新型农村社区。从领导体制上看，取消小行政村之前的基层组织，在大行政村中建构村两委，以中心村为村两委工作所在地，由全体村民选举大行政村村委会组成人员，与村党支部一起在乡镇两委的指导下开展村级管理工作；村两委下设若干适合农村实际的工作委员会（如调解委员会、治保委员会、妇代会、计生协会、民兵连、老年协会等），并配备人数不等的非脱产工作人员；实行以大行政村为单位的村级财务管理。而所谓的并居涉及拆迁问题，涉及的不仅仅是停留在行政意义上的“合村”层面，还包括农村物理意义上的变革，通常是新建或者以条件较好的中心村为基础扩建农村社区，对其他小村实施整体搬迁工程和旧村改造。通过合村并居，可以大幅度降低行政村的数量，扩大行政村规模，这样做有利于提高农村社区公共产品供给水平，满足农民提升生活质量的需求。

合村并居政策的初衷是好的，实践中也确实收到了明显的效果，许多地区特别是经济发达地区的农村，通过合村并居，农村面貌焕然一新，美丽乡村建设的势头非常好，但是，也有地方政府出于不同的目的，在合村并居过程中，片面追求“高大上”，引起农民群众的强烈不满。2015 年 7 月 8 日《半月谈》发表了一篇题为《新型农村社区建设：“好得很”还是“糟得很”?》的文章，该刊编辑部特别策划实施了“问需于农：新型农村社区再调查”，11 名记者组成多个小分队，分别对河南、山东、河北、安徽、江西、湖北、四川、重庆、江苏、浙江等省份的新农村建设进行了详细调研，最后形成这篇文章。文章指出，自 2006 年试点以来，不少地方的新型农村社区建设初见成效，山西、山东、湖北、河南等省份都制定了社区建设的时间表和任务状，一座座漂亮的新型社区拔地而起，“让农民过上和城里人一样的生活”，许多农民的城里人梦想，随着现代化社区的落成而实现，他们住进了楼房，找到了好的工作，开始了新的幸福生活；但作为一个新生事物，新型农村社区建设同时也处于舆论风口，发展过程中颇有争议。“如火如荼推进的新型农村社区建设同时潜伏着种种隐患和病症”，一些地方由于财力有限，开发商资金周转不灵，加上农民“上楼”动力不足，有的项目建设不久就“掉链子”，成了“烂尾”工程，有的建成后因为农民不愿意搬迁而成了“鬼楼”。反映了新型农村社区建设过程中“大跃进”现状，因此，文章提出了“农村社区建设亟待再审视、再出发”的主张。

2015年6月印发的《关于深入推进农村社区建设试点工作的指导意见》特别提出三个严禁：严禁强制推行大拆大建、撤村并居，严禁违反土地利用规划擅自改变土地用途，严禁以“管委会”等机构取代党组织和村民委员会。2016年中央第十一巡视组“回头看”后，要求河南省叫停新型农村社区建设，各地市要针对新型农村社区建设遗留的问题，出台相应的整改实施方案。随后，河南省各市县陆续召开专题会议，传达省里新型农村社区遗留问题整改工作会议精神，这场从2011年起强力推进的新型农村社区建设运动宣布告一段落，成为新农村建设的不和谐音符。“大呼隆”式的建设新型农村社区，并非河南一省独有，其他省份不同程度地存在，从而也引来了一些质疑的声音。2020年，合村并居问题再一次成为社会的热点。贺雪峰发表了《合村并居，何必拆农民房子?》一文，以山东德州市为典型案例，揭示了该省推行合村并居过程中的种种乱象。文章指出德州市2014年规划将8000个自然村全部拆掉，建1000个左右的大型社区。由于财政紧张，不得不靠贷款建社区，向农民收取建设成本，以及降低建设质量标准。结果农民搬到社区生活质量下降了，生产生活不方便了，还将原来计划到城市买房的积蓄买了社区质量很差的住房。贺雪峰认为，山东省合村并居最简单的办法是将现在的行政村，改成自然村基础上的村民小组，将管理区改成行政村。改变体制，但不拆农民房子，更不拆掉自然村。2020年6月中旬，贺雪峰又接连发表了几篇文章，剖析合村并居背后潜藏的系统性风险：首先，农民将被动“失地”，农村贫弱群体利益受到冲击；其次，大拆大建带来巨大的财产浪费；最后，大部分农民获得的补偿款不够支付新房购置费用，已建成小区房屋质量和后期物业管理也存在问题。各地通过行政压力推动合村并居，基层干群关系紧张。当然，也有学者对此提出了不同看法，不过，随着山东问题的不断发酵，人们对新型社区建设再次产生怀疑，那么新型农村社区建设还要不要提倡?

本书认为，即使河南和山东的部分地区出现了一些急躁冒进的错误，并不能对合村并居工作就一概否定，不能盲目下结论新型农村社区不要大力建设，因为从大的方向看，这项工作是非常有价值的，也代表着农村今后发展的趋势。在社会主义新农村建设中，改进农村居民的居住条件，提升农村社会服务水平，进而缩小城乡差距，新型农村社区建设是重要的抓手，应该在充分认识农村社区建设规律的前提下，积极稳步地推进这项工作，而不是因噎废食，因为发展过程中的一些挫折而全盘否定合村并居政策。

第一节　新型社区建设是农村空心化治理的重要措施

1995 年我国农村人口总量达到历史最高峰，为 85947 万人，此后，随着城镇化水平不断提高，我国农村人口不断减少。如表 2-1 所示，截至 2019 年底，农村人口数减少到 55152 万人，而城市人口达到 84843 万人。我国的城镇化率逐年上升，2019 年底达到 60.61%。与此同时，农村人口连年下降，而且还带来了农业劳动力人口素质的整体下降和农村的空心化等问题。2019 年我国农民工人均月收入为 3962 元，而农村居民人均年可支配收入为 16021 元，巨大的收入差成为广大农民特别是受过比较好的教育的青壮年农民选择了外出打工，导致农村人口越来越少，空心化成为许多地方的普遍现象。

表 2-1　2010~2019 年我国人口结构情况统计　　单位：万

年份	城镇常住人口	农村户籍人口	农民工人数	外出农民工人数
2010	4729	67113	24223	5335
2011	69079	65656	25278	15863
2012	71182	64222	26261	16336
2013	73111	62961	26894	16610
2014	74916	61866	27395	16821
2015	77116	60346	27747	16884
2016	79298	58973	28171	16934
2017	81347	57661	28652	17185
2018	83137	56401	28836	17266
2019	84843	55152	29077	17425

资料来源：国家统计局发布的各年度《中华人民共和国国民经济和社会发展统计公报》。

2011年中国科学院地理科学与资源研究所课题组发布的《中国乡村发展研究报告——农村空心化及其整治策略》中提出，工业化和城镇化的快速发展，导致农村人口数量持续下降，农村多地出现“人走房空”现象，产生了大量的空心村。他们对河南、山东等地46000宗宅基地和6500多户农户的调研发现，农户宅基地废弃或闲置的面积很大，一些村庄的附属用地比如打谷场、村边林、取土坑塘等利用率很低。湖南省统计局民意调查中心（以下简称中心）也做了类似的研究。2018年上半年中心对湖南省26个县市104个乡镇416个行政村进行了详细调查，结果显示，在农村基础设施状况大幅改善、公共服务能力较大提升的同时，农村空心化、老龄化问题越来越严重。416个村的人口总数为1056246人，劳动力556552人，占人口总数的52.7%。在这些劳动力中，外出经商、务工者达到272898人，占全部劳动力的49.0%，也就是说将近一半的劳动力选择了外出务工；选择在当地就业的283654人，占全部劳动力的51%。其中，还有75654人没有离开家乡外出打工，在本地从事非农行业，占全部劳动力的13.6%。真正从事农业的劳动力只有208000人，占全部劳动力的37.4%。大量农村劳动力进城就业，子女随迁生活就学，年轻人不愿返乡就业生活，造成了农村空心化、老龄化问题，有的村庄只有40%的户籍人口在本地生活（李成辉等，2018）。农村人口进入城镇最主要的途径是进城务工，也就是当“农民工”。这些进城务工人员常年生活在城市，只有在重要的节假日才会回到农村，相当一部分在城市落户。一些人即使不在务工城市购房，为了下一代的教育或者为了下一代能够相对有面子的生活，好多也会在县城购房①，使得农村空心化现象更加严重。当农民都纷纷购房争做城镇新居民时，更加彻底的农村空心化现象出现了：户口还在村里的人越来越少。在城镇有房子的农民工，孩子的教育转至城镇，孩子成为城镇居民。

《安徽蓝皮书：安徽社会发展报告（2016）》指出，安徽省农村的空心化现象越来越严重。空心化带来了一系列的社会问题，最严重的问题是人口的空心化，大量有知识、懂技术的农业劳动力流失，造成农业发展“后继无人”，现在留守农村的基本是妇女、儿童和老人，即所谓的“386199”部队。随之带来的是农村服务的空心化。作为劳动力输出大省，安徽省每年都有相当大比例的劳动力外出，有的村庄几乎很少看到青壮年劳动力，农村社会服务能力严重

① 中国的许多地方，女孩子结婚的一个前提条件是男方必须在县城有一套商品房，现在的年青一代，许多都在县城至少是中心镇买房子。

不足。留守群体能够得到的社会救助缺失，老人养老、医疗，儿童的情感、教育等问题非常突出。劳动力人口的大量外出，还带来农村的空心化，农村空心化造成村民自治虚弱，青壮年劳动力外出讨生活，基本和村庄治理没有了关系，村民选举参与度低，农村干部整体素质下降。

2014 年 7 月国务院《关于进一步推进户籍制度改革的意见》颁布，为农业人口在城镇落户提供了政策支持。之前大多数农民工之所以没有选择在城镇落户，并不是没有这方面的需求和能力，很多时候是受社会制度环境所限。实际上，很多农民工都有着在城镇落户的强烈愿望，尤其是 20 世纪 90 年代出生的新生代农民工，他们的生活方式与城镇青年差别不大，有着更强烈的愿望留在发达地区城镇或新型农村社区，而且，这些地区农民工的工资相对较高，加上独生子女得到的家庭支持力度比较大，使他们有能力选择在新型城镇落户。可以预见，随着新户籍制度的推行，外出务工人员在大中城市、中小城镇、新型社区落户更为容易，边远地区、落后地区农村的“空心化”现象会进一步加重，适时加快推行新型社区建设势在必行。

第二节　新型社区能够满足农民对美好生活向往的需要

党的十九大指出，我国社会的主要矛盾已经发生了变化，人民日益增长的美好生活需要和不平衡不充分的发展之间的矛盾成为新时期我国社会的主要矛盾。对美好生活的向往，是城镇居民和农村居民的共同需要。与城市居民相比较，农村居民改善生活条件的难度更大。传统的农村社区规模小，提供服务的能力差，过高的城镇房地产价格阻断了大多数农民向城市转移的道路，就地改善也就成为必然选择。中央对农村农业提出了产业兴旺、生态宜居、乡风文明、治理有效和生活富裕五个方面的要求。在有条件的地方积极推动农村新型社区建设，对于高起点推动农业升级、农村进步、农民发展，满足以上五方面的要求有着积极的意义。

新型农村社区建设可以带动农业产业的发展。新型农村社区建设能够充分发挥产业的聚集功能。事实上，山东省 2008 年开始的“两区同建”在多数地区取得了成功，实现了农民居住区和农业产业园区的同步建设。农村社区建设，可以增加土地使用面积，通过置换使农村闲置土地得以实现集约化、规模化，中国科学院地理科学与资源研究所课题组以山东省禹城为例进行了研究，认为空心村的整治可以净增土地13%~15%。农村土地实行所有权、承包权、经营权三权分置后，为承包土地作为生产性要素流动提供了便利，发展现代农业，规模经营是前提条件，同时可以解放出更多的劳动力从事其他产业。新型社区建设促进了土地生产要素的流动。同时，土地流转有利于农民对土地权益的保障，特别是对于外出打工的农民，以前或者是撂荒土地，或者是低价承包给亲戚朋友，即使是自家人耕种，实现的纯收入也很少。家庭联产承包责任制解决了土地占有的公平问题，但要提高土地的利用效率，特别是提高农业从业人员的生产效率，必须要促进土地流转，扩大单位土地经营规模、优化资源配置，而新型农村社区建设对此起到了重要的推动作用。土地实施流转以后，在城市受到发展空间限制的工商资本，开始涌入农村土地市场，促进了农业产业化水平提升，提高了农村土地的使用价值。

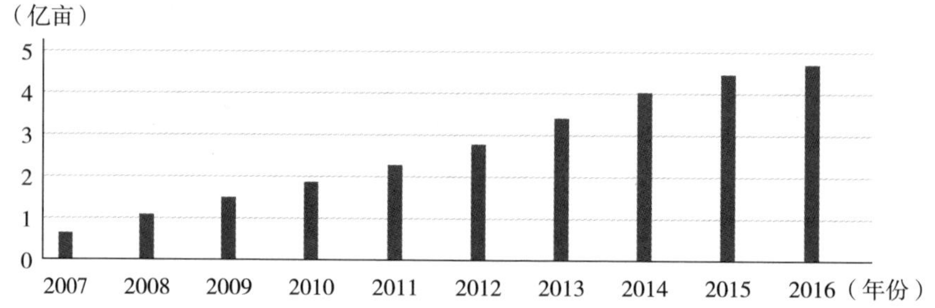

图2-1　2007~2016年我国农村家庭承包土地流转情况

从图2-1可以看出，2007~2016年我国土地流转规模不断扩大，2007年的流转规模为0.64亿亩，2016年流转规模达到了4.71亿亩，流转面积占家庭承包耕地总面积的35.1%。在民营经济发达的浙江省，这一数据已经超过了50%。新型农村社区建设和土地流转相得益彰，新型农村社区建设促进了农村土地的流转，而土地流转也为社区建成后集中发展工商业、特色农业及农业产业化提供了最为稀缺的土地资源。如果没有新型农村社区建设，很难会有如此高比例的土地流转出去。如果没有土地流转，要通过新型农村社区建设带动农业产业现代化也会受到限制。比如江苏省农村在新型农村社区建设之前总共有20多万个分散的村庄，每个村庄居住的村民平均不到200人。分散的村庄虽然方便农民进行农业劳动，有利于农作物的管理，但是对于农村土地资源的整体开发、集约使用，以及开展规模化的农业生产非常不利。特别是由于分散居住，导致农村基础设施和公共服务供给成本非常高，设施的利用率比较低，所以很多地区的基础设施和公共服务比较落后，农村居民很难提高生活水平（吴叶苗，2013）。

当然，新型农村社区为农村带来更为直观的改变是环境的变化。2003 年，浙江省实施了“千村示范、万村整治”工程，使得大多数的农村发生了翻天覆地的变化。浙江省新农村建设取得了显著成效，到 2018 年初，浙江省约 2.7 万个建制村完成了村庄的整治建设，形成 2500 多个特色精品村，500 多条美丽乡村风景线。浙江经验之一就是通过大力培育中心村，以优化村庄和优化农村人口布局为导向，形成了以美丽乡村建设规划为龙头，四个专项规划即村庄布局、中心村建设、农村土地综合整治、历史文化村落保护利用为基础的美丽乡村建设规划体系，形成了“1+4”模式。大力推进农村新社区建设是浙江省新农村建设的主要特点和重要抓手，通过新型农村社区建设，大力推进村庄整治工作，积极营造整洁优美的人居环境。中心村培育建设选择区位条件好、经济基础强、宅基地整理复垦有潜力的较大规模行政村，大力发展村域经济，结合生态文明村创建和“千村示范、万村整治”、土地综合整治、住房改造、社区服务中心等，配套建设基础设施和公共服务设施，改善农村人居环境和经济发展环境，引导农村人口、产业和公共服务向新型农村社区集聚，对那些高山偏远村、空心村，主要实行易地搬迁，向新型农村社区或中心村靠拢，逐步缩减全省的农居点。

2018 年浙江省委、省政府印发《全面实施乡村振兴战略高水平推进农业农村现代化行动计划（2018—2022）》，在总结前期“千万工程”和美丽乡村建设等成功经验基础上，开展新一轮的美丽乡村建设，经过三年的大力建设，高水平提升农村人居环境，力争率先构建起生产生活生态融合、人和自然和谐共生、自然人文特色彰显的美丽宜居乡村建设新格局，打造 10000 个 A 级乡村景区，其中 1000 个要达到 AAA 级标准。经过十多年的建设，浙江新农村实现了大变样，农村公共服务水平、村容村貌、产业发展、文化生活、治理水平等都得到了大幅度的改进和提高。

第三节 国际上缩小城乡差别的通行做法

推行乡村合并是国际上减少城乡二元体制、缩小城乡差别的通行做法。城市化进程的加剧，农村人口快速减少，导致农村人口稀少，社会服务的成本大大提升，在不合并的情况下实现农村与城市的等值化基本不可能。在西方国家乡镇基层组织的合并中，以瑞典为代表的合并模式最为激进，合并幅度最大。瑞典市镇、乡镇的合并过程前后经历了两个阶段。1952 年瑞典通过了《关于地域区划变更的新法》，以该法为依据，于当年开始了第一次强制合并，合并取得了突出的成效。地方市镇数量由上一年度的 2498 个下降到 1037 个，其中乡村市镇数由 2281 个下降到 816 个，仅仅一年的时间，市镇数下降了一半多，人口上升了一倍，乡镇数量下降得更快，减少了近 2/3。第二次合并以 1969 年通过的《关于自治体区域变更的特别规定》为依据，再次对地方自治体实施合并，目的是彻底消除城乡二元结构；到 1974 年，地方市镇的数量减少到 278 个，市镇人口的平均数量达到了 1.63 万人，只有 5 个市的人口不到 5000 人，98.2%的自治市人口都在 5000 人以上，经过两次大合并，彻底消除了城乡二元体制。英国的合并幅度也属于比较大的，自治市镇数量下降了 73.4%，仅次于瑞典。其他国家虽然不像瑞典、英国这样激进，但合并也取得了一定的成效。法国在 1972 年未采取合并之前，有 37673 个市镇，只有 334 个市镇人口在 20000 人以上，人口不足 1500 人的有 35000 多个，其中 2/3 的市镇人口不足 500 人。1972 ~1977 年，法国的市镇一共进行了 800 多次合并，涉及 2045 个市镇，通过合并，减少了 1200 个。德国在 1968 ~ 1978 年的 10 年里，市镇由 24282 个减少到了 8518 个，市镇人口数量也由 2400 人增加到 7000 人（高秉雄、陈国申，2006）。

随着城市化快速发展，日本农村也曾出现类似中国目前的情况，人口过疏，青壮年劳动力外出务工，农村留守人口老年化，农村公共服务水平得不到改善等，到了 20 世纪 90 年代，这一问题已经非常突出，严重影响了日本社会的健康发展，一些规模小的市、町、村无法开展正常的社会服务。因此，日本开始了第三次市、町、村大合并，被称为“平成大合并”，这是日本泡沫经济破灭后，财政困难、经济不景气、农村人口大量减少背景下做出的被迫选择。1995

年，日本国会对《合并特例法》进行了修正，目的是通过扩大市、町、村的规模，提高它们的财政能力和行政能力，改善农村居民的生活条件，同时也是为了应对老龄化的趋势。1999年对该法又进行了修正，制定了一些优惠的政策措施，积极推动市町村的合并工作。“平成大合并”采用新设合并和编入合并两种形式，新设合并是在合并过程中全部废除原有行政村的建制，重新组成一个新的社区，编入合并是选择人口较多、规模大、发展条件好的行政村，合并其他条件较差的村子，被合并方不再保留原来的建制。合并之初的1995年，日本市、町、村的数量分别为663个、1994个和577个，总数为3234个，2009年市、町、村的数量分别为783个、802个和192个，总数为1777个。可以看出，经过“平成大合并”以后，町和村的数量逐年减少，特别是“村”的数量下降急剧，而市的数量有了一定的增加。

合并给日本带来了不错的财政绩效，一方面，自治体的议员人数从6.6万减少到4.5万，一般职员从44.9万减少到37.4万，每年财政支出减少1.8万亿日元，达到了精兵简政的目的，减轻了农民的负担。另一方面，改进了村庄的基础设施，改变了村庄的风貌，同时合并村大都以儿童教育和老年人的福利为核心，提高了社会福祉，通过建立老人活动中心等，有效地保障了老年人的晚年生活。尽管国外的村镇合并并非全部是通过拆迁的形式，但可以肯定，通过合并做大规模是一种趋势，是农村发展的内在需要。

第四节　调剂土地使用的有效途径

2004年国务院出台的《关于深化改革严格土地管理的决定》（国发〔2004〕28号）明确指出“鼓励农村建设用地整理，城镇建设用地增加要与农村建设用地减少相挂钩”。为了落实28号文件，原国土资源部专门下发了《关于印发〈关于规范城镇建设用地增加与农村建设用地减少相挂钩试点工作的意见〉的通知》（国土资发〔2005〕207号），形成了完整的挂钩政策。2006年4月，原国土资源部正式批准了天津、山东等5省、市开展第一批城乡建设用地增减挂钩试点工作。由原国土资源部牵头，在试点项目区封闭运行，之后又在全国进行逐步推广。

我国在城市化早期，18亿亩耕地红线约束不强，城市工商业发展虽然受到土地政策的约束，但还不是非常强烈。到了城市化的中后期，特别是伴随房地产的快速扩张，耕地面积不断减少，坚守 18 亿亩耕地红线的难度越来越大，土地制约越来越强，尤其是经济发达地区，城市建设用地指标日益稀少，土地成为工商业和房地产业发展最严重的“瓶颈”。对于许多高度依赖发展房地产经济的地方政府来说，用地指标不解决，就没有可以拍卖的房地产用地，没有房地产用地，土地财政就没有办法维持，相应的基础设施建设、招商引资投入、工业用地开发都无法推进，地方经济难以发展。加快城市建设的同时肯定需要土地指标，也就是建设用地，但建设用地哪里来，“空心村”“闲置房”的确可以用来解决这个难题，用“土地增减挂钩”来重新规划拆迁村庄，改变农村人居环境、村容村貌，同时为城市发展提供建设用地指标。合村并居给地方政府带来的最大回报就是，在土地增减挂钩政策（即“城镇建设用地增加与农村建设用地减少相挂钩”）的背景下，“合村并居”后在农民原来宅基地基础上整理出来的土地变为城市建设用地指标卖出去，换取资金，地方政府因此可以相应增加财政收入。也就是说，通过“合村并居”的形式，将农民聚集到新型社区中，既解决了空心村导致的农村公共产品供应困难的矛盾，通过复垦更多的耕地，又能把城市急需的用地指标置换出来。土地增减挂钩政策的本意，是依据土地利用总体规划，将若干拟整理复垦为耕地的农村建设用地地块（即拆旧地块）和拟用于城镇建设的地块（即建新地块）等面积共同组成建新拆旧项目区，通过建新拆旧和土地整理复垦等措施，在保证项目区内各类土地面积平衡的基础上，最终实现增加耕地有效面积、提高耕地质量、节约集约利用建设用地、城乡用地布局更合理的目标。从全国范围来看，这是一个双赢的政策，既能够保证 18 亿亩耕地的红线不被突破，又能够获得更大的城市发展空间，实际上是生产要素的合理配置。当然，对于农民来说，在这种生产要素配置过程中，要想使自己的利益不受到侵害，那么，必须享有生产要素配置带来的好处，也就是说，城市购买土地建设指标的钱应该主要用于农民改变居住环境和条件。城乡建设用地增减挂钩涉及城乡之间的要素流动，不能成为对农村集体土地资产的变相剥夺手段。实际运行中，有的地区或者是因为整理后形成的土地指标没有被购买，或者是购买后的钱很大一部分被截留，农民拿不到应该得到的土地补偿款，导致因为“上楼”后生活成本增加，生活质量下降，“合村并居”变形地发展成了对农民土地的残酷剥夺。

2001 年的山东省政府第 47 号文件《关于加强和改进小城镇建设用地管理的通知》对于旧村改造后土地利用情况进行了相关说明：“小城镇范围内旧村

址或其他建设用地开发整理出来的耕地，可以等面积置换小城镇建设用地；县（市、区）完成耕地开垦计划以外，通过土地整理新增加耕地面积的60%，可优先安排中心镇使用；对旧城改造、合村并点的，也可给予一定数量建设用地周转指标，但改造建设完成后，必须开垦与用地周转指标等量的耕地面积。”所以说“合村并点”政策的宗旨在于改善群众的生产生活环境、更好地集约土地发展经济，还包括在保证国家18亿亩红线的基础上获得更多的土地，用于回耕、招商引资和建设居民服务点；可以充分发挥经济强村的产业优势发展特色农业，并充分利用原有这些村的资源，提升特色农业竞争力，使原有名牌农产品做大做强；缩小城乡间的差距，让农民在短时间内享受到和城市居民相差无几的社区生活。此后，不少地方逐步扩大了增减挂钩的适用范围，突破此前不能跨县域设置增减挂钩项目区的限制，在条件成熟的城市可以试点跨区设置项目区。解决地方经济发展对土地需要的迫切问题，主要方式之一就是增减挂钩试点。

基于以上分析，本书认为农村新型社区是社会发展到一定阶段的产物，是缩小城乡差距、消灭城乡二元结构、改善农民生活的非常有效的措施。尽管发展中出现了这样那样的问题，但从总体上来说，不能否定农村社区在新农村建设中的积极意义，尤其是随着农村和农业发展水平的不断提高，其作用会越来越明显，应该给予充分重视，促进其健康持续发展。

第五节　解决农村行政负担的重要途径

要让农村居民享受与城市居民比较相当的社会服务水平，最好的方式是把农民聚集起来，如果农民都处于分散状态，那么政府提供公共产品服务的成本就会大大增加，服务质量也很难保证。从硬件上看，为了让每个自然村都有比较好的基础设施，我国实施了“村村通”工程，这是国家为构建和谐社会，支持新农村建设的一项重大举措，是一项民心工程。“村村通”工程完成后，全国超过99%的村庄先是拥有了硬化道路、自来水、稳压电，后来逐渐普及了电话网、有线电视、互联网，有的还有液化天然气、暖气、下水道、抽水马桶等。这项工程确实对于改善农村的生活环境起到了很大作用。但是，由于农村普遍以摊大饼的形式开展建设，因此服务人口数量相同的前提下，“村村通”工程的成本要远远高于“城镇通”工程，如果单纯从经济效益看，“村村通”确实属于赔本买卖，如果计算人均成本支出，那么村村通成本非常高。而且，由于人口分散，即使工程建设质量没有问题，在使用上也得不到质量保证。比如生活自来水，因为人数少，使用量就很小，水循环很差，水质也很难保证，所以说，农民的分散居住给农村公共物品提供带来了难题。毋庸置疑，推广“村村通”工程是社会主义制度优越性的体现，但确实存在效益低下的问题，因此，实践中一些地方政府通过把那些偏远的山村整体搬迁的方式，帮助农民脱贫致富，这样既降低了成本开支，也有利于农民彻底改变生活环境。推而广之，“合村并居”也可以产生同样的效果，通过把空心村中少量的居民集中在一起，减少分散提供公共服务的成本，同时，还可以节省大量的住宅用地。

另外，从干部工资负担来看，农业税费取消后，村干部的工资由财政负担，村庄规模虽然小，但干部数量不少，而真正服务的村民数量有限，无形中造成了财政沉重负担。尤其是在落后地区，单单是村干部补贴这一块就是一笔不小的支出。如果适当地进行村庄合并，减少行政村数量，可以大大减少成本开支，事实上，通过前面的介绍可以知道，日本也是通过村庄合并降低财政支出的。

第三章　新型农村社区治理现状与问题

新型农村社区是具有明显认同感和归属感的社会生活共同体（毕于建，2011），是由农民拆迁集中安置形成，不少还是分阶段陆续拆迁形成的，一个新型农村社区内往往居住着来自多个村的拆迁户，混居现象较为突出。以江苏太仓为例，新型社区平均拥有来自3~4个村的拆迁户，较多的如浮桥镇新城花园社区现有住户2000多户，居民11000多人，来自30多个村，其中外来人口3000多人。新型农村社区的兴起，通过村庄合并、征地拆迁、产业集中、服务带动等方式，打破了农村固定的地域边界、人员边界和产业边界等，形成了超村落组织，改变了基层农村社会结构。新型农村社区虽然在某种程度上仍然保留着村庄固有的血缘、地缘和业缘关系，但在建设过程中又融入了许多新的元素，是不同村庄和外来人口组成的共同体，不再像过去那样封闭，成为一个开放程度相对较高的社会系统。原来由自然村构成的农村社区，居民具有非常浓厚的地缘、血缘和亲缘关系，是地地道道的“熟人社会”，一些多年传承下来的村规民约是社区治理依靠的主要手段，对人们的行为具有较强的约束性。

随着土地的流转，原来务农的农民逐渐被分流出来，从事各种各样的职业，加之产业化的发展，越来越多的外来人口聚集到一起，使新型农村社区的居民的身份复杂化，社区结构的异质化特征尤为明显。新型农村社区化建设一般都伴随着农村土地的规模化流转，土地流转后，农民的职业诉求便成为焦点。当农民集中居住、土地集中流转之后，农民的生存与发展等民生问题便更加凸显。土地流转如果不能够有效地促进农民就业和收入增加，那么由于新型社区生活成本的增大，必将为他们的生活带来新的困难。土地流转为农业产业化提供了可能，但同时也带来了劳动力使用量的减少，特别是在产业欠发达的地区，农民再就业问题必须给予高度关注，否则，强制推进新农村社区化建设，就是超越了生产力发展阶段，导致大量的“三无”农民产生，增加了基层农村社会的不稳定。

理想状态的新型农村社区，不仅具有良好的生活条件和环境，同时也应该有完善的社会保障、公共服务系统。农村实行家庭联产承包责任制和统分结合的双层经营体制后，集体经济“统”的功能基本消失了，农业生产经营活动实际上就是以家庭为单位进行的，村级组织管理的主要职责主要变成了负责公益事业，如修路、文化活动、办学校以及综合治理等。新型农村社区则不同，在集中居住后，必须配套发展相关的产业，村民可以把自家的承包地流转到经营大户或者村里，自己则可以找机会在产业园区或企业中务工，农村居民收入主要依赖于社区。因此，新型社区建设最重要的任务是发展产业、增加农民收入和改善农民生活。此外，还要为社区内的企业、单位、居民提供各种服务和保障，促进居民的全面发展。所以说，新型农村社区内的居民之间更容易达成利益上的一致，推动社区真正成为息息相关的生活共同体。

第一节　浙江省新型农村社区建设成就

浙江从 2003 年开始开展“千村示范、万村整治”行动，行动之初，全省有 4 万个行政村，农村人口达 2200 多万人，平均每个村有 160 户、560 人。经过 15 年的发展，浙江省村庄锐减到了 2.78 万个，农村人口减少到了 1900 多万人，平均每个村有 183 户、642 人。浙江推行的合村并居工程避免了麻雀村、空心村引发的土地资源、干部资源浪费的现象，促进了农村各项事业发展。当然，这种拆迁并非盲目地乱拆，而是在合村并居的同时，高度重视传统村落的保护工作。截至 2019 年底，浙江省已启动八批 347 个重点村、1699 个一般村的保护利用项目。为了留住这些不可再生遗产，保护好中华民族的精神家园，浙江率先开展历史文化村落保护利用工作。

新型农村社区建设，浙江省走在了全国的前列，其经验值得认真总结，以供其他地区借鉴。2018 年 6 月 15 日，中央农办、农业农村部下发了《关于学习推广浙江“千村示范、万村整治”经验，深入推进农村人居环境整治工作的通知》，通知要求全国各地认真学习浙江省农村人居环境整治工作的重要经验，扎扎实实推进农村居民居住环境的改善工作。自 2003 年开始，浙江省以建设“美丽乡村”为目标，先后实施了“千村示范、万村整治”工程、美丽乡村建设、“一张蓝图绘到底，一任接着一任干”，自习近平就任浙江省委书记后，连续三届浙江省委都把农村整治当作统筹城乡发展的龙头工程、生态浙江的重要抓手和新农村建设的重要载体，从政策上给予大力支持，持续推动工作创新，不断丰富和提升新农村建设的内容和水平。浙江省的农村整治工程分三个阶段进行：第一阶段为2003~2007年的“示范引领”阶段，重点是整治村庄环境脏乱差，改善农村生产生活条件。第二阶段为2008~2011年的“整体推进”阶段，重点是生活垃圾收集、生活污水治理，推进农村环境的综合整治。第三阶段为2012~2016年的“深化提升”阶段，重点是实施美丽乡村建设5年行动计划，推进“四美三宜两园”，即科学规划布局美、村容整洁环境美、创业增收生活美、乡风文明身心美；宜居、宜业、宜游；农民幸福生活家园和市民休闲旅游乐园。在这一阶段，浙江省又提出了新的要求，从2017年开始推行“万村景区化”工程，计划利用3年的时间，在全省建成10000个A级景区，其中AAA级景区要达到1000个，实现由“建设村庄”向“经营村庄”的转变，让老百姓在享受优美环境的同时，还能够享受到环境带来的经济收益。为此，浙江省开启了高水平改进农村人居环境提升三年行动计划，包括严格的生态环境保护，深入推进厕所革命，全面加强规划设计，推进全面系统保护，深化小城镇环境综合整治行动等具体内容。

经过15年坚持不断的努力，浙江省的“千村示范、万村整治”工程、美丽乡村建设实现了从普通版到升级版再到精品版的华丽转变，农村面貌发生了翻天覆地的变化。全省约2.7万个建制村完成了村庄的整治建设，占全省建制村总数的98%左右。70%以上农户厕所、厨房和洗涤的污水得到了有效处理；全省范围的建制村都实现了生活垃圾集中收集、有效处理，实施生活垃圾分类处理的建制村达到了41%，不少农村的垃圾分类准确化程度远远超过了许多城市社区。2017年浙江省城镇居民人均可支配收入达到51261元，农村居民人均纯收入达到24956元，城乡居民收入比为2.054∶1，是全国城乡居民收入差距最小的省份。浙江省的村庄整治成果主要体现在以下几个方面。

（一）农村居民聚集化程度提高

浙江新农村建设的经验，其中一条就是合理规划，积极推进农村新型社区建设。整治工作之初，浙江省坚持把中心村建设作为城乡统筹发展和公共服务均等化推进的有效载体。在建设中心村方面，浙江省给予了大量的财政支持，15年间，共投入200多亿元用于村庄的治理工作，相关部门的项目和资金配套高度配合村庄整治要求，大力推进各方面工作和服务向农村延伸。2010年浙江省委、省政府出台了《关于培育建设中心村的若干意见》，按照“人口集中、产业集聚、要素集约、功能集成”要求，率先培育1500个中心村，每个示范中心村补助40万~60万元。同时，积极推进农村社区股份合作制改造，完善农村信贷担保体系，为人口集聚、农房建设创造了条件。同时对中心村、保留村、特色村和小型村分别制定了相应的整治路线，强化村庄建设中的空间管制，采用土地置换、集体建设用地使用权流转、村庄撤并等办法，因地制宜推进村庄撤并和宅基地整理置换，引导自然村以及周边行政村的人口到中心村居住。

根据2008年3月公布的浙江省第二次农业普查数据，浙江省共有1486个乡级行政单位，其中乡461个，镇754个，街道264个，具有行政职能的乡级农场7个；33388个村级组织，其中32979个村，338个居委会，71个具有村民委员会职能的农场；908.94万个住户，其中在农村居住1年以上的家庭户889.46万个。10年后，根据2018年2月公布的浙江省第三次农业普查数据，共登记了870.9万农户，11.3万个农业经营单位，共调查了1302个镇乡级单位，其中乡268个，镇653个；28452个村级单位，其中村委会27328个，涉农居委会1083个；10.9万个自然村；0.6万个2006年以后新建的农村居民定居点。两次统计数据对比分析可以发现，乡、镇、村的数量都有不同程度的下降。乡由461个下降到268个，下降幅度为41.9%；镇级组织由754个下降到653个，下降幅度为13.4%，村级组织由32979个下降到27328个，下降幅度为17.1%。2003~2018年，浙江省共减少了6000多个行政村，减少幅度近20%。与此同时，浙江省累计建成了1.9万个农村社区服务中心，每个中心的平均面积达到了550平方米，配套建成了2.3万个农村社区居家养老照料中心、2.5万个农家书屋、1.8万个农村社区卫生站、2.6万个文化广场。

虽然基层组织的数量在不断地减少，服务能力却在大幅度提升。随着聚居区人口规模的不断扩大，基层组织的社会服务水平得到了大幅度的提升。绝大多数的中心村已经成为规划科学、环境优美、设施配套、服务齐备、管理民主、社会和谐的农村新社区。以中心村为节点，公共服务实现了全覆盖。中心村很好地带动了周边的行政村，各类公共服务有效地延伸到了周围农村，便捷的科技、教育、卫生、文化、社保等30分钟公共服务圈已经形成。

（二）基础设施建设得到大幅度改善

浙江省“千村示范、万村整治”工作的核心是为了改善农村的生态环境、提高农村居民的生活水平。这一工程的关键，是要彻底改善农村落后的基础设施。在“示范引领”阶段，浙江省共有1万多个建制村率先推进农村道路硬化、卫生改厕、垃圾收集、河沟清淤、村庄绿化等；在“整体推进”阶段，重点进行生活污水、畜禽粪便、化肥农药等面源污染整治和农房改造建设；在“深化提升”阶段，重点进行农村生活污水治理攻坚、农村生活垃圾分类处理试点、历史文化村落保护利用工作。通过大力统筹城乡基础设施建设，农村公路、农民饮用水、河道、沼气等都发展了起来，全面改善农村的生产生活条件和人居环境。村庄环境的治理，遵循“五整治一提高”原则，整治牲畜粪便，整治生活污水污染，整治垃圾固废污染、化肥农药污染、河沟池塘污染，提高农村的整体绿化水平，从而使农村社区实现道路硬化、河沟净化、卫生洁化、四旁绿化和住宅美化的目标。

从农村道路建设方面的数据可以看出浙江省10多年来在基础设施方面的改善情况。2008年和2018年浙江省分别公布了第二次和第三次《农业普查主要数据公报》数据，经过10年的建设，农村面貌得到大幅度改善，从道路基础设施看，浙江省通公路的自然村由2006年的88.7%提高到了2018年的99.9%，基本实现了村村通公路，而且村庄公路的质量也在不断提高，表3-1反映了通村公路和村内公路路面质量的变化，以及村内公路照明的普及情况。

表3-1　浙江省农村道路建设变化情况　　单位：%

	2006年	2016年	百分比变化
（1）按进村公路路面类型分			
水泥路面	76.3	79.6	3.3
柏油路面	15.5	20.1	4.6
砂石路面	6.7	0.2	-6.5
砖、石板路面	0.2	0	-0.2
（2）按村内主要道路路面类型分			
水泥路面	66.4	92.5	26.1
柏油路面	3.3	6.1	2.8
砂石路面	24.8	0.8	-24
砖、石板路面	1.2	0	-1.2
（3）村内主要道路有路灯的村	58.3	96.4	38.1

从表3-1中可以看出，无论是进村道路还是村内道路，质量都有了大幅度提高，高等级的路面比例大幅度上升，低质量的路面占比下降，特别是砖、石板路面在农村基本消失。现在，浙江省所有的行政村都通上了等级公路，用电实现了户户通，而且做到了城乡同价，93%的村庄通了客运班车，97%的村庄用上了安全饮用水，91%的农户用上了有线电视。这些基础设施的完善，大大改善了农村居民的生活质量。

（三）农村基本社会服务水平不断完善

在加快基础设施建设的同时，浙江省还重点加强了农村文教卫体等公共服务事业方面的投入，社区中配套建设幼儿园、托儿所；开辟健身场地，丰富健身器材；建设图书室和文化站，积极发展农民业余文化组织；发展社区卫生机构，配备执业医师，完善新型合作医疗制度；加大生活污水和生活垃圾集中处理的力度，彻底扭转农村脏乱差的形象。

新型农村社区建设的目的是改善农村居民的生产和生活条件，逐渐消除城乡二元结构，实现农村的现代化，因此社会服务的改进成为新型农村社区的重点。从浙江省各地市的实践来看，绝大多数新型农村社区的建设，确实带来了社会服务的积极变化。

表3-2 浙江农村基本社会服务变化情况　　单位：%

	2006年	2016年	百分比变化
有幼儿园、托儿所的村	30.2	22.4	-7.8
有体育健身场所的村	30.3	97.5	67.2
有图书室、文化站的村	21.8	97.9	76.1
有农民业余文化组织的村	22.0	62.5	40.5
有卫生室的村	49.8	49.9	0.1
有行医资格证书医生的村	51.2	42.1	-9.1
生活污水集中处理或部分集中处理的村	53.0	89.8	36.8
生活垃圾集中处理或部分集中处理的村	61.9	98.6	36.7

从表3-2中可以看出，随着社区规模的扩大，一些对规模要求比较高的项目逐渐出现了向乡镇、中心社区集中的趋势，其中“有幼儿园、托儿所的村”

的比例，由 2006 年的 30.2%下降到了 2016 年的 22.4%，有行医资格证书医生的村由 2006 年的 51.2%下降到了 2016 年的 42.1%。这两个数据的下降，并不是由于村民受到的幼儿教育、医疗服务水平下降了，而是农民在规模更大的聚集区域得到了更好的这类服务。2002 年，时任浙江省委书记的习近平同志提出了“卫生强省”的发展战略。国内许多地方还在实行“断奶疗法”，导致农村医疗卫生网络瓦解的时候，浙江省则是把大量资源投入到农村、社区、预防保健和基本医疗方面。2003 年浙江省委、省政府颁布了《关于进一步加强农村卫生工作的意见》（浙委〔2003〕21 号），开始了农村卫生医疗的大幅度改革，经过十多年的努力，在农村构建起了以社区卫生服务中心和社区卫生服务站为主体的服务网络，辖区居民在 20 分钟内就可以得到综合、连续、有效的卫生服务。在整合优化原来乡镇和村级医疗卫生机构资源的基础上，建设起社区卫生服务站。截至 2017 年底，全省新建农村社区服务站 18564 个，共计覆盖行政村 24592 个。2006~2018 年，新建农村居民定居点 6000 个。2016 年末，在工商部门注册的农民合作社总数 6.5 万个，实现生活污水和生活垃圾集中处理的村庄比例分别达到了 89.8%和 98.6%。

第二节　新型农村社区治理模式

（一）行政组织主导模式

行政组织主导的社区建设模式，通常对应的是一个村建设一个社区的情况，以一个行政村为基础，设立一个社区服务中心，建成后的社区治理仍然依靠原来的村级组织来实施。在村级组织主导的模式中，农村社区管理的主体是基层政府组织，治理手段主要是行政手段。这种模式下，社区组织主要是在原来村级组织的领导下兴办的，村两委成员一般都担任社区组织的领导，村级组织和社区组织的服务范围一致，管理重叠。这样的治理方式，优点是能够充分发挥政府调动社会资源的优势，充分发挥各方面的力量，在短期内节省了管理成本，具有比较高的效率。缺点是由于基层政府对各项事宜大包大揽，建设中体现的是“长官意志”，导致社区行政色彩浓厚，建设规划制定过程中没有社会力量的广泛参与，社区提供的住房、公共服务可能面临专业化和效能双向挑战，未必真正符合农民的需要，同样由于缺乏群众的参与，最终不利于提高社区的自治能力。

在推行农村新型社区建设过程中，不涉及村庄合并的农村，通常会采用“一村一社区”的模式，这种情况下，治理过程中起主导作用的往往是村级组织，由村级组织负责建设社区，而不是重新使用一班人马，因而效率更高，更具有权威性。村级组织和农村社区合二为一，有的直接将村委会改为社区管理委员会，充分发挥基层党组织和村委会组织的力量，农村社区建设可以较快推进。

一些合并的村庄，也可以采用行政组织主导的“一村一社区”模式。在经济发达地区，大规模的村庄合并比较容易进行，农民具有比较强的经济实力，愿意搬迁到新的聚集区，另外这些地区的村庄集体经济实力雄厚，能够为大规模聚集提供比较多的补贴，同时由于处于发达地区，土地价值高，土地置换的收益比较大，企业在村庄合并中能够起到重要的推动作用，合并后的村庄仍然实施村委会管理，这种情况下建设新型社区的责任，新的村级组织自然就承担了下来。杭州市在2007年以前的几年时间里，做过大规模的村庄合并工作，行政村由原来的119个减少到54个，合并后的村庄具有了相当的规模。因此，每个村建设一个社区具有了可能性，因此，在新型农村社区建设过程中，杭州市采取了“一村一社区”的方式。每个社区中都设立一个“公共服务站”，负责本社区各项行政事务，与村级党组织、自治组织形成“三位一体”的治理模式。

（二）社区组织主导模式

社区组织主导的治理模式通常出现在实施过大规模合并、原来的村级组织被撤销的情况下。撤并后成立的社区管理组织成为新型农村社区建设的主体，全面承担起社区的公共事务管理职能。政府与社区管理组织共同为社区提供发展所需的资源，原来的村级组织不复存在。社区组织主导模式提高了农村社区资源的整合能力。与原来稀疏的村庄设置相比，可以有效降低社区服务的单位成本，有利于提高社区管理水平，是农村新型社区发展的趋势。不过，这种治理模式对农村社区的政治、经济、社会环境的要求较高。

2015年山东省出台了《关于深入推进农村社区建设的实施意见》，提出要完善农村社区治理体制，依法有序撤销原行政村（包括中心村和非中心村）村民委员会，设置了社区村民委员会，原来的行政村改为自然村或村民小组，行政村不再作为农村社会治理服务基本单元，代之以新型农村社区的形式来承担。那么，在取消了原来村委会组织的地方，社区组织就成为社区治理的主导力量，这对于合并后的新型农村社区来说，有利于打破原来村级组织的壁垒，真正使合并后的社区成为一个整体，新的“社区党总支”和“社区居委会”或“社区村委会”作为新社区的自治组织，承担社区的公共事务管理。比如山东省诸城市是2008年民政部公布的全国296个农村社区建设实验县（市、区）之一。该市从2007年开始在全市范围内开展了新型农村社区建设，以2公里为半径，按照地域相邻、习俗相近的原则，兴建208个新型农村社区，每个社区平均涵盖原来5个左右的村庄，家庭数达到了1500户，2010年6月开始新型农村社区全面铺开，全市1249个建制村被全部撤销。

（三）社区组织与行政组织共同治理模式

新型农村社区建成以后，在保留原来的村级组织基础之上，增加一个社区管理机构，或者与村级组织并行，或者在村级组织之上或者之下，形成社区管理组织与村级行政组织共同治理的格局，这是许多社区目前采用的治理模式。一般来说，在财政力量比较雄厚的地区，政府作为社会服务管理的提供方，建设社区服务中心，配备相应的社区管理人员，提供社区管理服务，把原来隶属于村级行政组织的功能剥离出来。原来的村级行政组织依然存在，主要负责原来村民的集体资产管理、经济活动的组织、民主选举等。这种模式引起的震动可能比较小，同时能够充分发挥专业人员的管理作用。但是，对于地方财政的要求比较高，而且由于几个村子的农民已经混合居住了，仍然按照原来的村组织来管理，不利于社区之间的融合。

温州在农村社区建设过程中，推行的是“大社区”办法。通过“转、并、联”① 方式组建农村新型社区，把原有的5406个自然村重新整合成789个新社区。新组建的社区人口规模平均达到了5000~10000人，社区的服务半径为2~3公里，覆盖3~10个村。新社区突破了原来的行政村甚至是乡镇界线，完全按

① “转”是指农村转变为社区，农民转变为市民，集体经济转变为现在合作经济；“并”是指对低小散的村庄进行合并成立新型农村社区；“联”是指对不适合“转”和“并”的村子，组建联合社区。

照相邻相近的原则合并组建，以利于提高社会服务能力和水平。新型农村社区设置“三会一中心”，即党组织、管委会、议事监督委员会和社区服务中心。社区管委会属于乡镇的派出机构，党组织专职书记、副书记都是由乡镇负责配备。议事监督委员会由村民代表组成。社区服务中心以管理居民的生活为主要任务，提供便民服务、养老服务、计卫服务、文体服务和社会管理服务等。在加强“三会一中心”建设的同时，依然重视村委会的作用，发展经济的功能仍然由村委会来承担（袁方成等，2014）。

舟山模式突出农村基层社会管理体制的改革，采用了单村社区与联村社区并存的方式推进农村社区建设。截至2015年底，在该市的574个行政村的基础上建成了194个农村社区，其中单村社区137个，多村社区57个。舟山的做法，是在原有的农村基层社会体制内，增设“社区党总支”和“社区管理委员会”，负责辖区内的公共事务和公共事业，管委会主任由乡镇按照干部任用程序选聘，工作人员也是由乡镇选配。社区管委会实际上是乡镇的派出机构，对社区实施统一管理，同时保留原来的村委会，对各自村进行管理。2015年6月出台的《中央关于深入推进农村社区建设试点工作的指导意见》中明确规定，严禁以“管委会”等机构取代村党组织和村委会。2015年底，舟山市委、市政府颁布了《关于完善渔农村社区体制机制的实施意见》，明确了“坚持社区村一体化设置，完善渔农村社区组织体制”等渔农村社区调整的措施，重点进行了社区体制机制的调整。经过一年的时间，全市的社区体制调整基本到位，建制村减少了13%。这次调整整合了社区建成后设立的社区党组织和原来的村级党组织，成立“社区村民委员会”，取消了社区管理委员会。

通过村庄合并建设新型社区，能够促进农村资金、资源、人才等生产要素的优势互补，促进基础设施和公共服务向农村延伸；新型社区提高了土地集约利用效率，有利于农业规模化和专业化经营；“社区化管理”改造了传统农村的面貌，推动了农村城镇化、农民市民化建设，进而推进城乡公共服务的均等化，改变二元经济社会体制，加快实现城乡一体化发展（闫文秀、李善峰，2017）。因此说，无论是哪种模式，都绕不开大量的建设经费，没有经费保障，提高社区社会服务水平势必就成为一句空话。如果因为建设新型社区，增加了农民的负担，也会遭到农民的反对。得益于比较雄厚的财政实力，浙江省各个地市在推进农村新型社区建设中，都投入了比较多的资金，确保社区服务的有效运行。无论是哪种模式，建设经费、运行经费都是由市、县、乡三级财政承担，社区实际上等于政府在新型社区的派出机构，承担了为农村居民服务的功能，把原来隶属于村级组织的功能转移了出来，提供更为专业周到的服务。

第三节　新型农村社区的治理问题

2006年中央一号文件《中共中央国务院关于推进社会主义新农村建设的若干意见》指出，按照生产发展、生活宽裕、乡风文明、村容整洁、管理民主的要求，协调推进农村经济建设、政治建设、文化建设和党的建设，这些也是农村社区建设的主要内容。农村社会管理体制是指农村社会管理主体，即各级党组织、政府、社会组织、村民自治组织在农村社会管理过程中形成的管理格局，主要内容是不同主体之间的权利和义务及社会管理的运行机制。社会资源在国家、精英和民众之间进行不同配置，就会形成不同的社会力量结构；不同社会力量间进行互动，就会形成不同的社会组织模式和社会组织演进机制。农村社区治理的主要内容，既包括通过有效的方式组织农民生产，又包括农村文化教育、医疗卫生、体育、社会保障、垃圾处理、农村道路、水、电、照明、社会治安等公共事业、公共设施和公共秩序，还包括乡俗民规的制定与遵守。根据《中华人民共和国城市居民委员会组织法》的规定，城市社区居委会没有组织生产和发展经济的职能，也就是说，如果按照城市社区的运作模式，城镇化进程中的新型农村社区自身没有经济和生产活动的功能。但是，农村社区和城市社区的最大区别就是发展生产、保障农民收入，因此必须有组织承担起这个责任。从现实情况看，农民合作社是弥补社区管理委员会功能缺陷的重要力量，通过农民合作社，带领农民发展农业生产，提高产业发展水平；通过农民合作社，使农民的土地流转合理化，既能够使农民收获到稳定的土地出让收益，又不会担心丢掉对土地的控制权。因此，农村新型社区建设要比城市社区建设复杂得多，涉及农村居民生产生活的方方面面。从各地新型农村社区建设的实际情况来看，还存在许多问题，并制约着其健康持续发展。

（一）产权模糊导致集体资产管理不善

2016年11月5日，浙江省缙云县18位村干部联名倡议强化土地集体所有权，创新农业经营体制。他们在倡议书中提出，国家正在推行的使用权确权颁证到户的政策，可能固化和激化联产承包带来的各种矛盾，为资本下乡巧取豪夺的圈地运动大开方便之门。单纯确权给农民，没有强大的集体联合，在强大的下乡资本面前，土地必然会被逐步侵蚀。原因正如倡议书中表达的，确权虽然没有实行土地私有化，但确权后土地集体所有权就成了“虚权”，集体所持有的土地所有权证就成了“泥证”，土地确权颁证到户，最终必将彻底搞垮土地集体所有制，因此，以确权为基础，加强集体资产特别是集体土地的管理迫在眉睫。18 位村干部的担心不无道理，如果只是简单地推行了确权工作，没有在确权基础上，通过股份合作的联合带来集体资产管理上的有效改进，那么，他们担心的确权工作弊端就会显现出来。特别是在一些新型农村社区，多个村庄联合在一起，集体资产的管理更加复杂，如果不及时地通过股份合作的方式把集体资产权益与农民挂钩，农民的利益将会严重受损。

农村集体资产包括资源性的资产和非资源性的资产。资源性的资产包括土地、森林、草原、荒地、滩涂、水域等自然资源；经营用的建筑物、机器设备、工具器具、农业基础设施、企业和其他经济组织的资产份额以及集体组织拥有的商标权、专利权、著作权和专有技术等无形资产。此外，用于科教文卫体等公益事业的非经营性资产为村集体全体成员所有。截至 2016 年底，除了土地等资源性资产，全国农村集体资产总额达到了 3.1 万亿元，平均每个村的资产总额为 555.4 万元，其中，东部地区村均集体资产总额 1027.6 万元，中部地区村均 271.4 万元，西部地区村均 175 万元。庞大的农村集体资产是农民长期辛勤劳动、不断积累的宝贵财富，也是发展农村经济、实现乡村振兴的重要基础，更是农民生活改善的物质保障。在农村集体资产管理方面，绝大多数地方存在着产权虚置、账目不清、分配不公开、管理不透明的情况，导致集体资产被挪用、侵吞、贪占的现象时有发生，农民对此反映十分强烈。这些资产的性质为集体所有，但是普通的农民一般很少有资产管理的话语权，村干部对资产具有实际支配权。产权归属不清、权责不明、管理不善、监督不当，使得这些庞大的资产成为少数管理者的“专利”，导致许多腐败行为的产生。据中纪委监察部消息，自党的十八大以来的 5 年时间里，通报乡村典型微腐败案例就有 4182 起。

新型农村社区的成立，使得村级集体资产的管理问题更加复杂，特别是对于那些通过村庄合并成立的新型农村社区，集体资产的管理问题尤为突出。因为社区组织包括的人员范围不同，有些地方甚至连基层社会管理组织都发生了变化，有的用社区两委取代了原来的村级组织。因此，解决农村集体资产问题，特别是新型农村社区的集体资产管理问题迫在眉睫。

2014 年 10 月，中共中央政治局常委会审议通过了《积极发展农民股份合作赋予农民对集体资产股份权能改革试点方案》，2015 年 5 月，我国在不同的省份总共选择了 29 个县（市、区）开展农村集体资产股份权能制度改革工作试点。随后一年半的时间里，各个试点单位积极开展集体资产清产核资，全面摸清集体家底；开展集体成员身份确认，依法保障成员权利；开展集体经营性资产确权到户，积极发展股份合作制试点，赋予集体资产股份权能，激活集体资产。试点工作取得了明显的成效，给农村集体组织和农民带来了实实在在的好处，集体资产得到有效保护的同时，也大大调动了农民的积极性。通过产权制度的改革，农村集体资产的管理更加规范，农村社区居民的知情权、参与权、表达权和监督权有了制度保障，明确了集体资产产权，有利于从制度上遏制农村的腐败现象的发生。试点取得初步成功后，2016 年我国又出台了《关于稳步推进农村集体产权制度改革的意见》，要求从 2017 年开始，利用 3 年的时间，基本完成清产核资工作。通过开展清产核资、有序推进经营性资产股份合作制改革、确认农村集体经济组织成员身份、保障农民集体资产股份权利，构建集体资产运行机制，落实好农民的集体收益分配权和民主监督权。从文件中可以看出，中央在开展集体经营性资产确权到户的同时，也提出了要积极发展农民股份合作的要求，也就是说，确权到户不代表集体资产的私有化，确权也是为了更好地管理集体资产，而其中股份合作就是一条重要的途径，因此，在确权基础上的股份合作是落实好农民集体收益分配权、建设好新型农村社区的有力保障。

（二）公共服务水平的提升问题

无论是城市社区还是农村社区，公共产品和服务的供给都是社区治理最重要的内容。新型农村社区建设的目的，就是让农村居民享受到国家发展带来的社会物质和精神文明成果，推动公共服务城乡一体化发展。所以说，公共服务种类的完善和水平的提升是新型农村社区建设成败的关键和标志。

农村公共产品大体可以为以下几类：①农村基础设施。包括道路、电力、电话、通信、网络、电视、生活用水等基础设施类产品。②农村社会事业。包括文化设施、体育锻炼设施、基础教育、医疗卫生、疾病预防、社会治安等生活性服务。③就业和社会保障工作。义务教育、就业技能培训、就业信息的提供、扶贫济困救灾、心理咨询等保障性服务。④村庄环境建设。如河道、沟渠、池塘、山林保护、垃圾分类及处理、环卫绿化、环境治理、退耕还林还湖等。这些产品具备公共物品或准公共物品的特性，靠市场机制绝大多数无法满足，需要在农村社区治理中予以通盘考虑，解决有效供给问题，提供农村公共物品，提升农村社会管理水平。

新型农村社区公共服务水平的改善，一直是各级政府关注的重点，而建设标准和建设要求的提出充分体现了政府对农村社区公共服务的重视。特别是2015年中共中央办公厅、国务院办公厅《关于深入推进农村社区建设试点工作的指导意见》颁布后，各省份分别制定了具体实施意见，对农村社区的建设标准提出了明确的要求。山东省按照每千人200平方米，总面积不少于500平方米的标准建设农村社区服务中心，以“一厅一校八室”（“一站式”服务大厅，社区教育学校，社区综合办公室、多功能会议室、党员活动室、文体活动室、阅览室、农业综合服务室、社会组织服务室、电子商务室）的基本标准规范社区服务中心功能。社区综治警务、医疗卫生、计划生育、养老托幼、残疾人康复和托养照料、便民利民等专项服务设施，以及农资供应、农产品购销、农机维修、便民超市、金融通信、邮政物流等市场服务设施，按照有关规定标准，与社区服务中心一同建设。①

2008年浙江省颁布了《关于推进农村社区建设的意见》，把“加强农村社区基础设施和公共服务设施建设”作为农村社区建设的重点内容，与“千村示范、万村整治”工程相结合，对道路、生活用水、生产生活用电、农田水利、垃圾和污水收集处理、电信网、互联网等基础设施建设，以及连锁超市、农资供应、金融、邮政等服务业配套服务等提出了要求。国家下发《关于深入推进农村社区建设试点工作的指导意见》后，2017年，浙江省又出台了《关于深入推进农村社区建设的实施意见》，意见要求在农村社区建设过程中，积极完善服务设施体系，加强各项软硬件建设。逐步提高农村社区服务中心建设标准和人均拥有面积，新建的社区服务中心面积应按照平原地区建筑面积不少于500平方米，山区、半山区和海岛地区不少于400平方米的标准配备。按照办公区域尽量小、服务和居民活动区域尽量大的要求，提倡社区工作人员集中办公，确保直接服务和居民活动区域面积不低于80%。农村社区应统一应用“中国社

① 山东省委办公厅、省政府办公厅《关于深入推进农村社区建设的实施意见》（鲁办发〔2015〕44号）。

区”标识。加强资源整合利用，统筹推进农村文化礼堂、社区卫生服务站、居家养老服务照料中心、社区多功能体育运动场等设施建设，避免资源闲置、浪费①。在农村社区建设中，浙江各地市投入了大量的人力、物力和财力。例如，2008年开始，杭州市级财政每年投入10亿元资金，统筹推进农村社区全面发展。每年财政还投入7800余万元专项基金作为农村社区建设工作经费，实现全市农村社区服务中心全覆盖。2011～2017年，杭州市每年还安排统筹发展专项资金3亿元，用于“百千工程”项目和精品村建设项目。验收获评优秀、良好、合格的村，分别可以得到160万元、120万元和100万元的资金支持。

但是，并非所有地区农村社区的公共服务建设都能给农民带来比较大的好处，不少地区特别是经济欠发达地区在加快新型农村社区建设过程中，由于片面追求建设速度和建设规模，建设时间安排紧、任务重，边拆迁、边规划、边建设、边安置，导致社区建设好了，公共配套设施建设却严重滞后。有的新型农村社区是在居民入住之后才陆续开始建设相关配套设施。教育、医疗、商业服务网点未能及时覆盖到位，给群众就医、上学、购物带来了很多的不便。休闲广场、运动场地、健身器材等更是缺少，社区文化、教育、文体、信息、安防等服务往往成为社区服务中最薄弱的环节，给农村居民的日常生活和社区管理带来了诸多不便。由于缺少统筹规划，社区建成后，许多农民没有能力购买社区新房，导致房屋空置现象比较严重，新型社区服务项目的推进更为艰难。在欠发达农村强制推进新农村社区化建设，超越了农村的经济承受能力和生产力发展阶段，以牺牲农民利益降低建设成本，以高息借债或透支未来财政等方式推进农村社区建设。这样的建设方式不仅增加了基层政府的债务风险，同时产生了一批“三无”农民，给基层农村社会带来不稳定因素。不过，因为这种建设方式还只是发生在个别地区，还没有形成系统性风险（张颖举，2014）。

出现以上这些情况，一方面是由于目前建设的新型农村社区比较多，建设过程中政府对软件服务重视程度不够，加之许多欠发达地区的政府财力有限，发展社区服务项目心有余而力不足。另一方面是社会组织力量不足。在西方国家，无偿或低偿性社区服务的提供方，大都是具有公益性、志愿性、非营利性的民间社会组织和社会企业，通过动员组织志愿者、义工提供公益性社区服务。由于我国民间组织数量少、力量弱、资金缺乏，造成在这方面的服务提供不足。

① 浙江省委办公厅、省政府办公厅《关于深入推进农村社区建设的实施意见》（浙委〔2008〕106号）。

许多新型社区虽然建成，也有服务中心，但专门的服务人员没有，运行经费很少，没有能力为农村居民提供相关服务，社区内农村居民的需求得不到有效满足。

因此，新型农村社区建设主体一定要明确，政府只能作为社区治理的推动者，不能成为全面建设者，农民的主体地位不能被取代。韩国和日本的新农村建设实践也证明，在新农村建设中，政府只能是新农村建设的配角，其作用是引导、统领和服务。农民才是新型农村社区建设的主体，才是社区可持续发展的主要力量，如何充分唤醒农民的自主意识，提高农民的素质，调动农民的参与意识，增强他们对社区的认同感，从而最大限度调动他们的积极性是新型农村社区建设成功的关键，政府和农民的角色不能错位。

（三）新型农村社区的产业支撑能力薄弱

根据《中华人民共和国城市居民委员会组织法》的规定，社区居委会没有组织生产和发展经济的职能，也就是说，按照社区的运作模式，新型农村社区自身没有经济和生产活动的功能，但是，无论是传统的农村社区还是新型农村社区，发展生产、保障农民收入不断增加是社区的第一要务，这也是农民生存的前提，农村社区并不仅是农村居民生活的场所，也是谋生的地方，因此新型农村社区必须有组织承担起这个责任。习近平总书记在党的十九大报告中明确提出农业农村现代化发展的总要求，即“产业兴旺、生态宜居、乡风文明、治理有效、生活富裕”，表明产业兴旺是农村治理的首要前提，没有产业的现代化，很难说农村能够实现现代化。

“两区同建”是山东省德州市 2008 年开始的新型农村社区建设模式，以城镇化为重点，以农民生产方式和生活方式转变为路径，同步推进农村产业园区和新社区建设，并纳入城镇化体系来规划和管理，追求农业产业化、工业现代化、社区城镇化的协调发展。10 多年的实践证明，德州市的“两区同建”是新型农村社区可持续发展的有效途径，其着力点在于居住生活与生产就业的同步建设，解决了“土地产权如何改、人往哪里去、钱从哪里来”的核心问题。国务院总理李克强两次对德州市以“两区同建”为重点的城镇化建设经验做出了重要批示，充分肯定了德州市在解决农民就地城镇化中的积极作用。随着“两区同建”的顺利开展，农村居民的收入水平不断上升，城乡居民的差距不断缩小，2009 年德州市农民人均纯收入达到 6138.41 元，城乡居民的收入比为

2.56∶1。2013年，农村居民人均收入达到10876元，城乡居民的收入比为2.28∶1。2017年，农村居民人均收入为13389元，城乡居民的收入比进一步缩小为1.84∶1。可以看出，十几年的时间，德州市城乡收入差距大大缩小，虽然影响因素很多，但是“两区同建”的作用不可忽视。截至2016年末，德州市开工建设的农村新型社区有430个，初具规模的社区达到了415个。截至2017年12月，已累计建成农村新型社区320多个，40万农户住进了设施配套、生活便利、环境优美的新社区，85%以上的社区已经完成了“五化八通八有”①，92%的社区建设了养老教育等机构。建成规模以上农村产业园区876个，46万农民实现了在家门口就近就地就业，来自各类园区的收入占农民家庭总收入的65%以上。

当然，并不是所有地区农村新型社区建设过程中都能做到居住区建设和产业区建设的同步发展。有些地区在没有做好统筹规划的前提下，单纯地为了新农村建设而建设新农村，社区项目匆匆上马，农民被迫“上楼”，或者是“上不去楼”，引起老百姓的不满意，出现了一些烂尾楼，甚至出现了“鬼城”。一些地区为了迎合上级规定的任务，或者是为了和其他城市互相攀比，违背农民意愿，好大喜功，强制加快建设进程，新型农村社区建设成了劳民伤财的“政绩工程”“面子工程”。河南省之所以被中央巡视组叫停发展新型农村社区，最主要的原因就是如此，在建设新农村社区过程中，许多市县贪大图快，建设过程中不仅占用了大量耕地，还造成了巨额资金的浪费，老百姓不堪重负。根据新华社的报道，2013年以来，河南省停止建设了1366个新型农村社区，直接损失高达600多亿元。“惠民工程”变成了烂尾工程，一些社区房屋建起来了，却没有人居住，看着土地浪费可惜的农民又进去“开垦”土地、喂猪放羊，也有一些农民被迫住上新房后，背上了沉重的债务。

张颖举（2014）调研的H省30个样本社区中，虽然都宣称实现了“产业支撑”，所谓的产业支撑大多是搞了一点“商贸物流业”和“农业产业化”，但实际上是面向一个社区所谓的农业产业化支撑，其实也就是办了一家比较先进的面粉加工企业，除此之外的29个社区最多就是基础设施改变了，农村居住区由原来的分散居住变成了集中居住，就业机会并没有因此增加，相反，由于土

① “五化八通八有”是山东省德州市新型农村社区建设的标准要求，“五化”是指硬化、绿化、亮化、净化、美化；“八通”是指通水、通电、通暖、通气、通油路、通宽带、通电话、通有线电视；“八有”是指有幼儿园、学校、敬老院、卫生室、警务室、超市、中心广场、社区服务中心。

地的流转，很多农民原有的从事传统农业的生存手段却丧失了。这些农村居民既没有像城市居民那样享受到一些公共设施带来的便利和福利，又不像传统农民那样至少还有一些基础的生活保障。新型农村社区建设必然伴随着大量的土地流转，为农业的产业化提供了条件，但是土地流转并不会必然带来产业化，一些流转到土地的大户，规模没有达到一定的条件，充其量算是家庭农场，并不能吸收大量农民就业。就流转出去土地的农民目前状况而言，“挣着工资拿着土地流转租金”，听起来很美好，这样的好事大多数农民是轮不到的，只是新农村社区建设的一种理想状态。农业领域吸收的农民只会越来越少，转移出来的农民想全部在农业领域“挣工资”还不现实，否则规模化经营的优势也就无法体现。因为现在农业生产的现代化程度比较高，“从种到收”基本上都实现了机械化。大宗农作物的生产即使需要一些人工劳动，也是临时的、短期的需求，并不需要农民长时间在农业生产中从事劳动。

农村社区建设中，产业发展不配套，导致了农民隐性失业问题更加突出。为此许多地区在发展过程中，应把发展其他产业、扩大农民就业、提高农民的收入作为新型农村社区建设的配套措施。否则没有产业支撑，农民富裕不起来，即使像城市居民那样住进了楼房也住不长久。而且集中居住后不仅仅是居住场所的变化，居住成本也比以前增加了。水、电、气等在分散居住的时候有些是不用花钱的，可以用别的资源来代替，物业管理费也没有，所以说新型社区一定程度上增加了农民生活负担，尤其是对于一些中低收入家庭，生活满意度并没有因此得到提升。所以说，“社区+产业”融合是各地新型社区建设探索出的一条必经之路。选择搬迁安置点时，有没有产业支撑、方不方便就业是新型农村社区是否具有生命力，是否能够真正改善农村居民生存状态要考虑的重要因素。农业的发展是农村政治和社会的基础，发展经济是新型农村社区可持续发展的前提，经济的治理是新型农村社区治理的重要内容。经济治理水平的高低，农民群众收入增加的多少，是社会和政治治理的基础。

（四）农民参与新型农村社区建设的程度比较低

党的十六届五中全会对社会主义新农村建设的要求是“生产发展、乡村文明、村容整洁、管理民主”，其中，乡村文明、管理民主可以看作是新农村建设的软件要求，是农村社区建设的内涵，仅仅有生产发展和村容整洁，还不是真正意义上的新农村。而要建立起文明的村风和民主化的管理，没有农民的参与是不行的。社区建设之前有了农民参与，可以最大限度确保社区建设方案符合农民自己的需要。社区建成后治理中有了农民的广泛参与，才能真正使社区成为农民自己的社区，而不是政府的社区，各项事务的治理才可持续，才不会受政府官员的意志、政府财力的大小影响。2017 年 6 月，中共中央、国务院发布的《关于加强和完善城乡社区治理的意见》中提出，要不断提升社区治理水平，第一条就是增强社区居民参与能力。凡是涉及社区公共利益的重大决策事项、关乎居民群众切身利益的实际困难和矛盾纠纷，原则上由基层组织牵头，组织群众协商解决。不能只注重房屋、道路、绿化等硬件建设，治理水平提升是社区建设成败的关键。现在许多地区特别是东部发达省份大都建立了社区服务中心，财政支持配备了专业的工作人员，能够提供专业的服务，但是这不是社区建设的全部，甚至不能说是农村社区治理的主要内容。基层社会的治理，不是政府的事情，农村更有特殊性，不能够用社区管理代替村民自治。从国外经验看，农村的治理，必须是农村居民广泛参与的自治，没有农民参与的社区治理，不能够实现真正的“善治”。多地的实践证明，一味地政府包办社区建设，不可能给农民带来利益。因为只有农民自己才知道自己的需求是什么，以及可行性和必要性如何。社区治理中之所以出现政绩工程和面子工程，就是在建设过程中农民没有参与到决策中来，反而成为社区建设的被动执行者。农村社区公共产品供给中，政府不能缺位，但也不可以越位，更不能越俎代庖代替农民决策，更不能直接提供农民的私人产品，因为社区建设中，最重要的是农民住房问题，房子属于私人产品，房子建什么档次、什么式样，应该由农民自己决定，由农民根据经济状况和偏好理性决策，政府部门不能替农民做主，盲目追求上档次。

虽然国家多次强调新农村建设一定要坚持尊重农民意愿、以人为本，但实际情况并不乐观，有的地方不顾农民的反对，强迫农民“上楼”。有的地方追求建设速度，工程质量问题堪忧。规划设计由政府做主，农民并不都买账。在政策执行过程中，有的地方没有把村民的权益放在首位，没有让村民理解新型农村社区的理念，推进过程中方法简单粗暴；在建设过程中，对于社区软件方面投入不够，民生保障、休闲娱乐、医疗教育等项目投资不足，社区文明建设更加不被重视。农村社区建设在有的地方主要依靠政府主导的“外力推动”，地方政府热衷于推动撤村并居工作，出发点可能并不是改善农村居民的居住条件和生活水平，真正感兴趣的是农民的宅基地和农村建设用地，通过撤村并居，拿到宝贵的用地指标，因为城乡建设用地增减挂钩从 2006 年开始在全国大部分地区实行，撤村并居成为解决建设用地紧张的有效途径。虽然不能说错误，但是出发点不同，往往关注的利益点就不一样，就不会真正俯下身来倾听群众的呼声，切实拿出农村居民乐意接受的方案。华中师范大学中国农村研究院在2014年做了一项全国性的调研，调研对象包括全国90个农村社区和1789位农户，调研发现，社区建设更多的是政府主导，农民、社区参与不足，数据显示67.42%的农村社区建设主要出于“政府政策规划”，真正出自“农民自发要求”的只占15.73%，此外16.85%是因为“产业发展或公共工程建设需要”。

农村社区治理，目的是改善社区民主政治，实现“善治”。党的十九大报告提出要完善党委领导、政府负责、社会协同、公众参与、法治保障的社会治理体制，目的是不断提高社会治理社会化、法治化、智能化、专业化水平。构建多元主体参与的治理体制机制，形成科学合理的社区治理结构，是新型农村社区治理的关键。就实际情况来看，在新型农村社区推进过程中，如何扩大农村居民的参与力度、参与途径和参与范围非常重要，真正做到“民主选举、民主决策、民主管理、民主监督”，使农民享有“知情权、参与权、表达权、监督权”，以维护农民的利益。要构建起完善的农村社会管理问题决策机制，构建具有组织力量保证的监督制衡机制等，最终实现“加强社区治理体系建设，推动社会治理重心向基层下移，发挥社会组织作用，实现政府治理和社会调节、居民自治良性互动”的目标。

（五）农村居民普遍缺乏对新型农村社区的认同

新型农村社区可以“共同体”的方式存在，也可以“社会”的方式存在。德国社会学家滕尼斯提出“社区”是“共同体”，他提出的社区或共同体概念中，“关系”占有统治地位，把关系作为整体、团体，认为社区是“有机的”和“道德的”。与社区对应的概念是“社会”，社会是“机械的聚合”，是外在的“人工制品”世界，尽管也以“群体”的形式存在，它们也像在共同体里面一样，“以和平的方式相互共同地生活和居住在一起，但并不是真正的结合在一起，而是基本上分离的”。也就是说，社区或共同体更强调人与人之间以自然关系为纽带，亲民、和谐地联系在一起，“持久和真正共同地生活”。社会虽然在外在形式上表现为一个群体，但内在是割裂的、分离的，“只不过是一种功能暂时的和表面的共同生活”。社区中的个体，对社区拥有非常高的认同度，离开这个社区，“走进社会就如同走进异国他乡”。

中国传统的农村社会，非常接近滕尼斯的“社区”或“共同体”概念。同一个村子里，血缘关系是主要的社会关系，同一姓氏、同一家族，或者几个姓氏、几个家族构成一个村庄的主体，邻里之间有着几十年、上百年，甚至更长时间的关系，“熟人社会”成为中国传统农村的主要特征，乡村的治理主要靠“人治”，人们的行为规范严格遵守不成文的乡约村规，“潜规则”是维护村庄秩序的主要手段。在传统农村社区里，人们以宗族血缘关系、地缘关系为纽带，传统的宗族治理模式占了主导，在基层农村社会治理中发挥着巨大作用。在传统农村社会中，社会结构简单，人口密度相对稀疏，封闭性、同质性特征明显；经济活动单一，自给自足性强；传统文化浓重，宗族性强，个人自由度较低等（闫文秀、李善峰，2017）。传统农村社区，无论是宗族治理，还是乡贤治理，最大的好处就是成本低，千百年来流传下来的各种规矩成为人们做事的行为准则，沟通成本少，人们在生产、生活上可以互相帮助，互通有无，墨守成规。马克思形容 19 世纪的法国农民为“一袋马铃薯”，以此形容农民的原子化状态。我国封建社会时期的农村，农民之间的联系大都体现在生活上，生产上的联系也只是互相帮扶，在生产组织方面并没有产生有机联系。中华人民共和国成立后，人民公社改变了这种状态，社会化的大生产逐渐成为主流。联产承包责任制推行后，农业生产又一次恢复到以家庭为主的状态，农民之间缺乏有机的联系，实际上和马克思说的“一袋马铃薯”差不多，有些地方一年连一次村民代表大会都没有办法召开，农民和社区是一种松散关系。

随着生产力的发展和社会化程度的提高，传统的农村社区逐渐瓦解。农村不再是自给自足的封闭社会，和外界的交往越来越频繁，民营经济发达的地区，农村城市化的进程也越来越快。人们或者搬迁到生活条件更好的城市、城镇居住，或者是在新兴的社区里建造新房，“熟人社会”的特征在很大程度上被削减。特别是 2006 年以来，各地新型农村社区的大规模兴建，对传统农村社会的冲击更加严重。新型农村社区彻底打破了原有的传统农村社区的格局，尤其是对于多个村庄合并在一起的新型社区，或者由于民营经济发达，融入大量外来人口的新型农村社区，不再是原来封闭的社区，“社会”的成分越来越浓，越来越接近城市社区性质。至少同时具备了城市社区和乡村社区的两种特性，这种“亦城亦乡”和“非城非乡”的模糊性，也使得更多的农村居民在不断融入新社区的过程中，产生了身份认同的迷惑和多重的不适。与原先的共同体相比较，农民集中居住区呈现出的是一个“碎裂的社会”（孙远东，2011）。

新型农村社区可以使农村居民按照“社会”的方式生存，如同城镇社区一样，大多数新型农村社区也正是这样发展的，居民之间的联系并没有因为居住的空间更加紧密而改善，相反，与传统农村社区相比，农民的原子化程度进一步加剧。新型农村社区也可以按照“社区”的方式存在，毕竟农村不同于城市社区，即使是不同村庄之间的联合，农民之间也有着千丝万缕的关系，乡里乡亲的观念还是浓厚的。新型农村社区建设不仅仅是把楼房建起来，安置农民集体入住这么简单，不是单纯的人口聚居，不是简单的村庄翻新，而应该是按照城乡一体化发展的理念，对传统农村社区的彻底改造，既有居住环境、服务功能、管理体制机制方面完善，也应该包括对农民进行“社会人”和“现代人”的改造，变革他们的生产生活方式，提升其自身素质和生活品质，形成更加开放、更加包容的现代农村社会生活共同体，其中最重要的结果就是增强农村居民的凝聚力，提高他们对社区的认同。新型农村社区建设，不只是用城市化的理念改造农村，也不只是追求公共服务的均等化，而应该通过新型社区建设，把农村社区打造成一个更加开放、更具活力的自我管理平台、综合服务平台和社会发展平台。新型农村社区建设，重要的是要构建一种机制，让农村居民能够为新社区建设感到自豪，激发他们参与社区事务的内在动力，发自内心地为社区目标而努力。通过社区认同感的培育，让他们能够产生共同的“乡愁”，更好地关心身边的社区环境、公共空间、政治活动、社区文化等公共事务，一起努力提升社区的生活质量。在接受社区文化、文艺活动熏陶的过程中，提升对社区的认同。

第四章　农民合作社参与农村社区治理的依据

2009年12月18日，联合国第64届大会通过决议，将2012年确定为“国际合作社年”，对合作社在经济社会发展中所起的重要作用给予高度评价，认为合作社在消除贫困、增加就业、促进社会稳定方面起到了独特作用。从国际范围看，合作社的作用确实不仅仅是在经济领域，在社会治理方面也有着非常重要的地位，我国建设新型农村社区，必须重视农民合作社的作用。

第一节　农民合作社参与农村社区治理的历史使命

2007年《中华人民共和国农民专业合作社法》实施后，合作社在我国得到了迅速发展，已经壮大成为重要的新型农业经营主体，是农业现代化建设的中坚力量。根据原工商总局发布的全国市场主体数据，截至2018年2月底，全国依法登记的农民合作社达204.4万家，入社农户超过1.1亿户，入社农户占全国农户总数的48.18%。《中华人民共和国农民专业合作社法》实施后10周年，专业合作社的覆盖面稳步扩大，每年以平均60%的速度增长，入社农户占全国农户的46.8%。在数量增加的同时，合作水平也有了显著提升。一方面，专业合作社的纵向联合不断拓展，生产、加工、流通以及金融服务等逐渐加强，半数以上的合作社可以为农民提供产加销一体化服务，服务总值超过1.1万亿元。另一方面，合作社之间的横向联合也开始推行，不少地方出现了县级、市级甚至省级的联合社，目前全国通过共同出资、共创品牌、共享利益等方式自发组建起不同层次的农民合作社联合社超过1万家，安徽、甘肃等省还建立起了省级合作社联合社。此外，合作社在组织农产品标准化、品牌化、绿色化生产，发展新产业、新业态等方面也发挥了重要作用，17 万家合作社有注册商标，4.3 万家合作社通过了“三品一标”质量认证。合作社已经成为我国农村中最重要的一种社会组织形式。

（一）农民合作社参与农村社会管理是国家政策的期望

2004 年以来，连续 14 年的中央一号文件，明确要求政府部门扶持农民合作社的发展，同时也希望农民合作社在农村建设中充分发挥作用。2006 年党的十六届六中全会通过《中共中央关于构建社会主义和谐社会若干重大问题的决定》，提出要全面开展城市社区建设，积极推进农村社区建设，健全新型社区管理和服务体制，把社区建设成为管理有序、服务完善、文明祥和的社会生活共同体。完善居（村）民自治，支持居（村）民委员会协助政府做好公共服务和社会管理工作，发挥驻区单位、社区民间组织、物业管理机构、专业合作经济组织在社区建设中的积极作用，实现政府行政管理和社区自我管理有效衔接、政府依法行政和居民依法自治良性互动。在这个文件中，不仅仅是要“发展农民专业合作组织，增强农村集体经济组织服务功能”，而且专门提出要充分发挥专业合作经济组织在社区建设中的积极作用。

2008 年《中共中央关于推进农村改革发展若干重大问题的决定》的“稳定和完善农村基本经营制度”部分，提出培育农民新型合作组织，发展各种农业社会化服务组织，鼓励龙头企业与农民建立紧密型利益联结机制，着力提高组织化程度。扶持农民专业合作社加快发展，使之成为引领农民参与国内外市场竞争的现代农业经营组织。可以看出，农民专业合作社已经成为“农村基本经营制度”的一部分，对于农业竞争力的提升寄予了很高的期望。文件明确提出要支持供销合作社、农民专业合作社、专业服务公司、专业技术协会、农民经纪人、龙头企业等提供多种形式的生产经营服务。而且为了壮大专业合作社的实力，突破了以往政策的禁区，“允许有条件的农民专业合作社开展信用合作”，也就是说，专业合作社的合作范围，不仅仅局限于过去的生产和流通环节，信用合作这样的金融服务也得到了政策上的允许。2008 年这份关于农村改革的文件，将农民专业合作社的作用提到了比较高的地位，但是重点还是在经济领域。

2013 年中央一号文件《关于加快发展现代农业　进一步增强农村发展活力的若干意见》明确指出“农民合作社是创新农村社会管理的有效载体”，也就是说农民合作社能够引导农民广泛参与村级民主管理、健全村级民主决策和民主监督机制，成为加强和创新农村社会管理的重要依托（董进才，2014）。文件指出，农民合作社是带动农户进入市场的基本主体，是发展农村集体经济的新型实体，是创新农村社会管理的有效载体。按照积极发展、逐步规范、强化扶持、提升素质的要求，加大力度、加快步伐发展农民合作社，切实提高引领带动能力和市场竞争能力。鼓励农民兴办专业合作和股份合作等多元化、多类型合作社。实行部门联合评定示范社机制，分级建立示范社名录，把示范社作为政策扶持重点。安排部分财政投资项目直接投向符合条件的合作社，引导国家补助项目形成的资产移交合作社管护，指导合作社建立健全项目资产管护机制。增加农民合作社发展资金，支持合作社改善生产经营条件、增强发展能力。逐步扩大农村土地整理、农业综合开发、农田水利建设、农技推广等涉农项目由合作社承担的规模。对示范社建设鲜活农产品仓储物流设施、兴办农产品加工业给予补助。在信用评定基础上对示范社开展联合授信，有条件的地方予以贷款贴息，规范合作社开展信用合作。完善合作社税收优惠政策，把合作社纳入国民经济统计并作为单独纳税主体列入税务登记，做好合作社发票领用等工作。创新适合合作社生产经营特点的保险产品和服务。建立合作社带头人人才库和培训基地，广泛开展合作社带头人、经营管理人员和辅导员培训，引导高校毕业生到合作社工作。落实设施农用地政策，合作社生产设施用地和附属设施用地按农用地管理。引导农民合作社以产品和产业为纽带开展合作与联合，积极探索合作社联社登记管理办法。

2014 年原农业部等 9 部委出台《关于引导和促进农民合作社规范发展的意见》（农经发〔2014〕7 号），指出引导和促进农民合作社规范发展，是承接国家涉农项目、创新财政支农方式的重要基础。将农民合作社作为国家涉农项目的重要承担主体，既是国际的成功经验，也是我国创新财政支农方式、提高财政支农效率的改革方向。2017 年原农业部会同中央农办等部委起草，并以中办、国办文件形式印发了《关于加快构建政策体系培育新型农业经营主体的意见》，从财政税收、基础设施建设、金融信贷服务、保险支持、营销市场、人才培养引进等方面建立健全支持合作社等发展的政策体系。各级财政每年都会投入几十亿元资金，用以支持合作社增强市场竞争能力和抵御风险能力。

其实，对专业合作社政策支持，并不是最近几年的事情，梳理一下国家发布的关于农民合作社的优惠政策，主要体现在以下几个方面：

在税收优惠方面，2008 年财政部、国家税务总局就下发了《关于农民专业合作社有关税收政策的通知》，明确了合作社增值税、印花税优惠政策。凡是加入合作社的成员，农产品销售一律免征增值税。一般纳税人从农民专业合作社购进的免税农产品，可按13%的扣除率计算抵扣增值税进项税额。对农民专业合作社向本社成员销售的农膜、种子、种苗、化肥、农药、农机，免征增值税。对农民专业合作社与本社成员签订的农业产品和农业生产资料购销合同，免征印花税。

在用水用地用电优惠方面，2014 年，原国土资源部、原农业部下发《关于进一步支持设施农业健康发展的通知》，明确了包括合作社在内的新型农业经营主体配套设施用地的具体范围。而《关于引导和促进农民合作社规范发展的意见》则明确提出合作社从事种植、养殖的用水用电及本社成员农产品初加工用电执行农业生产相关价格。2015 年，《国务院办公厅关于推进农村一二三产业融合发展的指导意见》提出，在各省（区、市）年度建设用地指标中单列一定比例，专门用于新型农业经营主体进行农产品加工、仓储物流、产地批发市场等辅助设施建设。

在财政补贴方面，国家给予农民合作社种粮补贴、土地流转补贴、贷款补贴、购农机补贴、农资综合补贴、生猪标准化规模养殖场建设、保险补贴、退耕还林补贴、草原生态保护补助以及实施粮食最低收购价政策等。2003～2010 年，中央财政累计安排专项资金超过 18 亿元，主要用于扶持农民专业合作社增强服务功能和自我发展能力。农机购置补贴财政专项对专业合作社优先予以安排。2014 年，中央财政扶持农民合作组织发展资金规模达到了 20 亿元，并在北京、吉林、浙江、湖北、重庆五省市开展合作社贷款担保保费补助试点。2015 年我国进一步推进合作社规范发展，启动国家级示范合作社的动态监测工作，把一些运行规范的合作社，尤其是国家级示范社作为政策扶持重点和“三农”建设项目的重要承担主体；引导督促合作社开展年度报告公示，及时准确报送和公示生产经营、资产状况等信息；坚持社员制封闭性，依托产业发展，按照对内不对外、吸股不吸储、分红不分息的原则，稳妥开展农民合作社内部信用合作试点。

在涉农项目扶持方面，2010 年原农业部等 7 部委决定，只要是适合农业合作社发展的涉农项目，都可以纳入合作社的申报范围，获得一定额度的扶持资金帮助；尚未明确将农民专业合作社纳入申报范围的，应尽快纳入并明确申报条件；今后新增的涉农项目，只要适合农民专业合作社承担的，都应将农民专业合作社纳入申报范围，明确申报条件。农业部蔬菜园艺作物标准园创建、畜禽规模化养殖场（小区）、水产健康养殖示范场创建、新一轮“菜篮子”工程、粮食高产创建、标准化示范项目、国家农业综合开发项目等相关涉农项目，均已开始委托有条件的有关农民专业合作社承担。

在金融支持方面，主要是把农民专业合作社全部纳入农村信用评定范围；加大信贷支持力度，重点支持产业基础牢、经营规模大、品牌效应高、服务能力强、带动农户多、规范管理好、信用记录良的农民专业合作社；支持和鼓励农村合作金融机构创新金融产品，改进服务方式；鼓励有条件的专业合作社发展信用合作。

在流通政策方面，国家针对农村合作社的农产品支持和引导其与连锁超市、学校食堂、农作物生产加工企业等的合作和衔接。在人才支持方面，从 2011 年起组织实施现代农业人才支撑计划，每年培养 1500 名合作社带头人。继续把农民专业合作社人才培训纳入阳光工程，重点培训合作社带头人、财会人员和基层合作社辅导员。鼓励大学生村官参与、领办合作社。

通过国家各部门下发的对农民合作社支持政策可以看出，农民合作社被国家寄予厚望，合作社应该成为我国农业发展的重要载体，成为带领农民致富的重要组织，成为农村社区建设的重要力量，所以说，农村社区建设必须与合作社的发展有机地统一起来，共同发展必然会产生协同效应，既能促进社区的建设，也能为合作社的发展提供有利条件。长期以来，政府负责社会管理的思想已经形成，一旦出现社会问题，人们往往首先会想到政府，认为政府有义务解决所有问题。政府也习惯自上而下地解决社会管理中的问题，这导致管理部门权力集中，农民参与性不高，也缺乏有实力的社会组织承接政府转移出来的职能。老年人协会等组织具有一定的承接功能，但是能力有限，能够承接的项目也较少。基层政府“在履行好政府职能的同时，要把不应该由政府承担的经济和社会事务交给市场、中介组织和村民自治组织”（温家宝，2006），因此，顺应社会形势发展的需要，农民合作社必须在农村社会管理中扮演更为重要的角色，这也是日本、韩国的一条重要经验。

（二）农民合作社参与社区建设是农村社会和谐发展的需要

农村基层组织和农民合作社具有很强的互补性，拥有对方所需要的、稀缺的、不可替代的资源，所以两类组织之间有着很强的依赖关系，具备合作进行社区治理的基础。农村基层组织掌握着农村很多稀缺资源，比如土地、公共设施、资金、技术等资源，还有强大的政策资源优势，这些都是农民合作社发展必不可少的资源条件。当然，农民合作社的存在也可以为农村基层组织提供它们所需要的东西，比如“政绩”。农民合作社在发展农业经济带动农民致富方面，在丰富农村文化生活方面，在改善农村公共设施以及和谐社会建设等方面的贡献，是农村基层组织所期望的“业绩”。所以说，农民合作社参与社区治理，对于农村基层组织和农民合作社来说，是一种“双赢”。而且，农村基层组织如果在农民最关心的这些方面做不出成绩，就不会树立起威信，在农村的话语权就不够，相反，借助农民合作社的参与，农村基层组织的威信可以不断加强。同样，农民合作社在发展过程中如果不追求社会责任的承担，不积极参与所在社区的社会工作，也得不到上级部门和基层群众的肯定和支持，在农村中的社会地位和作用就体现不出来，进一步发展必然会遇到客观的和人为的一些困难。

道理虽然很明白，但在发展过程中双方的关系要做到和谐共赢，需要双方都做出很大的努力。一般来说，农民合作社在发展初期，由于力量薄弱，资源短缺，通常都会得到村级组织的积极扶持，合作社发展壮大后，村级组织感受到了威胁，可能就不再支持。如果合作社和村级组织的关系处理得好，双方功能可以互补，从而实现村庄的和谐发展。在农村社会治理过程中，以地缘、血缘为纽带的传统组织，在农村社会管理中的作用正在日益缩小，而掌握了大量经济资源的农民合作社，在农村事务中的地位会越来越高，成为农村社会化服务重要组织载体。在一定的农村区域内，假设农民合作社覆盖的农民数量达到了一定的规模，那么，合作社的运行模式对这个区域社会管理的影响将产生质的变化。因为合作社与农民成员之间的联系比村委会更密切，能够最大限度保障农民的各种权益，许多农村出现了农民有问题“不找村长找社长”的状况，村里出现矛盾和纠纷，村干部解决不了的，合作社负责人出面就能解决。农民合作社在一些领域已经接手政府职能转换后让出的一部分职能，开始具有在“政府失灵”和“ 市场失灵”情况下的一种替代性功能。事实证明，在出现问题时，如由政府直接出面，交易成本高，效果往往不好。而政府退到后台，由在群众中享有较高威信的合作社领导人出面，利用合作社的网络系统，就能办成政府办不到的事情，稳定和促进当地经济社会的发展（张晓山，2011）。农民合作社在群众中一呼百应，不仅大大增强了农民的民主意识，还可以卓有成效地开展一些活动等，在社区治理中，农民合作社获得的治理权越来越多，甚至对农村基层组织构成了严重的威胁，关系处理不好，双方都会受到影响。

所以说，农民合作社在经济上的强大，必然要向社会领域、政治领域发展，这个趋势不以人的意志为转移，农村基层组织需要正确对待农民合作社的诉求。宜“疏”不宜“堵”，合理利用农民合作社的长处，积极吸收其加入农村社区的治理中来。相反，如果处理不好，无视参与治理的诉求，一味地排挤它们，那么经济功能强大的农民合作社，依然会与传统的农村基层组织产生冲突。而且，随着农民合作社的壮大，它们自身的“社会功能”“政治功能”也会越来越强大，如果不积极推动多元主体的协同治理，随着农民合作社的治理范围越来越大，辐射的农户越来越多，必然会冷落传统农村社会管理组织，形成“另立中央”的局面，因此，农民合作社参与农村基层社会的管理，在社区治理中发挥作用，是农村建设和谐社会的内在要求。

目前我国农村基层社会正在加速转型，农民的利益不断分化，社会问题日益增多，矛盾错综复杂。农民合作社是群众互助组织，可以作为化解矛盾的载体，促进和谐的桥梁。通过合作社引导农民参与到农村事务中来，可以增强农民民主意识、合作意识和责任意识，有利于形成良好的社会风气，促进农村的和谐稳定。农民合作社的发展，提高了农民的合作精神和合作能力，有助于培育其他服务性、公益性、互助性社会组织，提高农村社区的自治功能，有利于促进农民民主权利的实现，对于推进社会管理体制创新、完善社会管理和公共服务、建设社会主义和谐新农村具有重要意义。

（三）参与农村社区治理是农民合作社的基本原则

1995 年国际合作社联盟在英国曼彻斯特市举行了第 31 届代表大会，纪念合作社运动开展 100 周年。为适应发展变化的形势，与会代表修改和重新确立了合作社的基本原则，新的原则总共有七条。其中，第七条是“关心社区发展”，认为社区是合作社发展的基地，合作社与社区互动良好，合作社就会有很好的经营基础，并为社区创造更多的就业机会，使社区资源保留在社区中。合作社根据社员认可的政策来促进推动所在社区的持续发展，所以说“关心社区发展”是合作社的基本原则之一。

从国际范围看，农民合作组织存在的领域非常广泛，生产领域、流通领域、金融领域、消费领域等，都有合作社的广泛存在。当然，最为广泛的合作还是出现在生产领域，但即使是生产领域的合作社，其功能并不局限在经济领域，往往在发展起来后，会向其他领域渗透，日本、韩国的农协，通常都是具有多功能的农民合作组织，发展经济功能以外的其他功能，目的也是更好地支持经济业务的开展。从组织生成的动机上讲，农民合作社的确是一个经济组织，农民抱着利益最大化的动机加入合作社，但是，农民合作社是一个互助团体，在中国农村有着特别的意义，因为在中国传统农村社区中，社会人际关系往往呈现出以己为中心的“差序格局”，而非“团队格局”。“熟人社会”的特征，有着很强的亲缘、血缘、地缘关系，经济社会事务很多时候都是紧密地联系在一起，并没有明确的界线划分。农民合作社通过经济上的密切关系，将本来就是熟人的社员更加紧密地联结在一起，进一步强化了熟人关系，彼此之间的经济关系更为巩固，经济行为更容易开展。农村社会里的经济行为，单纯的价格因素还不能完全体现参与方的经济利益。许多经济行为的发生，掺杂了经济利益以外的人情因素，因为是“熟人社会”，需要大家从长远考虑，“面子”的作用比较大，是否发生经济行为，比如产品卖给合作社还是卖给商人，有时候并不完全考虑市场因素，除了契约的限制外，“熟人社会”的无形约束会起很大作用。农民合作社基于熟人社会的行为逻辑组合而成，其行为准则一定程度上弥补了合作社内部治理结构的缺陷。农民合作社比其他市场经济组织具有更浓厚的社会功能，是一个兼具经济与社会双重属性的农村社会组织（姜裕富，2011）。农民合作社的成功，使其发展成为农村社会里新的权威主体。农民合作社的权威性除了体现在涉及合作社事务以外，还表现在对合作社事务范围以外农村社区中的纠纷调解等方面，通过社会事务的处理，合作社把农民有机地联合在一起，合作社的负责人就会树立起比较高的威望，农民之间有什么纠纷，合作社能够充分发挥调解功能，缓解矛盾，有利于形成有序的社会秩序。

农民合作社以某一产业为纽带组建起来，突破了农村传统的血缘及地缘关系，实现了跨村、乡行政边界较大范围的同业农民联合，从而有助于培育更广范围的社会信任和互利合作。农民合作社这种超越地缘和血缘关系、以业缘为纽带的特征，从一开始就为建立更大范围的信任合作提供了组织载体，使农民大范围联合成为可能，因而也就成为培育农村现代社会资本的基础（苗月霞，2010）。单位化可以是农村新型社区建设的目标，农村居民住在一起，不应该是“一麻袋土豆”① 一样松散的结合，可以是有机组织起来的单位组合。农村新型

---

① 马克思形容封建社会中国农民的一种生存状态，当时中国农民虽然数量庞大，但只是在封建专制政府管辖下任人宰割的对象，封建王朝或者说封建制度就像这个麻袋将中国农民锁在里面，没有民主，没有自由。

社区必须依托各种“单位”重新构建其社会关系。对农村居民来说，亲缘、血缘、地缘共同体意识随着新型社区的建成在不断弱化，而以合作社、企业等单位为纽带的业缘组织共同体意识在不断加强，随着居住区结构的改变，农村社区的社会关系也得到新的整合，农民借助“单位”参与社区的经济、社会、政治治理中的路径会越来越通畅。存在农民合作社的农村社区，开始把松散的农民组织到集体的生产、生活中来，吸收城市中“单位”管理体制，村庄也就随之逐渐演化成具有集政治、经济、社会生活于一体的“单位”，村民和村庄之间的关系较之前更为密切，作为合作社的一员，农民在农村中业缘共同体的意识不断增强，依托业缘组织参与农村社区治理行为也就更加自然。农民社区治理能否取得成功，关键在于是否创造出了农民制度化的参与方式，将农民引入治理中来，而不单单是政府或基层正式组织的治理。要做到这一点，依靠松散状态的农民是不行的，必须把农民有机地结合起来，农民合作社正是这样的一种组织，虽然是依托经济功能发展起来的，但也不能忽视其社会功能和整治功能，特别是不要忽略其在社区建设中应该起到的作用。目前，政府自上而下推进的社区建设，缺乏农民的广泛参与，也就失去了应有的活力。改革开放以来，全国约 3/4 的村民委员会没有了集体经济来源，农民再次进入松散的小农阶段，农民如果不组织起来，难以成为社区建设的真正主人。综合性农民合作社参与社区建设，可以为社区服务提供经济方面的支持，可以使农民真正参与到社区建设中来，调动其建设幸福家园的积极性。掌握了大量经济资源的农民合作社，改变了农村的经济生态，从而进一步改变农村政治治理结构和社会治理结构。

农民合作社拥有庞大的经济规模，能很好地介入农村社区治理中，经济发达的地区，如浙江、山东、江苏等省份的农民合作社发展程度高，在参与社区治理方面走在了前列。事实上，农民合作社出现后，形成了较强的政治参与势力，必然会对农村社区的资源控制权构成威胁，多中心治理的态势在农村社区中依然存在，如果不积极吸收其进入社区治理中，可能会对传统的治理主体产生冲击。发达地区的政府一般都非常重视新型农村社区的建设，会向农村社区投入大量的财政资金，安排相对多的社区工作人员，使社区服务中心能够提供专业化的服务，提高社区服务水平。不过，要把政府的社会管理和公共服务功能同农村社区自身的治理功能区分清楚。农村社区的治理不只是社会服务问题，如果只有社会服务，那么照搬城市社区的管理就可实现治理的目标，因为在财力雄厚的地区，通过政府服务的下沉就能够实现，特别是在经济发达的地区，通过向农村社区进行输血，可以实现公共服务供给水平的提高，但农村社区与城市社区毕竟有着太多的不同，农村居民的生存和发展问题仅仅依靠外来输入服务是不能全部解决的，许多服务内容需要农民自身组织来完成。

基于以上理由，本书认为，在新型农村社区治理过程中主动融入农民合作的要素，是完善新型农村社区治理的重要举措，必须对此给予高度重视。正如黄祖辉（2009）的观点，中国农民合作组织的发展不仅对于中国农民本身，而且对于中国乡村的治理、中国农业的现代化、中国新农村建设、中国政府的体制改革与职能转变以及整个中国经济社会的进一步改革与转型，都将具有极其深远的意义。

第二节　农民合作社参与农村社区治理的环境条件

（一）“乡政村治”的农村管理体制陷入治理困境

与传统的村庄相比，新型社区一般规模都比较大，比如温州市的社区规模一般涵盖了 7 个行政村，人口都在几千以上，多的可以超过几万人。对这种超大规模的社区管理，单靠政府管理是远远不够的，社区是政府服务的延伸，而不是控制，社区的治理需要社区自治，自治过程中各类社会组织能够参与。社区的社会自组织性特征非常突出，强调群众自治性，而不是国家的一级行政组织或派出机构。需要明确新社区的自治性，它是由社区居民基于共同生活需要实行自我管理、自我教育及自我服务的自治组织，而且在社区居委会选举等方面使其自治性质得到体现，并最终将其发展为有认同感、归属感及向心力的新型农村社会生活共同体。

村委会设置的初衷本来是群众自治性组织，在实际运行过程中却变成了乡镇基层政府的行政性工具，更多地表现为一种类政权组织，偏离了居民当家人的角色，导致村委会功能错位（吴业苗，2013）。不少地方村委会与村民的矛盾紧张，不仅无法满足农民生产生活的需要，维护农民权益，反而成了农民权益的直接侵害者。在一些经济基础比较差的地区，村委会缺乏必要的经济基础，很多农村甚至无法有效地召开村民会议，村委会的生存环境困难，农村社会管理体制亟待创新。

村民自治在现阶段农村治理中处于交织状态，在一段时期内很难有重大突破。村民自治所追求的“四个民主”，实际上只有民主选举取得了突破，尽管在选举过程中存在着贿选、干扰、阻挠、家族势力、黑恶势力以及宗教势力控制等多种问题，但总体看选举还是能够代表农民的意愿，是富有成效的。相比“民主选举”而言，民主监督、民主管理、民主决策进展缓慢，在多数村庄还无法实现，单纯依靠村民自治来推动村庄的民主治理显然是不够的。徐勇、项继权等认为，基于地域和户籍基础上的原有村庄治理模式，具有封闭和排斥性，难以有效整合社区内外资源，而农村社区建设通过重构基层社会组织和管理体制，则是一个有效的平台和抓手。

(二)“税费改革”削弱了传统农村管理体制的治理基础

1983 年，我国农村全面撤销人民公社成立乡镇政府，中央赋予乡镇政府发展地方经济、提供公共服务和维护社会稳定的职能。乡镇财政基本上由三部分构成：一是预算内资金，收入来源主要是农业税、农业特产税及工商税，主要用于支持农业生产、基础设施建设、提供公共服务、行政事业部门的工资及共用经费等。二是预算外资金，收入来源主要是收费。主要用于维持政府部门运转的办公用品、交通费用、招待费等日常支出。三是自筹资金，收入来源是乡镇企业上交的利润和管理费、村提留、乡统筹、各种集资收入及各种罚没收入等，主要用于农村公共建设、公共服务、教育支出及农村集体福利等支出。可以看出，农民与基层乡村组织最直接的联系体现在税费上，有些地方将催缴税费视为乡村组织最重要的一项工作，这也是政府对农民管理的最直接表现。农业税原本是地方收地方用，在一些农业主产区，是乡镇政府的最主要收入来源，在所有收入中占比很大。取消农业税后，给乡镇政府带来了许多不适应的地方。

农村税费改革“单兵突进”，未能与其他配套改革同时进行，导致农村公共物品供给陷入困境（于水，2008）。2003 年农业税取消后，一些乡镇只能靠上级财政的转移支付来弥补税费改革带来的地方财政缺口。乡镇财政的支出实际上远远超过以农业税为主的财政收入，而县级财政通常又十分困难，差额转移支付弥补不了。得不到有效的上级支持，再加上乡镇财政预算外收入及自筹资金大幅度减少，乡镇政府正常运作出现困难。同样，农业税的废除也使村委会赖以生存的经济基础被消灭，不少村组织负债经营，文化教育、科技卫生、体育文娱、社会保障等公共社会事业发展所需的经费，主要依靠财政转移支付，但是，受到转移支付额度限制，农村公共产品和社会服务处于停滞甚至倒退的状态。而且，农民劳动积累工和义务工也被取消，进一步加剧了村级公益事业建设的困难。乡镇政府、村级组织由于缺少为农民提供服务的能力，因此在乡村治理中的地位急剧下降，旧的农村社会管理体制陷入困境。通过“一事一议”筹集费用的办法在大多数农村都无法落实（贺雪峰，2012）。同样，道路、水利、水电等社会经济发展必需的基础设施投入，主要也是依靠政府，当财力有限的时候，投入不足就会发生，并且，由于政府投入的目的带有明显的政治性、政策性，通常是随机的集中投入，不具有可持续发展的能力。

农村税费改革导致乡村关系进入一个新的历史时期。改革减轻了农民负担，也缓解了乡镇政府征税的“目标考核”压力，乡镇政府在治理中继续维持支配地位的意愿不再强烈。乡镇政府还会积极地推行村民自治（吴理财，2007）。基层政府不再是也没有能力成为社区治理的唯一主体，因此适时吸收社会组织进入社区治理中来，是必要和可行的。新型农村社区的建设主体既有以血缘、地缘为主的农村居民，也有政府、基层自治组织、民营企业以及其他社会团体等，这与传统农村社区的单一建设主体具有显著的差别。随着各种社区性、企业性和社会性组织的发展和成熟，它们必然要求参与权力资源、经济资源和社会资源的配置，这个时候的农村社区治理，“是要依靠多种进行统治的以及互相发生影响的行为者的互动”，其“主体未必是政府，也无须依靠国家的强制力量来实现”，也就是说，除了政府这个治理主体外，还存在其他的一些治理主体，社区治理主体是“多元的”，这些主体共同对乡村社会进行治理（吴理财，2007）。在这些治理主体中，合作社无疑是最有实力、影响面最大的一种组织形式。

（三）新型农村社区建设给农村治理带来的影响

新型农村社区，是指在统筹城乡发展、推进城乡一体化的背景下，为整合社会资源、促进农村全面发展，在科学规划、合理布局、广泛参与、稳步推进的基础上，通过村庄合并、集约发展的方式组建而成的新的农民生产生活共同体。建设新型农村社区是统筹城乡发展、推进城乡一体化、促进农村发展的突破口和关键点，是农村发展的新方向和新思路。浙江、山东、江苏等一些比较发达的地区，新型社区建设走在了全国的前列，“大村庄制”的实施，大大减少了行政村乃至乡镇的数量，使农村城镇化建设进程得以加快。随着农村社会开放性、流动性和异质性的不断增强，单一、封闭的乡村社会经济结构已逐步瓦解，农村固定的行政地域边界、人员边界、经济边界、产权边界被打破，村落共同体在快速消失（袁方成、李增元，2011）。农村社区建设给农民带来的不仅仅是生产生活方式的巨变，更重要的是改变了我国基层农村社会结构，必然引发农村治理结构和管理方式的重大变革。

社区制建设成为我国农村基层组织与管理体制的第三次重大变革（项继权，2007），是对农村社会的重塑，是调整国家与社会关系、变革农村社会管理体制、转变党和政府对乡村社会执政方式的战略部署（何平，2012）。新型农村社区建设导致农村社会结构和组织形式都发生了很大的变化，需要构建起新的农村社会管理体制，如果管理上还是沿用村民自治形式，或者简单地用社区管理取代村民自治，就会造成社区管理与村民自治之间的冲突。

进入 21 世纪以后，以改善农民居住环境、提高农民生活水平为目的的新农村建设运动正在迅速推进，城镇化和新型农村社区建设是统筹城乡发展、推进城乡一体化、促进农村发展的关键，成为今后我国农村的发展方向。浙江、山东、江苏等比较发达的一些省份，新型农村社区建设主要通过集约发展的方式，大力推动村庄合并，构建新型集中居住社区，新的农民生产生活共同体大大减少了行政村乃至乡镇的数量，使农村城镇化建设进程得以加快。新型农村社区成为最基本的农村社会治理单元，打破了原来的行政、经济和产权边界，农村社会的开放性、流动性和异质性不断增强，由此带来了一系列矛盾与问题（李增元，2014）。

（四）新型户籍制度改革对农村社区的影响

2014 年 7 月国务院发布的《关于进一步推进户籍制度改革的意见》中提出，取消农业户口与非农业户口性质区分，居住证持有人享有与当地户籍人口同等的劳动就业、基本公共教育、基本医疗卫生服务、计划生育服务、公共文化服务、证照办理服务等权利；以连续居住年限和参加社会保险年限等为条件，逐步享有与当地户籍人口同等的中等职业教育资助、就业扶持、住房保障、养老服务、社会福利、社会救助等权利。

俞可平（2010）认为，户籍制度改革前，多数农民工没有变成城镇居民，并不是自己不愿意，而是受到了社会制度环境的阻碍。张兴华（2007）的一项调查显示，55.14%的农民工表示只要条件许可，愿意成为永久的城镇居民。相反，赚到钱或学到技术后愿回农村的农民工只有28.55%。根据国家统计局发布的《2017年农民工监测调查报告》，2017年末，全国农民工总量达到28652万人，其中外出农民工的数量为1715万人，农民工的平均月收入达到了3495元，外出农民工的收入会更高一些。这些农民工以“80后”“90后”为主，他们留在东部地区及大中城市的愿望非常强烈。新型农村社区中今后将会出现大量的持居住证的“外来人口”。这些人以前在这里仅仅是打一份工而已，其政治权利、利益诉求更多的在户口所在地。新的户籍管理体制改变了农民工的身份，作为社区真正的一分子，参与社区治理成为其内在要求。而且户籍改革制度也明确规定“按照权责对等的原则，居住证持有人应当履行服兵役和参加民兵组织等国家和地方规定的公民义务”。

第三节　农民合作社参与农村社区治理的理论依据

（一）社会资本理论与社区治理

人际关系和社会网络构成的社会资本，是社会信任产生的基础，是一个社会不可或缺的黏合剂，能够促进合作行为的产生，有助于解决集体行动困境，提高社区治理水平，其信任、互惠等精神内核能够促进多方合作的社区治理组织网络的建构（吴光芸、杨龙，2006）

合作社扩大了农民的参与网络，增强了人们的横向交流，有助于形成良好的社会规范和秩序。1980年，法国社会学家皮埃尔·布迪厄提出了社会资本概念，认为社会资本是资源的集合，这些资源是实际的或者潜在的，由相互默认或承认的关系所组成的持久网络有关，这些关系或多或少是制度化的。帕特南认为社会资本是不同于物质资本和人力资本，是公民社会的基石，公民精神是一种存在于社会结构中的资本，包括规范、信任、网络形式等，为结构中的行动者提供便利的资源。他将社会资本的概念首次引入社区发展的研究中。社区发展目标的实现，必须建立在各个治理主体相互信任、互利互惠和认同基础上，这些与社会资本的内容基本一致。因此社会资本的构建过程与社区治理的过程有着许多一致的地方。社区发展需要的条件，社会资本恰好能够提供。公民意识、公民参与等都是社区治理实现善治的基础，社区治理需要丰富的社会资本作为保障，才能使新国家与社会有机合作，社会资本的核心要素是信任、合作和互惠，这些正是社区治理的关键，因此，在社区治理中培育和发展社会资本是有效治理形成的前提。

帕特南（1995）认为社会资本是普通公民的民间参与网络，以及信任、互惠、规范等构成的社会网络，能促进社会合作行为，提高社会效率，称之为资本是因为其具有资本属性，也就是资本的增值性属于无形资产；定义为社会资本是因为它们存在于社会关系中。但很多学者都认为，社会资本是与物质资本、人力资本相区别，以规范、信任和网络化为核心特征，可以为社会结构中的个体或组织带来便利或经济效益的社会资源。帕特南认为，信任是社会资本的核心要素，能够降低交易成本，有效地推动社会行动的实现。互惠是社会资本的基础，把近期的利他和远期的利己有机地结合起来，解决了集体行动的困境。参与可以使社会成员在持续的互动中关系密切起来，个体从缺少社会公德心和社会责任感变成具有公益心和资源共享的成员，增强他们对共同体的归属感和认同感。几者之间是相互联系、互相促进的。在长期社会活动过程中形成的互惠，有助于减少机会主义行为，人们之间的信任水平也会大大提高。

帕特南较早将社会资本理论运用于社区治理研究中。他和同事们花了 20 年的时间对意大利南北行政区进行了社会资本问题的比较研究。发现意大利南北地区治理绩效之所以出现明显差异，原因在于两个地区拥有的社会资本不同。充足的社会资本使北方地区的民主制度进入了良性循环轨道，信任、互助、互惠、合作带来经济繁荣、社会充满活力、政府管理也日趋民主。相反，稀缺的社会资本使南方南部地区陷入了恶性循环的怪圈，背叛、依附、剥削、强制服从，民主制度无法有效推行，经济社会的发展受到严重影响。这一现象表明，积极参与、团结合作、运作规范的公民参与网络，可以使社会制度的绩效最大化；相反，缺少规范、钩心斗角、混乱无序的公民参与网络，社会制度的绩效就会大大降低。他认为，造成不同区域社会治理绩效出现差异的原因就是社会资本的差异，社会资本的大小决定着社区治理绩效的好坏。

（二）我国传统农村社区中的社会资本

就信任而言，传统乡村社会是一种差序格局，信任程度因关系远近而异，血缘关系在家庭和宗族内部建立起了深厚的信任关系。频繁的人情世故往来、互助合作在邻里、朋友、同学之间形成了很强的信任关系，血缘、亲缘、地缘各种关系在传统农村社区中无处不在，形成一条条纵横交错的关系网络，为农民提供了重要的赖以生存与发展的社会资源，这些信任也是传统社会治理的重要社会资源。熟人社会的道德约束和惩罚机制，以及面子、声望形成的行为约束，成为社区治理的资源，如果不合作就会受到乡里乡亲的排挤，被看成另类，在今后其他活动中受到惩罚。因为是熟人社会，居民之间的交往不是一次性博弈，而是重复性博弈，自然不会轻易发生欺骗行为，信任的产生便是自然而然的事情。因此说，农民不仅是经济人，还是社会人、道德人。这些社会资本的存在，可以使农民积极参与社区的公共事务，即使看起来是没有产出，得不到回报的行为。因为这对于他们构建良好的“关系”很重要，“当人们在那里生活了多年以后，会形成许多共同的互惠规范和模式，这就是他们的社会资本，利用这一资本，他们能够建立起制度以解决公共资源使用中出现的困境”（帕特南，2001）。

就互惠而言，指在对称性社会群体结构中成员之间的“经济”互动，成员之间越是信任，越是具有亲近感，就越容易产生互惠关系，集体行动中的“搭便车”行为便会最大限度地减少。当个体为他人提供便利的时候，并没有希望对方马上报答，因为有信任存在，他们相信将来某一天，付出一定会以某种方式得到回报。在我国传统的农村社区中，无论是在日常生活中，比如红白喜事、修房盖屋、生产劳动等，还是在公共产品的提供，如道路修建、水利设施、治安维护等方面，农民一般都能够积极地参与。这样做并不是因为马上能够得到经济利益，也不是来源于任何组织的强迫，而是出自长期利益的考虑而参与其中，这种长期的生产互利、生活互助形成的互惠关系在社区治理中发挥着相当重要的作用。

就制度、规范而言，乡村社会的制度规范体现在两个方面。首先是正式的制度、规则。在传统农村社会中，经过长期以来的共同生活，建立起来一些正式的“乡规民约”，用于处理财产、土地、水利以及处理各种社会关系等，这些准则是正式的制度，可见诸于文字。实施村民自治以来，这方面的制度、规范在大多数地区都得到了强化。可以说，在传统的农村社区，制度建设取得了长足的进步，不再仅仅停留在“潜规则”层面，有的村庄甚至有编辑成册的制度文件，在此基础上确立起来的生产、生活规则，是农村社区有序运行的保证。其次是村庄的认同意识。在传统农村社会中，农民大多有着共同的信仰，形成了超越个别利益的生命意义上的认同。共同遵守的习俗、道德，虽然不具备正式制度那样的“法律”效力，但是人们都会认真地遵守，具有非常强的自我约束力，这是基于他们对整个村庄的认同感和归属感。这些社会道德规范，是人们在自然合作的氛围中形成的，是建立共同的文化信仰、价值理念之上的“规范”。

（三）新型农村社区建设与社会资本的变化

新型农村社区建成后，居民之间变得陌生起来，多少年的老邻居换成了并不熟悉的人，有的可能还是外乡人。邻里之间的关系开始发生城市社区那样的变化，人际之间的感情不像原来那么淳朴。旧村庄多少年积累下来的“熟人社会”中的那种信任，忽然间由于融合了大量的“陌生人口”而迅速消失。那些原本对村庄事务并不热心的村民，到了一个新的更大的社区里，参与意识更加淡化。新型社区建立起来后，原来依靠血缘和地缘构建起来的“关系”网络，因为物理格局上的变化而被肢解，社区内部新的社会网络一时还难以形成。制度规范、关系网络、居民参与、信任度是与社区治理关系最为密切的几个要素，对社区治理起着至关重要的作用。传统农村社区长期运行下来，形成了许多共同遵守的“潜规则”，共同的习俗和道德维系着村庄的社会秩序，新型社区建立后，“制度”建设变得尤为重要，因为不同村庄的“规则”并不一致，如果没有被大家广泛接受的新制度，社区运转就会存在问题。可见，新型农村社区成立后，在信任、关系、参与和制度几个方面都有着天然的缺陷，这些都是社会资本组成的最重要因素，因此，必须加强这些方面的建设，否则，社区治理水平的提升就是一句空话。

（四）农民合作社与社会资本

农民合作社对于社会资本的培育有着得天独厚的优势。通过专业合作社、消费合作社、社区合作社以及股份合作社等形式，把农民有机地联系在一起，在日常的生产生活中，农民们可以培养出更浓厚的公民意识和公民精神，建立起更广泛的信任，充分体会到互惠在生产生活中的重要作用，而这些扩大开来，就成为社区治理中重要的社会资本，成为社区治理的基础。在农村社会治理过程中，以地缘、血缘为纽带的传统组织，在农村社会管理中的作用正在日益缩小，掌握了大量资源的农民合作社，在社区治理中的地位会越来越高，成为社区治理的重要组织载体。农民合作社以业缘为纽带发展农业生产经营，最大限度地打破了传统的地缘和血缘对农民联合的限制，形成了跨村、跨乡、跨县甚至更广的组织，形成了辐射范围更广的信任、互助和合作，同时对农村社会管理也产生了积极的影响。农村合作社实际起“统领”作用的不仅在生产经营领域，对社员的日常生活、政治活动也都有较大的改变，必然对农村政治社会产生影响。例如，江西省金溪县通过在农民专业合作社中组建人民调解委员会的方式，充分发挥合作社与农民广泛联系的优势，化解了大量农民之间的矛盾纠纷，大大促进了社区的和谐稳定。农民合作社是创新农村社会管理的有效载体，能够引导农民广泛参与村级民主管理、健全村级民主决策和民主监督机制，成为加强和创新农村社会管理的组织力量。农民合作社为农民提供了产前、产中和产后比较周到的服务，在生活上也给予社员很多帮助，社员与合作社之间、社员与社员之间建立起了非常紧密的合作关系，形成了一个比较稳定的网络关系，社员对合作社的认同度不断提高，从而发展成为信任，逐渐形成合作社的社会资本。赵敏娟教授担任首席专家的国家社科基金重大项目“生态文明建设背景下自然资源治理体系构建：全价值评估与多中心途径”，实证研究了社会资本在草场社区治理中的作用，课题对内蒙古牧区 354 户牧户做了问卷调研，研究成果显示，社会资本总体上对牧户参与草场社区治理的意愿有显著正向影响。其中社会网络对牧户改变现有草场治理的意愿有显著正向影响，而道德约束则起到相反作用；社会网络、人际信任、互惠规范和道德约束均对牧户参与草场社区治理的意愿有显著的正向影响（史雨星、姚柳杨、赵敏娟，2018）。

第四节　农民合作社参与农村社区治理的现实基础

如前所述，《中华人民共和国农民专业合作社法》实施以后，我国农民合作社发展迅速，已经壮大成为重要的新型农业经营主体，是农业现代化建设的中坚力量。现实中，农民合作社表现出了强大的经济功能，同时，政治功能、社会功能和教育功能也逐渐显现出来，显示了参与新型农村社区治理的强大力量。把农民合作社这样的组织吸收到社区治理中来，将大大促进新型农村社区的建设。

（一）农民合作社的经济功能

根据《中华人民共和国城市居民委员会组织法》的规定，社区居委会没有组织生产和发展经济的职能，也就是说，按照社区的运作模式，新型农村社区自身没有经济和生产活动的功能，但是，无论是传统的农村社区还是新型农村社区，发展生产、保障农民收入不断增加是社区的第一要务，这也是农民生存的前提，农村社区不仅是农村居民生活的场所，也是谋生的地方，因此新型农村社区必须有组织承担起这个责任。新型农村社区本身没有直接承担经济发展的职能，无法担负产业发展的重任，必须新建或者借助其他组织来履行这项职能。现实中，农民合作社是弥补社区功能缺陷的重要力量，能够带领农民发展农业生产，提高产业发展水平。农民日报社三农发展研究中心发布的《2018 中国新型农业经营主体发展分析报告》显示，农民合作社表现出了较强的带农增收能力，根据全国农村固定观察点调查组对 695 个农民合作社的典型调查，合作社的社均资产为 1234. 13 万元，固定资产（包括房屋、建筑物、机器、设备、工具、器具和农业基本建设设施等）为社均 576. 52 万元，流动资产（现金、存款、应收款项以及种子、化肥、燃料等存货）为社均 347. 25 万元，农业资产（存栏畜禽资产和林木资产等）为社均 261. 61 万元。在接受调查的农民合作社当中，能够带动入社农户户均增收 2000 元以上的比例达到 82%，增收 2000～4000 元的比例达到 40. 2%，增收 4000～6000 元的比例达到 16. 9%，增收 6000 元以上的合作社达到 24. 9%。从农民合作社为社员提供的服务上看，主要集中在农产品销售、农业技术培训、农业生产资料购买等，提供这些服务的合作社的比例分别占到了 87. 7%、83. 7%和 78. 8%。服务方面所欠缺的是在良种引进和推广及农产品加工服务方面，能够提供这类服务的合作社只占了 28. 3%和 41. 9%。

本书调研的一些合作社，也展现出很强的带动农民增收功能。浙江省衢州市后王畈村柑橘合作社于 2005 年成立，成立之初仅有 9 位成员，注册资金为 5 万元，同时注册了自己的品牌，将产品申报为无公害产品。成立初期，社长通过合作社组织专家对社员进行培训，提高社员的农业知识和技能，传授先进合理的生产方法。同时合作社还组织社员统一购买农药化肥，统一销售柑橘，来降低生产成本，提高社员收益。衢州市还推出品质提升工程，大力推行柑橘的“三疏一改”技术，以提高品质，立足市场。这一系列的措施也取得了较大的成效，柑橘质量提高，农民增收，柑橘合作社也随着发展壮大，吸引了全村近百户村民的参与。然而好景不长，由于后王畈村整体以传统农业为主，种植的柑橘口味偏酸，要贮藏到年后才会慢慢变甜，加之柑橘市场的不景气，柑橘销量逐渐下滑，价格也越来越低，合作社的收益逐年降低。合作社的一部分社员为改变现状，开始了种植精品柑橘的探索之路，他们在村里开辟了几亩地搭建大棚，在技术人员的指导下进行大棚种植，效果十分显著。大棚种植的柑橘口感好、甜度佳、外观漂亮、保质期长，每个柑橘售价超过 2 元，平均每亩总产值也能达 3 万元。他们惊喜地发现，进行大棚种植可以很大程度上提高农民收益和合作社的效率，然而推广大棚种植却困难重重。调研结果显示，有 44%的社员认为大棚种植投资大，家里没有足够的资金，所以大家不愿进行大棚种植，导致大棚种植无法大规模推广。30%的社员表示主要是因为政府投入不足导致大棚种植无法在村里大规模推广。除了棚架和塑料膜外还要安装灌溉系统，加上各种肥料农药农具的费用，每亩地的成本高达上万元，初步投资成本很高，加上大棚和薄膜还需要后期保养，后续还需要大量的维护成本。这种情况下，合作社发挥了重要作用，帮助社员解决了资金问题，解决了农民的后顾之忧。本书对后王畈村柑橘合作社的调查显示，合作社社员需要的种子、化肥、农药、薄膜等生产资料，一般都是通过合作社采购，比例能够占到采购量的 80%以上。在销售方面，合作社一开始就注册了商标，2005 年还申报了无公害产品认证，合作社社员在销售的时候都可以使用统一的品牌，统一的包装，大大提高了消费者对产品的认同程度，产品远销到北京、天津等地，通过合作社销售的产品占到产量的 50%以上，大大减轻了合作社社员的产品销售压力。在提高社员种植技术方面，合作社也起到了相当大的作用，合作社成立后，最初每年都会组织 3~4 次的技术培训，随着社员对技术掌握程度的提高才减少了培训次数，通过培训，社员对化肥的使用、病虫害的防治、柑橘树的修剪、土地的松弛、新品种的引进、设施的维护等都有了科学的认识，不仅柑橘的产量和质量都有了大幅度提升，生产成本还有了明显的下降。借助于合作社，衢州市后王畈村的农民收入得到大大提高，经济条件大大改善。农民合作社的成立，使分散的农户成为一个有机的组织载体，一定程度上解决了小生产与大市场的矛盾，在共同的采购、生产、销售中，形成了规模效益。经济学上的规模效应使得农民合作社比单个的农户更加具有竞争力。拥有合作社的农村，更容易进行农产品深加工，种植养殖新的品种，兴办农业外的其他产业，松散的、独立的农户无法引导农村产业升级。农民合作社经济发展壮大起来以后，依靠强势的集体资源，势必会按照“单位”那样考虑提升社员的集体福利，扩大对社员的公共产品供给，当然，在“熟人社会”，这种福利和公共产品的供给很自然地会扩大到整个社区，为社区公共服务水平的提升做出贡献。

农民合作社的经济功能首先体现在对农民生产过程的技术支持上，多数农民合作社发起的动因是帮助农民解决生产中的技术问题，提供各类科技信息，提高农作物的产量和抵御自然灾害、病虫害的能力。合作社立足市场、创新供给、激活需求，组织农产品标准化、品牌化、绿色化生产。比如我国“镰刀弯”① 地区是典型的旱作农业区和畜牧业发展优势区，生态环境非常脆弱，玉米产量低而不稳。为了提高这一地区的玉米结构，2017 年 12 月原农业部专门出台了《关于“镰刀弯”地区玉米结构调整的指导意见》，目的是通过结构调整，构建起粮经饲统筹、农牧结合、种养加一体、产业融合的现代农业产业体系，提高农产品市场竞争力，走产出高效、产品安全、资源节约、环境友好的可持续发展之路。事实上，在“镰刀弯”地区玉米结构调整中，以农民合作社为代表的新型农业经营主体已经成为当之无愧的主力军。到 2016 年底，有 17 万家农民合作社实施了标准化生产、注册产品商标，4.3 万家农民合作社通过“三品一标”农产品质量认证。其中 4 万多家农民合作社还创办了加工实体，开展“农社对接”“农校对接”，有的还进行直销配送、会员制消费、认购式销售等营销创新，在供给侧结构性改革中发挥了不可替代的作用。

许多农民合作社在建立农产品质量安全保证体系方面做了很大的努力。有农产品生产记录的合作社占 70.00%，监测农产品质量的合作社占 67.4%，规范农户的农用化学品投入的合作社占 66.7%，提供完善农产品标准体系的合作社占 53.3%。甚至有 38.2%的合作社还建立起了农产品追溯体系。通过这一系列措施，确保农产品的质量安全（彭超、杨久栋，2018）。《2018 中国新型农业经营主体发展分析报告——基于农民合作社的调查和数据》显示，我国目前能够提供农业生产资料购买服务的农民合作社占 78.8%，提供农产品销售服务的农

① “镰刀弯”地区，包括东北冷凉区、北方农牧交错区、西北风沙干旱区、太行山沿线区及西南石漠化区，在地理版图中呈现由东北向华北—西南—西北镰刀弯状分布，是玉米结构调整的重点地区。

民合作社占87.7%，提供农产品加工服务的农民合作社占41.9%，提供农产品运输和储藏服务的农民合作社占49.5%，提供良种引进和推广服务的农民合作社占28.3%，提供农业技术培训的农民合作社占83.7%。可以看出，农业生产资料的采购、农产品的销售以及农业技术的推广成为农民合作社服务农民的最主要的项目，一些涉及农产品增值类的项目也占了相当部分。

金融服务是今后我国农民合作社亟待开发的重要服务领域。农业生产的弱质性以及我国农民经济基础现实状况，决定了农户以及其他农业生产经营主体对于金融服务的需求更加强烈。仅有25.0%的合作社能够为社员提供融资担保。2017年12月修订的《中华人民共和国农民专业合作社法》新增了金融、担保等条款，为农民合作社从事金融业务提供了法律支持。不过，目前农民合作社的金融业务只是一些赊销农资等低水平的金融活动，而且这类合作社的数量还不多。资料显示，在提供金融服务中，提供赊销农资服务的农民合作社占48.9%，提供预付定金服务的农民合作社占22.6%，提供借款服务的农民合作社占20.3%，提供贷款担保的占25%，建立起了内部信用合作的占26.4%，只有7%左右的农民合作社能够为社员提供金融中介服务，另外，超过60%的合作社为农户提供了购买农业保险服务，当然没有提供任何金融服务的合作社也达到了23.9%（彭超、杨久栋，2018）。

农民合作社已成为带动农民依靠产业发展而脱贫增收的主要渠道。农民合作社通过节本增效，分享产业化利益，带动农户增加收入。根据中国农产品流通研究院发布的《2019年农民专业合作社发展研究报告》，农民合作社平均可分配盈余8万~10万元，每个成员当年分配盈余1600元。特别是农民合作社作为产业扶贫的重要载体，能够积极发挥对贫困人口的组织和带动作用，强化与贫困户的利益联结，在促进贫困农民就业增收方面作用明显。据统计，有10.6%、约744家国家示范社位于297个国家级贫困县中，带动成员22.8万户，参加合作社农户的收入普遍比非成员农户高出20%以上。2006年以前，四川省南充市高坪区东观镇马曾桥村农户主要种植水稻等传统农作物，产业规模和经济效益十分有限。以水稻亩产500公斤、每公斤卖2.6元计算，每亩耕地毛收入1300元，扣除稻种、农药、肥料、人工等成本，每亩纯收入不足300元。该村人均耕地仅1亩左右，人均纯收入每年不超过500元。大量的青壮年外出务工，导致不少耕地撂荒。红提葡萄专业合作社成立后，以每亩350公斤稻谷的价格租用农户土地，仅此一项，农户亩均增收至少500元。外出务工的农民，不再担心家里的土地被撂荒，在家的农民，不但可以自己加入合作社种植葡萄，还可以在合作社打工挣钱。2011 年，合作社亩均产葡萄 800 公斤，以均价每公斤 14 元来算，每亩毛收入 11200 元，亩均增收 8000 元左右。现在专业合作社在自己村内发展葡萄园 500 余亩，辐射带动其他乡镇发展葡萄园区 1000 余亩，有力地带动了当地经济发展。合作社在经济方面的贡献，还充分体现在对弱势群体的关爱上。青壮年劳动力可以通过外出打工来提高经济收入，改善生活，那些老弱病残想要脱贫则艰难得多。在此方面，作为具有抱团功能的合作社因为是家门口的组织，可以吸收一些弱势群体加入，带领他们一起致富。马曾桥村专业合作社的葡萄园建立起来后，特困家庭无钱入社，合作社就通过多方救援、合作社让利等多种形式，对一些残疾人、特困户等采用送股、配股等形式，让他们加入合作社，并鼓励他们及其家属来合作社的葡萄园工作，从而获得稳定的经济收入，摆脱经济困境。

（二）农民合作社的社会功能

根据合作社的准则，为社区服务是合作社的内在要求。为社员提供服务是合作社的核心功能，为社区提供服务则是为了赢得更加有利的外部发展环境，获得社区公众的认可，从而使自己更加具备社会合法性的重要制度设计。在农村社区发展中，合作社的积极功能已得到国际社会的普遍认可，特别是日本和韩国，合作社在农村社区发展中发挥着非常重要的作用。农民合作社虽然是草根组织，但是可以通过提供多样化的社区服务，推动农村基层社区社会的进步。因为在组织目标、治理内容、人员构成等方面，农民合作社和新型农村社区高度一致，将农民合作社嵌入农村社区中是完全有必要和可能的。统筹考虑两类组织的功能、作用，有利于农村的发展。发展规模的大小，经济效益的高低，带动农民数量，既是衡量农民合作社发展水平高低的指标，也是农村社区治理状况好坏的表现，两者是分不开的。

事实上，一些做得比较好的合作社，已经开始积极从事社区社会服务工作。农民日报社三农发展研究中心对 579 家典型农民合作社的调查数据显示，在提供农村社区公共服务方面，农民合作社积极参与基础设施建设、文化建设并且扶难济困，47.5%的农民合作社参与过农村社区基础设施建设，33.1%的农民合作社为社区文化建设做出过贡献，64.2%的农民合作社为困难群众提供过帮助。不过，也有 15.1%的农民合作社在社区公共服务方面没有什么投入。根据本书对浙江示范农村合作社的调查，在回答“在乡村公共事务中哪个影响力最大”和“在日常生产生活中哪个对自己最有帮助”两个问题时，选择合作经济组织及领导人的要远远高于村组织及村干部、乡镇干部。闫占定（2011）以同样的问题对湖北省和河南省四县413户农民合作社进行了问卷调查，得出了相同的实证结果。在回答“在乡村公共事务中哪个影响力最大”问题时，认为合作经济组织及领导人的占46.7%；认为组织村干部的占28.5%；认为乡镇干部的占10%，可以看出合作经济组织及领导人在乡村公共事务的影响力超过了乡村组织的干部。在回答“在日常生产生活中哪个对自己最有帮助”的问题时，认为合作经济组织及领导人的占70.4%；认为村组织村干部的占43.3%；认为乡干部的只有14%，而乡村精英出人意料地占了58.5%，处于第二位，可见合作经济组织、乡村精英在农民生产生活中已经占据了非常重要的地位。

农民合作社参与社区社会服务一个突出体现是在基础设施建设上。人民公社时期，农村公共服务和基础设施建设取得了引人注目的成就，但实行联产承包责任制以后，许多地方的基础设施年久失修，目前不少地方使用的还是人民公社时期兴建的基础设施。因为联产承包责任制推行后，生产单元再度回归到家庭，集体经济的力量在许多地区大幅度下降，用于公共产品的投资迅速减少，导致农村公共物品的供给水平大大下降，旧的基础设施得不到修缮，新的设施又无法有效提供，农业生产条件亟待改善。经济方面的治理，最重要的是要不断改进和完善农业基础设施，如道路、农田水利设施建设、梯田整治、中低产田改造、农具农资供应与维修、农产品销售批发等，属于农业发展性服务，是保证农业生产发展的基础。另外，经济方面的治理，还要为农业生产提供更加直接的服务，包括农业技术推广、动植物重大疫病防治、农产品质量安全体系、生产资料供应信息、农产品市场信息等生产性服务。农村中小型基础设施建设主要依靠农民投工投劳自行建设，或以村民集体的名义开发项目，政府投入相对不足，严重阻碍了农业生产力的提升。据统计，1998~2003年，中央累计投入3000亿元用于农林水气等基本建设，其中仅208亿元用于农业生产基本建设投资，占农业类投资不到7%。而且，这些资金大都是投向大型水利、林业和生态建设，很少用于农村急需的中小型水利等基础设施建设。农民合作社集聚了众人的力量，可以围绕合作社的生产销售等环节兴建一些急需的基础设施，一定程度上改善了农村生产基础设施落后的情况。例如，四川省南充市高坪区东观镇马曽桥村合作社就规定，留存10%的销售利润，作为发展再生产和建设本地基础设施的费用，有效地缓解了基础设施投资不足的矛盾。在合作社的带动下，其他行业的一些业主也纷纷投资兴建基础设施，村子的公益事业得到了快速发展。随着生产生活环境的改善，农民群众的思想意识也得到了提升，文明礼貌在当地蔚然成风。

农民合作社参与社会管理的另一个体现，是在对农村社区事务的管理上。其不仅在带领农民致富中起到了非常重要的作用，对农村社会生活中也产生了广泛的影响。不少合作社“超越”了村级组织，开始“主导”农村社区的社会管理事务，有的甚至取代了党支部和村委会，成为农村社会管理的主体。农民合作社对村级组织的替代，并不是说村级组织没有存在的必要了，而是农民合作社使村级组织存在的必要性大大降低。因为对于一些村级组织解决不力的问题，比如土地流转、生产组织、技术服务、设施改善、环境治理等，由于农民合作社的介入，许多这些老大难问题就会迎刃而解。合作社通过组织的方式实现了资金要素和劳动力要素的有机整合，和农民之间建立起了密切的联系，不仅能够带领农民致富奔小康，平时会召开各种会议，讨论合作社发展事宜，以及政策宣讲，农闲的时候还会组织各种文化娱乐活动，大大丰富了农民的精神文化生活。此外，一年四季长时间的接触，使得农民合作社的号召力要大大强于基层组织，借助建立起来的和谐关系，合作社在调解家庭矛盾、弘扬中华民族尊老爱幼的传统美德方面同样能起到很大作用。比如江西省金溪县通过在农民合作社中组建人民调解委员会，充分发挥农民合作社联系农民广泛和熟悉农村产业化经营的优势，化解了大量矛盾纠纷，有效促进了当地社会和谐稳定。吉林省一些地区在农民合作社取得成功后，农民更加信任合作社的领导，出现了有事“找社长不找村长”的局面，村里出现了矛盾和纠纷，村干部过来解决不了的，相反农民合作社负责人出面就能解决。所以，依靠合作社，农民群众遇到的困难，无论是生产经营活动还是生活上的问题，相对容易地就得到了解决。离开村委会、村支部，农民没觉得少了什么，但是如果离开了合作社，他们的生产生活就会受到直接影响。

林滢、任大鹏（2009）认为，村级组织为了响应国家号召，积极支持农民专业合作社的发展，将土地、房屋、仓储设施、水电设施等生产资源，无偿或有偿地提供给专业合作社使用。这样类型的合作社，一开始便与行政村之间有了密切的联系，专业合作社的发展，通常会带动农村社区的发展，大多数会在发展起来后反哺社区，为社区的社会服务贡献力量。当然，搞不好也可能会损害村集体的利益。农民合作社要发展，必然对土地、道路、水电、仓储设施等资源有迫切的需求，而这些资源掌握在社区手中，需要得到社区方面的大力支持，要取得支持，必须满足社区的某些需要。社区是公共产品的提供者，在没有能力完全满足居民需要的情况下，通过支持农民合作社的生产经营活动，获取合作社的支持成为可能。在多数农村地区，农民合作社在提供公共产品和公共服务方面所起的作用是其他组织无法替代的。而且，由于农民合作社的出现，在农村中可能会形成村党支部、村委会和农民专业合作社三个相对独立的权力中心。在那些村支部和村委会存在矛盾的社区中，当村支两委的矛盾和冲突难以协调时，农民合作社在中间往往起着重要的调节作用，成为两派力量争夺的中心，更加凸显了合作社在社区治理中的作用。

农民合作社发展起来后，在参与农村社会管理方面处理得好，可以对传统体制内资源起到互补作用，实现农村社区和谐发展。可是，如果处理不当，不能够和谐处理，农民合作社就会形成对传统体制资源职能上的替代。实际上是发展壮大起来的农民合作社，开始与传统体制内力量争夺社会管理权问题。典型的案例就是辽宁省大鹿岛村委会与渔业合作社为了争夺养殖基地的经营权事件，不仅多次发生砸船、毁网和强行捕捞等冲突，甚至还多次发生人身伤害恶性事件。村委会和合作社相互告状，最后直到在省政府干预调停下，这场冲突才平息下来。一般来说，农民合作社在发展初期，资源缺少，影响力弱，或者是真心为了农民致富，或者是为了“政绩”的需要，传统基层治理组织通常都会积极扶持合作社的发展。可是，一旦发展壮大后，农民合作社就会形成对基层治理组织的威胁，尤其是现在农民合作社可以享受到许多政府政策支持，手中掌握的资源也越来越多，更加引起基层治理组织心理上的不平衡，两者关系如果处理不好，就会产生各种各样的冲突。

农民合作社的社会功能还体现在提升农村文化生活水平上。由于合作社把农民有机地联系在一起，一些集体活动的开展变得容易了许多，事实上许多地方的农民合作社都组织了文化娱乐团体，对于传递中央的政策，丰富业余生活，陶冶人们的情操，引导形成正确的价值观和伦理规范，起到了积极的作用。许多合作社还积极增加这方面的投入，改善社区文化设施，增加活动经费等，有效弥补了政府投入的不足。科学的社会管理应该是社会多元力量、多元主体来共同参与，代表公权力的政府、私权利的个体和社会权利的组织，各司其职、互相配合（万秀丽、马斌，2011）。农民合作社已经发展成为村民参与、承接协同社会管理的组织，农村社区不能忽视蓬勃发展起来的农民合作社，它们在提高农民素质、培育农村社会资本、担当农民的利益代言人、维护农村社会稳定、完善村民自治等诸多方面都发挥着重要作用。

（三）农民合作社的政治功能

对于农民这个阶层，马克思在《路易·波拿巴的雾月十八日》中论述道："小农人数众多，他们的生活条件相同，但是彼此间并没有发生多种多样的关系。""这样，法国国民的广大群众，便是由一些同名数简单相加形成的，好像一袋马铃薯是由袋中的一个个马铃薯所集成的那样。既然数百万家庭的经济生活条件使他们的生活方式、利益和教育程度与其它阶级的生活方式、利益和教育程度各不相同并互相敌对，就这一点而言，他们是一个阶级。而各个小农彼此间只存在地域的联系，他们利益的同一性并不使他们彼此间形成共同关系，形成全国性的联系，形成政治组织，就这一点而言，他们又不是一个阶级。因此，他们不能以自己的名义来保护自己的阶级利益，无论是通过议会或通过国民公会。他们不能代表自己，一定要别人来代表他们。"[①] 马克思说的是 19 世纪法国农民的情形，其实也是当时世界各国农民的真实写照。那么，如何改变农民"一袋马铃薯"形象？马克思曾经提出认为在消灭了资本主义制度后，"联合起来的合作社按照总的计划组织全国生产"，是向共产主义过渡的中间环节。当然，在这里马克思还没有认识到合作社对农民的真正作用。

将马克思合作社理论发展完善的是恩格斯和列宁。恩格斯在 1894 年写的《德国农民问题》中，形成了通过合作社改造小私有者农民的思想，从而系统地、具体地完成了马克思主义的合作社理论。他说，在合作经营条件下，小农的"经济地位都会有所改善，并且同时会保证总的社会领导机构有必要的威信逐渐把农民合作社转变为更高级的形式，使整个合作社及其个别社员的权利和义务跟整个社会其他部分的权利和义务处于平等的地位"。他认为，引导农民走上合作的道路，对于无产阶级领导的社会革命具有重要意义。[②] 列宁的《论合作制》更是把合作社推向了社会主义的高度，"合作制政策施行成功，就会使我们把小农经济发展起来，并使小农经济易于在相当长时间内，在自愿结合的基础上过渡到大生产"，《论合作制》明确地提出这样的公式："合作社的发展就等于……社会主义的发展""在生产资料公有制的条件下，在无产阶级对资产阶级胜利的条件下，文明的合作社工作者的制度就是社会主义制度。"

---

① 马克思恩格斯选集（第 1 卷）[M]. 北京：人民出版社，1972：693.
② 马克思恩格斯选集（第 4 卷）[M]. 北京：人民出版社，1972：310.

虽然马克思经典理论中论述的合作社和我们说的农民专业合作社在内涵上并不相同，但合作的思想是基本一致的。合作社是改善小农地位，使其获得政治地位的重要途径。

虽然农民合作社发展的初期只是经济利益共同体，但发展壮大以后，必然成为农村社会政治生态中重要的一环，并对现有的农村社会结构——由党支部、村委会、县乡政府以及各类公司构成的社会基本组织结构产生着影响，参与民主选举，影响党支部和村委会决策，监督执行和村务公开，推进新农村建设。随着合作社渗透进人们日常生产生活领域的自治能力不断增强，以党领导下的村委会为治理主体的一元化行政性整合的格局被打破，从而使构建多元化的协商性整合机制成为农村社会管理体制变革的未来走向（赵晓峰、刘成良，2013）。农民合作社作为农民的一种自治组织，有着其相对独立的权力中心，对传统的基层政府组织和自治组织等都构成了一定的压力，削弱了这些组织的权威性。特别是当传统组织彼此之间出现矛盾时，农民合作社就可以成为一股中坚力量，起到关键的调节作用，因此也会成为其他组织团结的力量，这样一来有利于多元化决策主体的形成，进而形成多元主体共同参与的治理机制。

农民合作社政治功能最直接的体现就是参与农村自治组织、各类政治代表的选举活动，也就是控制基层民主中的选票问题。农民合作社本身是经济共同体，自然而然也就成了选票汇集中心，这对传统的宗族式选票形成了新的挑战。根据笔者的调研结果，农民合作社社员参与乡村政治选举的比例远远高于普通农民群众，接近90%的社员会参加各类选举活动，而且他们把参与选举活动看作是自己的“权利和义务”，并不仅是碍于候选人面子，或者因为家族成员是候选人等，或者是为了得到候选人给的一些经济上的好处而参加，参与的动机比较纯粹。上述这些现象在我国广大农村地区，特别是经济发展落后地区是普遍存在的。农民合作社的出现，在很大程度上改变了农民政治参与动机，农民合作社会作为一个利益集团，引导人们的政治参与行为。农民专业合作社广泛参与农村政治投票，可以通过民主的手段最大限度地消解宗族势力在农村中的消极影响，形成对落后农村的一次从根本上的触动。这种情况下农村社区的政治，不再单纯地属于地缘政治、血缘政治、家族政治，“业缘政治”的作用开始发挥。积极培育以农民合作社为代表的业缘组织推进农民的组织化，引导农民积极参与到农村社区治理中来，是形成现代乡村治理格局的必然选择。

从民主监督方面看，之所以出现有的村干部滥用权力现象，问题的关键在于干部的权力缺乏约束和监督，要杜绝这种现象的发生，需要培育社会监督力量以确保权力使用得公正。作为一个有组织的力量，农民合作社能够发挥比个体农民更有效的监督作用，能够以组织整体的名义代表具有相同利益的村民对农村社区治理实施民主监督，对基层政权形成监督和制衡，对社区管理工作施加必要的影响。事实上，农民合作社成立后，以前农村基层干部头疼而又不好处理的一些事情，有可能在农民合作社内部就能够得到很好的解决。

农民合作社履行政治功能，还体现在维护农民权益上。就像其他政治组织一样，农民合作社同样能够起到维权作用，在社员权益受到损害时，农民合作社能够为他们挺身而出，争取应有的权益。调研中发现，浙江省衢州市东丰粮油社的社员在合作社的帮助下，每亩得到 260 元的惠农补贴，未加入者仅得 70 元的补贴，这和合作社的努力争取有着密切的关系。农民合作社有利于反映和表达农民的利益诉求。现实社会中许多的阶层都有自身利益的代言者，但是数量庞大的农民群体却缺乏他们的代言人，即使出现了明显的不合理现象，农民也无法有机地组织起来合理地表达，争取自己的权益。受现实条件的限制，农村基层自治组织常常陷入对上级负责或对农民负责的两难之中。在农民缺乏利益诉求的情况下，难免就会出现一些过激行为。如果现行体制缺乏各种利益诉求的表达渠道，群众的不满情绪就会积累并最终转化为各种非理性的行为。农民合作社应为农民的利益诉求寻找有效的途径，在发展过程中与社区之间建立起错综复杂的关系，合作社的发展不可能离开农村社区的帮助，农村社区的建设也离不开农民合作社的支持。在社区发展过程中，有机地嵌入专业合作社以及各种合作组织，是推进农村社区发展的必然选择，当合作社发展到一定阶段后，村庄治理将实现村庄多元治理主体协同管理的模式，也即“多元共治”，形成管理主体多元化、决策势力分散、村民广泛参与管理本村公共事务的机制（汤志华、刘晓华，2013），因而对于构建和谐农村社区意义重大。

德国著名社会学家齐美尔认为，社会应该保持开放、灵活、包容的状态，通过可控制的、合法的、制度化的机制，各种社会紧张能够得以释放，社会诉求得以回应，社会冲突得以消解。因此，冲突自身是一种释放敌意并维持群体关系的机制，可以使用“安全阀”这个概念来描述为社会不满提供释放途径的合法冲突机制。释放不满是“清洁空气”，通过允许自由表达而防止敌意倾向的堵塞和积累。另外，“安全阀”机制一定程度上还可以转移矛盾的焦点，避免矛盾的积累。也就是说，社会紧张不仅可以向不满的原始对象发泄，也可以向替代目标发泄，避免对体制的冲击和整体不和谐。社会“安全阀”的作用也一样，只不过它排泄出去的不是多余的蒸汽，而是猛烈的敌对情绪，因此有助于社会结构的维持。齐美尔认为，矛盾和冲突不能掩盖、压制，而应让它表现、发生、显现出来，有利于不同观点、情绪的宣泄，使对立情绪的人在心理上获得平衡，从而有利于矛盾的缓和与解决。正如食物中毒的患者，首先要洗胃，将体内的中毒食物排泄出来，否则，即使在体内服下解毒药品，其后果仍不堪设想。

“安全阀”带给我们启示是，任何社会都存在矛盾和冲突，压制和回避不是办法，要有一定的途径让积聚的“负能量”释放出来，才能够保持社会的稳定。目前我国“三农”问题还没有得到有效解决，许多地方的群体性事件还在频繁发生，农村中的不稳定因素很多。尤其值得重视的是，农村社会的“安全阀”机制还没有形成，需要尽快探索研究。

丁艳华、万江红（2006）认为，农村的民间组织就是这种“安全阀”。农村民间组织由于其利益主体代表类型的多样性和灵活性，不仅能保障农民最基本的政治经济权利、为农民得到平等的市场交换权利，并且可以充当农村社会善治与和谐的“建议箱”和“发泄孔”，组建起农村社会的安全阀机制，增强农村社会的弹性，减少单个农民与社会正统力量的冲突与矛盾，尽可能使矛盾消除在萌芽之中，及时协调和平衡不同主体和群体的利益关系。张晓军、齐海丽（2008）也持有相同观点，他们认为任何一个社会都应该有自己的社会安全阀机制，以调解社会矛盾，缓和社会冲突。农村民间组织正是这种力量，它类型多样、分布广泛，可以提供多元化、多层次、高质量的服务，可以及时化解矛盾。作为社会安全阀机制，民间组织的作用在于引导农民采用理性方式解决问题，引导农民采用利益表达的合理方式，走向理性，降低暴力冲突事件和一些“退出行为”的发生，促进农村社会的稳定与和谐。民间组织的重要功能就是为各种利益群体提供利益表达渠道，尤其在发生利益冲突时，可以提供足够可信任的协调机制，化解不同程度的利益矛盾和冲突，从而保障社会的平稳发展。当农村的社会矛盾激化时，民间组织由于扎根基层，可以及时察觉矛盾并做出预警，避免把日常的矛盾酿成大规模的群体性事件，把矛盾消灭于萌芽之中。倘若冲突发生不可避免，那么，农村民间组织就会发挥调解的作用，把冲突造成的损失降低到最小。农村民间组织还可以作为农民的代表向政府表达意愿，为政府决策提供参考，同时对政府行为构成外部制约，使农民的合法权益得到保护。显然，农民合作社是农村民间组织中更适合充当“安全阀”的角色。

有的学者更是直接将农村的“合作经济组织”看作是我国社会的“安全

阀”，认为在农村发展合作经济组织对于农民增收具有组织功能性的创新意义。合作经济组织在一定意义上能起到社会安全阀和稳定器的作用，并把弱者也纳入可持续发展的进程之中，是一种社会制衡的重要组织形式。同样，张晓山（2006）认为作为经济组织的合作社能够起到社会安全阀的作用。合作社的由来和发展告诉我们，市场机制和政府体制都不是万能的，市场经济越发展就越需要有合作社这类组织来弥补市场机制的缺陷及补充政府部门的功能。在市场由私人或公共企业控制的情况下，合作社不是单纯的经济组织，是市场中企业组织的一种替代形式，是具有一定社会功能的特殊经济组织，合作社从某种意义上讲，它起到社会安全阀的作用，缓解了社会矛盾，并把社会上的弱者也纳入人类可持续发展的进程之中，使他们能分享现代化、经济全球化带来的红利（增值收益），而不是被排斥在这一进程之外，被“边缘化”。

（四）农民合作社的教育功能

英格尔斯（1985）认为，在整个国家向现代化发展的过程中，人是一个基本的因素。一个国家，只有当它的人民是现代人，它的国民从心理和行为上都转变为现代的人格，它的现代政治、经济和文化管理中的工作人员都获得了某种与现代化发展相适应的现代性，这样的国家才可真正称之为现代化国家。他认为具有现代人格的人应有能够接受新事物、顺应社会变革、主动获取新知识、乐于参与社会事务、不为传统所束缚、具有个人效能感等 12 个方面的特征，之后他又补充了相信人类对外部世界的改造能力、具有法律面前人人平等的意识两项无论从客观的经济地位特征来判断，还是以主观的心理态度来判断，个人在获得现代性后，必定会变成活跃的积极参与国家事务的公民。日益增长的现代性是积极参加选举、加入各种社会民众组织、参加群众活动、对政治信息产生兴趣的特征联系在一起的。对于农民来说，合作社是培养他们现代性的重要途径。

徐旭初（2005）接受了英格尔斯的观点，同样认为合作社一直是人类社会进步的重要部分之一，农业合作社除了具有某些其他组织无法赋予的利益——进入市场、价格改进、降低交易费用、特殊服务、降低风险等，也许更为重要的，它是一所学校，是一所在非工业、非城市环境下促进农民（尤其是社员）现代化的学校，农民将从中学会合作、学会民主、学会营销、学会科技，进而走向市场、走向现代化、走向公民社会。

合作经济组织是劳动群众自我教育、传播科学技术和精神文明的大学校，作为合作群体在某个领域共同利益的代表，发挥联合制衡，促进城乡经济社会协调发展和社会稳定的作用。发展农村合作经济组织不仅可以提高农民的组织化程度，解决农户分散经营与大市场的矛盾，促进农村经济发展；它还有助于加快农民思想观念的转变，并在一定程度上代言农民利益（谢菊，2006）。利益集团的主张直接涉及到成员的个人利益，利益集团的运作直接体现民主的原则，尊重不同意见、少数服从多数、投票、协商沟通、讨论说服、妥协、联合等，这都使得利益集团本身就为成员提供了民主的基础实践。

家庭联产承包责任制推行以后，集体劳动的形式被解散，农民又回到一家一户式的单干状态，集体经济时代培育起来的参与意识、民主意识、协同精神等，慢慢开始淡化。随着大量农民工的外出，农村形成以老人、妇女为主的劳动队伍，整体素质下降。虽然在全面推行村民自治，试图提升农村的民主化程度，但事实并不理想，不少地方的治理权力被黑恶势力控制。农民群众没有办法参与农村的治理，也不愿意参与。民主选举或者被强迫推选，或者被候选人贿选，反正谁当村干部都一样。这样一来，农村的民主管理、民主监督也就停留于形式。有些地区连一年一次的村民大会都组织不起来，为了凑够一定的人数，许多地方的会议召开需要给参加人钱才能实现。而一些落后地区，由于没有经济基础保证，无法有效地召开一次村民会议。这种情况下，农民距离民主的状态越来越远，越来越像马克思说的“一麻袋土豆”，可以说，传统治理体制下，基层农村组织已经难以调动起农民，多年形成的治理权威不复存在。

农民整体素质低下是制约其社会治理参与水平的重要因素。农民合作社为农民素质的提高创造了条件。“民办、民管、民受益”是农民合作社的最大特点，“社兴我兴，社衰我衰”，依据合作社的章程，合作社的每个社员都可以参与民主决策，进行民主监督，参与意识、民主意识、协作意识会随之不断增强。可以说合作社是农民进行自我教育、加强民主管理、实行民主自治的学校，是提高农民素质的重要途径。

农民合作社能够培养农民的参与意识，得益于合作社的规则要求。《中华人民共和国农民专业合作社法》规定，农民专业合作社成员大会选举和表决，实行一人一票制，成员各享有一票的基本表决权。出资额或者与本社交易量（额）较大的成员按照章程规定，可以享有附加表决权。本社的附加表决权总票数不得超过本社成员基本表决权总票数的20%。合作社最主要的决策方式是民主决策，一人一票制度，这样就保证了合作社社员的发言权。资本只是享受附加表决权，且不超过20%。笔者的调研结果也表明合作社社员拥有比较强的民主意识。社员们在回答“您认为合作社重大问题应该由谁来决定?”时，选择应该由“理事会集体决定”或“社员大会决定”占82.3%，只有17.7%的被调查者认为合作社的重大事情应该由“主要负责人做决定”。说明绝大多数的社员已经有了集体决策的意识，应该坚持集体决策的原则，应该由社员大会，至少是理事会来做出重大决策。表明农民合作社社员民主意识比较强，有更多的机会参与合作社民主管理。由此可以看出，合作社在社员参与意识培养方面的重要作用。调研中，温州一位示范合作社的理事长说：“现在我们的管理方式很民主，合作社设有监理2人，理事3人，还设有1个监理会，由全体社员推选的10余个代表组成。监理会经常召开会议讨论一些日常管理问题，比如养殖什么产品会比较有经济效益，对现有产品进行产品核算，商讨改进方法等，但是当监理会讨论出一项决议时，必须经由社员大会全体社员全部讨论通过方可有效。现在和以前不同了，大伙的民主意识都比较强，因此我们的管理工作也力求公开化、透明化，当然在这一方面我们确实做得不错，社员们都非常肯定我们的工作，相信我们的领导。”调研数据表明，81.1%的合作社成员愿意参与合作社管理工作。勇于承担更大的责任，是现代人的一种标志。宁波一位示范合作社理事长说：“合作社的社员是自我管理、自我服务、自我发展，我们又有自己的组织机构和运行机制，都是按照规章来办事。社员大会是合作社的权力机构，合作社社员依据章程规定，参与对合作社的控制、决策和管理。合作社的理事会、监事会由社员大会选举产生，向成员大会负责并报告工作，每个社员都享有一人一票的基本表决权，合作社的重大事务都要按照少数服从多数的原则进行表决，确保成员参与决策的民主权利。这样，社员成为合作社的真正主人，他们对合作社的事务也就非常关心，参与意识大大加强。”可以看出，合作社的负责人也有着比较强的民主管理意识，社员的民主参与意识也比较强，这样一来，对于广泛提高农民的政治素质有了很大的作用。民主管理的原则也大大提高了农民参与合作社事务管理的积极性。专业合作社和社员之间利益关系密切，社员在参与生产、经营、管理和监督实践中得到民主思想的锤炼。

农民合作社虽然不是集体劳动，但合作社社员之间的利益密切相关，运作过程中大大培养了农民的协作意识，改变了“鸡犬之声相闻，老死不相往来”的状况。笔者调研中就发现了两个这样的案例，嘉兴市平湖四季对虾合作社社员养殖的虾苗突然生病，几亩地的虾苗死得所剩无几，巨额投资打了水漂。正在这个社员感到绝望的时候，其他社员知道了这个情况，立刻把这个消息传递给了其他社员，一传十，十传百，社员们很快都知道了这一消息，纷纷自发地到这个社员的养殖场去帮忙，有的帮忙清理池塘，有的提供购买虾苗的资金，合作社的技术员帮忙分析原因，解决技术问题。在众人的帮助下，该社员很快就恢复了生产。可以想象，如果没有合作社，这样的现象不可能出现，这件事情充分体现了合作社社员的互助精神、协作精神。这样的案例还很多，杭州桐庐县钟山蜜梨合作社陈新照社长说："合作社毫无疑问增强了农民的团结意识，原来我们这里的农民是自己卖自己的，有了合作社之后，农民自己家的梨卖完之后，会去帮其他农民卖，帮别人摘梨子、挑担子。合作社培养了农民一个很强的意识，大家好才是真的好。"

农民合作社是农民进行自我教育、民主管理和实施民主自治的学校，是提高农民素质的重要途径。万秀丽（2012）认为，作为一种准公共政治实践，农民通过参与合作社的经营、管理活动，民主选举、民主管理、民主决策、民主监督等方面的能力会得到比较全面的锻炼，久而久之，就会掌握一些政治参与的技巧，比如观点表达、团结协作、谈判协商等。农民合作社的最大特点是以人为本，是人的聚合而不是资本的结合，其行为主体是加入合作社的社员。农民合作社是通过自己的组织形成的互助、互救机制，在合作社的内部治理结构中，普通社员的参与非常重要，可以使每一位社员都能够得到民主训练。充分发挥农民合作社的社会管理功能，有助于实现社区治理的转型，推进基层政府职能转变。农民在实践过程中学会了互助、互利、互教、互学，形成了自主、自治意识。合作社的范围不仅局限于生产合作社，还可以带头组建一些社区性的合作组织来满足农民各方面的需求。比如可以组建老年人协会、妇女协会、青少年协会，解决农村留守人员的社会问题；组建文化娱乐团体、民事调解小组、红白理事会等，开展自我管理、自我服务、自我教育。农村社区建设给农民带来的不仅是生产生活方式的巨变，更重要的是必然引发农村治理结构和管理方式的重大变革。农民合作社组织的广泛兴起，农村将逐渐改变个体化和原子化的社会结构状态，在提高农民整体的组织性的同时，不断提升农民的个体素质，必将在农村社区建设过程中发挥重要的作用。

第五章　农民合作社参与农村社区治理的可行性

亚瑟·本特利是20世纪美国第一个提出集团理论的学者，也是较系统地用集团概念解释美国政治的第一位学者。他较为系统地用利益集团概念解释了美国政治，其著作被一些学者称为“曾经撰写的关于政府的最重要的著作”。他在《政府过程：社会压力研究》一书中指出，组织的重要性在于它代表的利益，集团的政治影响取决于它代表某种利益的能力和性质，政府的作用是了解集团及其代表人群，集团推动公共利益的实现。他认为集团是政治的“原材料”，社会是集团复杂的组合，政治过程是集团间相互作用的结果，政府组织则是调整和协调各种利益的工具。利益集团高度发达，政府必须面对种种不同的利益，协调各种利益关系，而不能只偏护某种利益，排斥其他利益，这使得政府最终采纳的政策可能是各种利益集团之间进行博弈后达成的某种契约，有利于促进社会平衡和社会制约，从而也就有利于保持社会的稳定。

与本特利一样，戴维·杜鲁门也给予利益集团积极的评价，认为利益集团是美国民主过程中基本的和积极的成分。杜鲁门将利益集团视为政治参与的工具，通过这种工具，个人寻求政治活动的影响，利益集团成为各个层次的政府过程的核心，并寻求影响政府行为。这种集团形成的公共领域具有积极的多元主义的价值，多元政治使各种不同的利益集团从多个点进入政府决策系统，最终促成一种稳定的理想的决策机制①。所以，利益集团政治在整体上是健康的。政治集团是民主的基础的观点构成了杜鲁门多元主义理论的核心内容。公民通过利益集团组织化的方式参与和影响政府决策，有利于促进政府决策的民主和科学，因为在一个开放竞争的政治环境中，各种集团互相竞争、相互抵消，最终会产生一个相对均衡的结果。而且，建立在自愿结社基础上的利益集团有助

① 戴维·杜鲁门．政治过程——政治利益与公共舆论［M］．天津：天津人民出版社，2005：475-477.

于公民与政府的沟通，因为政府不仅需要公民的政治支持，而且还需要他们提供的专业技术信息。杜鲁门专门分析过全国农场协会、农民教育和合作协会、美国农业管理联盟等农业合作组织，指出“显然，一个像全美农业协会那样覆盖众多农业州的团体，能比城市利益集团更容易地影响国会的决策”。①

陈尧在《读书》杂志2005年第11期发表了对杜鲁门的《政治过程——政治利益与公共舆论》的研究心得，认为在目前尚未承认政治利益集团的合法地位的背景下，中国社会正在出现一种不平等的政治参与。这种政治参与以政治利益集团（包括潜在的利益集团）为主体，以影响政府政策及政府官员为主要的活动方式。不认可利益集团的存在并不意味着利益集团在中国不存在，恰恰相反，中国的利益集团广泛分布于社会各个领域。一些强势利益集团凭借自身拥有的强大经济资源和社会资本，以超政治权力的方式，在制度的边缘和政权的默认下，日益收获因影响公共政策所带来的超额租金。而弱势群体、阶层，由于资源和社会资本的匮乏，其表达利益诉求的活动受到制度的强制而无法得到合法化，只能以潜在利益集团的形式存在于政治生活中，缺乏有效的政治参与效果。这种政治利益集团和潜在利益集团在政治参与中的不平等，反过来巩固和加剧了不同阶层、群体或集团之间在资源和社会资本拥有方面的结构性。不平等，这或许是中国社会未来堪忧的一面。农民正是这种最大最弱势的集团，农民的政治参与自然不会处于与其他集团平等的状态。

闫威、夏振坤（2003）提出，从国内看，包括铁路、电信、石化等的诸工业行业和包括政治精英、经济精英、科教精英等的城市群体已经或正在形成各自独立的利益集团。可反观占全国人口70%的“三农”群体，除政府以外，居然没有一个真正意义上能为自己说话、争取自身权益的利益集团。目前虽然也有形形色色的专业化合作组织（如技术指导协会等），但大多流于形式且规模太小，或异化为政府职能部门（有的就是由政府直接牵头举办的），没有充分代表农民去争得应有的公共决策参与权或话语权。正是由于农民缺少自己有组织、有力量、掷地有声的“代言人”，才造成在公共政策决策中缺乏发言权，在分配与再分配活动中缺乏主体性。在中国，“最软弱无力的集团”主要就是农民群体，而造成农民处于社会结构金字塔底端的深层次原因，就在于广大农民不是以组织化的形态，而是一个个单独地面对一整套国家机器与社会各利益集团。而组建中国的农业利益集团，通过在法律的框架内就“三农”问题进行

① 程同顺．利益集团理论与中国农民的组织化［J］．社会科学，2005（3）．

利益表达与矛盾疏导，不仅可以逐步恢复农业的“造血”再生功能，而且可以避免基层矛盾的极端式触发，在政府、社会各利益集团和农民之间构筑起缓冲与调和的通道，有着巨大的政治、社会与经济意义。前面一章分析了农民合作社参与农村社区治理的必要性，那么，现实中的农民合作社有没有意愿或者动机来介入基层农村治理中呢？即使有意愿，有没有能力参与农村社区的治理呢？

第一节　农民合作社的调研情况描述

本章笔者将通过对浙江省示范合作社的调研来说明这一问题，需要指出的是，该调查时间比较早，和当时相比，目前合作社在各方面的实力都有了非常大的变化，参与农村社区治理的深度和广度都有了更大的进展，我们将用一些案例进行补充分析。为了解农民合作组织参与社区治理、基层执政方面的现状和动机，我们选择了专业合作社发展较好的浙江，并且以省级示范合作社（包括浙江省、农业部、科技部、财政部、国家等命名的示范合作社）作为调查对象。通过二手资料的收集，确定了 146 个省级示范专业合作社。通过对这些发展较好的省级示范农民专业合作社的调查，初步了解了农民合作组织成员的政治认知水平、参与态度、参与方式、参与动机和参与水平，由此来推测今后农民合作社发展壮大后参与农村基层治理的趋势。

我们采用招聘调研员的方式，2007 年在浙江某大学网站公布了暑期调查启事，共收到 80 多名同学的报名请求。根据所学专业、家庭地址、工作经验等，通过筛选，确定了 60 名调研员和 40 家专业合作社作为此次调研的对象，并进行了统一培训。我们要求一个调研员完成 20～30 份问卷，每个专业合作社完成一份专业合作社理事长访谈录，并对完成任务的同学每人支付 300～350 元调研经费补助。此次活动共完成了对 38 家合作社的调查，收回问卷 1297 份，访谈录 37 份。调查结束后我们采用电话访问、网络资料查询、问卷审查等方式进行了访谈录、问卷质量的验证，剔除 7 个存在疑问的合作社，无效问卷 199 份，共获得有效合作社样本 31 个，有效问卷 1098 份，问卷有效率为 84.7%。

（一）调研对象的描述性统计

1098 份有效样本的描述性统计结果如下：

（1）性别。男性 926 人，女性 172 人，各占 84.3%和 15.7%。目前我国许多农村的青壮年都外出打工，在村子里从事农业劳动的被称为“3861 部队”（意思是指妇女和老年人），然而调研结果表明，合作社社员以男性为主，通过从事特色生产、经营活动，他们可以获得比外出打工更高的收益。

（2）受教育程度。小学、初中、高中、本科分别有 414 人、438 人、232 人和 14 人，分别占 37.37%、39.9%、21.1%和 1.3%。从受教育程度可以看出，合作社社员的受教育程度总体不高，还是以小学、初中为主。

（3）身份性质。同时兼任合作社干部和村委会、村支部干部的共 19 人，占 1.7%，合作社普通社员担任村干部的 22 人，占 2.0%，只在合作社担任干部的 78 人，占 7.1%，没有承担任何职务的普通合作社社员 979 人，占 89.2%。

（4）政治面貌。普通群众 913 人，中共党员 185 人，分别占 83.2%和 16.8%。数据表明，合作社中党员的比例还是比较高的，表明党员在农村中的带头作用还是比较强的。

（5）年龄结构。26 岁以下、27~36 岁、37~46 岁、47 岁以上的分别有 116 人、155 人、374 人和 453 人，分别占 10.6%、14.1%、34.1%和 41.3%。可见，专业合作社的中年人占的比例比较大，36 岁以下的青年农民比较少，还需要吸引更多的年轻人投入到专业合作社中来，才能保持专业合作社事业的兴旺发达。

（6）加入合作社的时间。入社时间为 1~2 年、3~4 年和 5 年以上的分别有 289 人、380 人和 429 人，分别占 26.3%、34.6%和 39.1%。浙江省的专业合作社发展时间比较短，但得益于较早出台了专业合作社的地方法规，使得浙江省专业合作社发展速度很快，后劲很足。

（7）合作社覆盖范围。仅在本村经营的有 342 个，占 31.1%，而跨村、跨乡、跨县经营的有 756 个，占 68.9%。由此可见，目前专业合作社的经营领域已经不再局限于一个村庄，很多都超出了本村范围，在农村中形成了一种独特的“业缘组织”。

（8）业务性质。养殖类的专业合作社 305 家，占 27.8%，种植类的专业合作社 793 家，占 72.2%。现在专业合作社主要出现在商品经济比较发达的领域，特色种植、养殖行业最容易形成专业合作，而粮食类的大田作物还很少有专业合作组织出现，另外，受制于国家政策，金融、保险等领域的专业合作还不具备发展条件。

（9）成员数量。专业合作社社员人数在41~100户、100~199户、200~499户和500户以上的分别为147户、541户、250户和160户，分别占13.4%、49.3%、22.8%和14.6%。可见浙江省的专业合作社已经形成了一定的规模，绝大多数都在100户以上，表明具备了相当的规模。

（二）合作社的发展水平分类

我们采用SPSS13.0对问卷进行了数据处理，并采用阶层分析法，以其中13道题目进行聚类分析，将合作社分为了三个组别，第一组有10个合作社，问卷数量275份；第二组有15个合作社，问卷数量573份；第三组有6个合作社，问卷数量250份。数据处理结果显示，在20个问项中，19个问项在P>0.05水平上通过卡方检验，表明三类合作社具有显著差异。根据访谈录、二手资料收集的合作社情况以及问卷中的三个分别反映合作社决策机制、经营效果以及维权能力的问项，可以看出这三组明显处于不同的发展水平上。

1. 农民合作社的决策机制

通过让被调查者回答“专业合作社的重大事情是由谁来决定的?”来了解合作社的决策机制。数据表明，浙江的省级示范专业合作社民主决策状况比较良好，集体决策最低的为67.4%，最高的为93.6%（“理事会集体决定”和“社员大会集体决定”两项之和）。这个问题同时反映了该合作社民主政治发展情况，反映了社员在合作社中的地位。第三组选择“主要负责人决定”的是第一组的5倍左右，而由“社员大会集体决定”的，第一组是第三组的两倍左右。可以看出，比较而言，第一组的民主决策活动开展得非常好（见表5-1）。

表5-1　专业合作社的决策机制　　单位：%

	主要负责人决定	理事会集体决定	社员大会集体决定
第一组	6.3	20.4	73.2
第二组	17.4	22.8	59.8
第三组	32.6	30.2	37.2

2. 农民合作社在农民致富中的作用

专业合作社带动农民增收的能力，直接反映了合作社的经营水平。数据显示浙江省的示范专业合作社在增加农民收入方面都有较强的作用，第三组最差，表示收入有增加（有一定增加和有明显增加）的农民占66.1%，第一、第二组则高达91.5%和82.7%，可以说，合作社确实起到了致富的带头作用，尤其是一些发展好的合作社，只有极少数的农民认为收入没有什么变化或者增加不多，有超过1/3的群众认为收入有了明显增加（见表5-2）。

表5-2 参加专业合作社后社员收入变化情况 单位：%

	没有什么变化	增加不多	有一定增加	有明显增加
第一组	3.3	5.2	52.8	38.7
第二组	5.3	12.0	48.1	34.6
第三组	16.7	17.2	53.5	12.6

3. 农民合作社维护社员权益的能力

问项"您认为所在合作社在维护农民利益方面的作用怎样?"问的是合作社在为谁服务的问题，而不是简单地衡量经营效果。有的合作社，比如慈溪观海卫镇高背浦渔业合作社，在刚成立的时候突然遭受到自然灾害，合作社领导人尽心尽力，为安抚人心、恢复生产、保护渔场安全做了大量工作，尽管当年收入增加不多，社员却认可合作社确实在维护自己的利益。表5-3数据表明，第一组选择"确实能够维护绝大多数社员利益"的比例高达82.6%，说明这样的合作社真正是农民自己的组织。

表5-3 专业合作社在维护社员权益方面的作用 单位：%

	有时候利益不容易得到保障	对于经营大户的利益维护更多些	确实能够维护绝大多数社员利益
第一组	11.9	5.6	82.6
第二组	15.9	21.5	62.7
第三组	30.1	29.2	40.7

这三个指标总体反映了三组合作社在发展层次的差异，我们把发展水平较高的第一组称为"A类合作社"，第二组称为"B类合作社"，发展水平较低的第三组称为"C类合作社"。下面将以三类合作社相比较的方式，从政治认知、

政治态度、参与动机、参与方式和参与水平五个维度，来了解不同发展水平的农民合作社参与农村社区治理以及其他政治参与状况。

第二节　农民合作社参与乡村治理意愿和动机

（一）合作社农民的政治认知情况

政治认知是政治主体对于政治生活中各种人物、事件、活动及其规律等方面的认识、判断和评价，即对各种政治现象的认识和理解。它反映了政治主体对政治的关心程度和政治水平。问卷用两道题目来测量社员的政治认知水平。

1. 关于村委会性质的认知

《中华人民共和国宪法》第一百一十一条明确规定，“城市和农村按居民居住地区设立的居民委员会或者村民委员会是基层群众性自治组织”。根据这一规定，《中华人民共和国村委会组织法》第二条又进一步明确规定，“村民委员会是村民自我管理、自我教育、自我服务的基层群众性自治组织，实行民主选举、民主决策、民主管理、民主监督”。因此，从性质上讲，村民委员会是农村村民按照居住地区设立的基层群众性自治组织。村民委员会具有基层性、群众性、自治性、民主性等特点。调查结果显示，70%左右的专业合作社社员能够正确认识村委会是基层群众性自治组织，但也有1/3的人认为村委会属于国家政权组织或乡镇派出机构。表明目前农民的政治素质还不是很高，对农民在村民自治中的权利还不清楚。同时表明目前村委会的工作与群众的要求还有一定的差距，有的村委会并没有真正成为农民自己的组织。而且，三类专业合作社虽有差异，但不非常显著（见表5-4）。

表5-4　对村委会性质的认知　　单位：%

	国家政权组织	基层群众自治组织	乡镇的派出机构
A类	6.6	74.1	17.0
B类	16.2	68.1	15.7
C类	10.1	72.6	17.3

2. 对专业合作社法条的了解

2004 年 11 月 11 日《浙江省农民专业合作社条例》颁布实施，其中第五条规定，“各级人民政府应当鼓励和支持合作社发展，在资金、税收、科技、人才、用地、供水、供电、交通等方面制定具体措施予以扶持。县级以上人民政府农业行政主管部门负责对本行政区域内合作社的指导、协调和服务工作。工商、财政、税务、金融、科技、交通、林业、海洋与渔业、供销等部门和单位应当按照各自职责做好相关扶持、服务工作”。而且农业行政部门还负责专业合作社的审计工作。《浙江省农民专业合作社条例》第二十一条规定，“合作社向农业行政主管部门提出财务审计要求的，农业行政主管部门应当对合作社进行审计，审计不得收费”。2007 年 7 月 1 日开始实施的《中华人民共和国农民专业合作社法》第九条也规定，“县级以上各级人民政府应当组织农业行政主管部门和其他有关部门及有关组织，依照本法规定，依据各自职责，对农民专业合作社的建设和发展给予指导、扶持和服务”。过去，专业合作社没有明确的主管部门，农业、工商、民政、科技、供销社等都有自己支持的合作社。两个法规的出台，有助于解决专业合作社主管部门不清、登记混乱状况，是专业合作社最希望解决的问题之一。调查结果表明，一半以上的农民能够说出农业部门为专业合作社主管部门，特别是 A 类合作社，有 83.5%的社员知道这一规定（见表 5-5）。结合调研员做的访谈录我们了解到，一些专业合作社对社员进行过法律方面的宣传与培训，使社员及时了解到法律精神。调研中一些合作社的负责人对《中华人民共和国农民专业合作社法》的出台评价很高，认为它对维护专业合作社权益有着非常重要的作用。

表 5-5 对专业合作社主管部门的认知 单位：%

	民政部门	农业部门	工商部门	不清楚
A 类	1.8	83.5	6.6	8.1
B 类	10.6	52.3	14.2	22.9
C 类	5.7	50.8	9.8	33.7

（二）合作社农民参与社区治理的态度

根据行为主义政治学的观点，政治态度包括政治功效感、公民责任感、政治信任感、政治疏离感四种类型（林嘉诚，1989）。政治疏离感是指公民认为自己无法影响政府的决策，是一种与政治功效感相反的态度。拥有较强的政治功效感，反映出来的政治疏离感就较轻。在一定程度上，透过政治功效感，可以观测到政治疏离感。考虑到调查对象的基本情况，我们尽可能地压缩了调研问题，只选择了政治功效感进行测量，这是三个维度能够比较准确地测量农民合作社成员对于参与农村社区治理的态度。

1. 公民责任感

公民责任感是指政治成员认为自己或他人应该参与政治过程，而不必计较这些政治活动是否值得或者会有代价。对于处于最基层的农民来说，参加村委会、地方人大代表选举，是农民参与政治活动的最直接形式，积极性如何直接反映了他们的责任意识。来自民政部的资料表明，最近的一次村委会选举中，各地平均参选率在80%以上。本次调查同样显示专业合作社社员具有较高的热情参加选举投票，“经常参加”和“每次都参加”的比例，C类合作社达到77.2%，如果算上部分“偶尔参加”的，与全国的平均参选率基本相当，而A类合作社社员的两项之和高达94.9%，只有1.5%的人没有参加过（见表5-6）。可以看出，专业合作社越是发达，社员的政治参与意识越强，公民责任意识越浓厚。

表5-6 参加村委会、地方人大代表选举状况 单位：%

	没有参加过	偶尔参加	经常参加	每次都参加
A类	1.5	3.6	29.9	65.0
B类	12.8	23.6	31.1	32.5
C类	8.0	14.8	28.4	48.8

如果说参加选举是间接参与农村政治活动，那么是否愿意担任村干部反映了农民承担更大责任的愿望，是一种更高层次的政治需求，是参与农村社区治理最直接的形式。在所有的问题中，只有该问项在$P>0.05$水平上没有通过卡方检验，表明三类合作社之间不存在明显区别。三类合作社中，有31%左右的被调查者明确表示不想当村干部。“无所谓”表现出来的是一种模棱两可的态度，如果大家推选，可能接受村干部职位，但态度并不积极，三类合作社也表现出较高的一致性，在40%左右。表示想当（或者自己本身就是村干部）的略有差异，但基本还算一致（见表5-7）。总体来看，专业合作社社员对于当村干部的积极性不高。说明对村级事务的责任感不强，可能与浙江人经商意识浓厚，

经营意识比较强，对于从事公共事务的管理兴趣不是很浓厚有一定的关系。

表 5-7　对于当村干部的态度　　单位：%

	不想当	无所谓	想当（或自己就是）
A 类	31.5	44.0	24.6
B 类	30.8	38.1	31.1
C 类	31.1	39.6	29.4

与当村干部有着明显不同的是社员对于从事专业合作社管理工作的态度，他们对于能够当选理事会或者监事会成员有着比较高的积极性。在回答是否愿意担任合作社理事或监事时，选择“担心干不好，还是先做好自己的事情再说吧”的人数较少，最高的 C 类合作社不到 1/4，而 A 类合作社只有 11%的人不愿意承担管理工作。这个比例远远低于不愿意当村干部的比例 31%，表明社员对于专业合作社的关心要超过对村里公共事务的关心，因为他们将专业合作社看作是“自己的”，同时也说明，社员与专业合作社是个联系紧密的利益共同体，而非纯粹的商业关系。而且，专业合作社发展得越好，社员的这种归属意识越强（见表 5-8）。

表 5-8　当合作社理事或监事的态度　　单位：%

	很高兴有更多机会为社员服务	大家选我就干	担心干不好，还是做好自己的事情再说吧	自己就是其中一员
A 类	38.6	35.3	11.0	15.1
B 类	40.3	32.5	20.6	6.6
C 类	29.1	38.5	23.8	8.6

2. 政治功效感

政治功效感是政治主体认为其行动对政治过程一定有或能够有影响的感觉。问卷通过比较社员在专业合作社民主管理中投票和对村委会选举的感觉，来判断社员在参与农村社区事务和专业合作社事务的功效感差异。专业合作社社员对自己在通过表决的方式参与专业合作社管理时，选择“我的一票很重要”的三类合作社相差不大，都超过了 20%，反映了社员对自己投票的功效的重要性不是很有把握，但是在“多一票也不起作用”选项上却有明显的差别，C 类合作社有 32.1%的人认为自己的投票是没有效果的，而 A 类合作社只有 5.2%的人这样认为。这与专业合作社决策机制中选择由“主要负责人决定”的比例基本一致，因此可以说问卷比较准确地反映了社员对专业合作社民主权利情况的真实感觉（见表5-9）。

表5-9　对合作社投票的看法　　单位：%

	多一票也不起作用	投票是我的权利	我的一票很重要
A类	5.2	74.5	20.2
B类	14.1	59.4	26.4
C类	32.1	46.5	21.4

对于“村民自治”的观点，反映了社员在村委会民主选举和公共事务投票中的功效感。从表5-10可以看出，社员对“村民自治”的看法还是比较积极的。三类合作社分别只有10.6%、18.9%和26.2%的社员明确表示村民自治是在“走过场，还是几个人做主”。如果认为是农民自己在当家做主，那么，对自己参与投票选举、村民会议等活动，就会有较强的功效感，就会认真履行自己的职责，相反，如果认为是走过场，那么即使参加这些活动，也不会真正投入进去。

表5-10　对村民自治的看法　　单位：%

	走过场，还是几个人做主	不好说	农民自己当家做主
A类	10.6	17.9	71.5
B类	18.9	19.2	61.9
C类	26.2	29.5	44.3

3. 政治信任感

政治信任感是指对政府官员、政府政策的信任态度。我们通过了解社员对村干部、专业合作社干部的信任态度，以及对专业合作社建立党支部的态度来测评社员的政治信任感。

问卷调查了社员对于专业合作社的骨干成员参加村委会选举的态度。合作社在带动农民致富方面的贡献有目共睹，特别是专业合作社骨干成员，大都是经营能手，社员会对他们有一种依赖感，如果他们去村里担任干部，可能会影响合作社的经营，社员不会支持他们这么做。但是调研结果显示，只有极少数人明确表示不支持骨干成员去村里担任村干部。A 类、B 类合作社有 2/3 的人明确表示全力支持骨干成员参加村干部选举，几乎是 C 类合作社的一倍（见表 5-11）。这表明专业合作社发展越好，人们的凝聚力越高，骨干成员得到的支持越多。一旦这些成员参加村里的选举，就可以赢得很多人的支持，从而直接进入“政治”领域。当然，许多社员之所以全力以赴支持合作社骨干参加村干部或人大代表选举，其中一个重要原因是专业合作社骨干进入体制内后，可能会给专业合作社的发展带来更多便利条件。

表 5-11　是否支持合作社骨干成员参加村干部选举　　单位：%

	不支持，他走了会影响合作社的发展	拿不准，看情况再说	全力支持，这会给合作社的发展带来更多便利
A 类	3.3	28.4	68.3
B 类	7.4	26.8	65.8
C 类	12.1	53.0	34.8

同样问卷中也有问项来了解对村干部到专业合作社兼职的态度。村干部在村里一般都有比较高的威望，到专业合作社兼职一定程度上应该有利于合作社的发展。重庆市供销社曾经大力推行“两社+两委”模式，即实现专业合作社、综合服务社与村委会、支委会的有机结合。截至 2006 年底，重庆市供销社引领发展的“两社”共 6386 个，其中专业合作社 3372 个、综合服务社 3014 个。“两社”与“两委”实现有机结合的有 2426 个，占 38%，其中结合紧密、实行合署办公的有 1262 个，占总数的 52%。“两委”主要负责人（村支书、村主任）在“两社”理事会、监事会中担任主任职务的有 1504 人，占总数的 62%。所以我们认为，实现“两社”与“两委”的有机结合，对专业合作社和村级组织都有好处，应该受到社员的欢迎。

调查数据显示的情况基本上是这样，大多数的社员表示村干部到专业合作社兼职有积极作用，应该承担一些职务。不过，仍然有 19.1%~30.8%的社员认为村干部不适合来专业合作社担任职务。对于村干部到专业合作社来兼职，显然受到的欢迎程度不如将专业合作社干部送到村委会去“兼职”，说明一部分社员对村干部有抵触心理（见表 5-12）。

表 5-12　对村干部到合作社兼职的看法　　单位：%

	不适合担任合作社职务	村干部在合作社兴办过程中起很大作用，应该承担职务	积极作用
A 类	19.1	13.6	67.3
B 类	24.4	23.5	52.2
C 类	30.8	21.9	47.4

浙江省台州市按照“围绕经济抓党建，抓好党建促发展”的工作思路，积极探索，扎实开展农民专业合作社党建工作。专业合作社是个经济组织，又是在民营经济发达的浙江，农民是否会支持这样的举措，肯定会给很多人带来疑虑。调查结果可以使这一担忧解除。调查结果显示一半以上的被调查者表示，在专业合作社中建设党支部对合作社的发展有积极作用，其中 B 类合作社有 72%的社员持有这种观点。此外还有相当一部分表示“说不清楚”，可能对于此问题比较敏感，不愿意表态。不过，选择“没有作用”或者有“消极作用”的很少，A 类合作社只有 4%，C 类合作社也只不过 16.2%，说明台州推行的这项措施能够得到大多数合作社社员的理解和支持，也说明社员对中国共产党和政府充满信任（见表 5-13）。

表 5-13　在合作社建立党支部的作用　　单位：%

	消极作用	没有作用	说不清楚	积极作用
A 类	0.4	3.6	42.3	53.6
B 类	2.5	5.7	19.8	72.0
C 类	6.9	9.3	31.2	52.6

调研员的理事长访谈结果也显示，依托专业合作社建立党支部、党小组是受到群众拥护的，“支部+专业合作组织”形式把党的组织建在产业链上，使党的组织覆盖和工作范围随着合作组织的发展而不断延伸，同时使农村党支部找到了加强党员管理、发挥党员作用、服务农民群众的有效抓手，有助于扩大党的工作影响力。当然这样做会带来一系列的问题，比如，加入专业合作社的党员在村子里的地位问题、党员身份的归属问题等，需要认真研究，这也是基层党建工作面临的新课题。

(三) 合作社农民参与农村基层组织选举情况

当前我国农民的政治参与基本上是“手段性参与”而非“目标性参与”。目标性参与是指参与者把政治参与当作一种目标来追求，或者至少是当成目标之一来追求；而手段性参与则是参与者把政治参与当作其他目标的手段，如达到某种经济目标的手段，政治参与本身并不是参与者的目的。当前我国农民的政治参与大多是为了实现某种具体经济目标的手段性参与。

调查参加选举的目的，可以较直接地了解社员的政治参与动机。数据显示，专业合作社社员对参加村委会选举的认识，认为“这是自己的权利和义务”可以看作是目标性参与，持这种动机的被调查者比例较高，而且三类专业合作社差别显著，C 类合作社为 48.4%，而 A 类合作社高达 75.6%。表明专业合作社社员的参与动机并非以手段性参与为主。另外，这个问项也反映了社员的参与状况，可以看到，三类合作社社员参加选举的比率都超过了 80%，A 类合作社更是高达 92%，这个答案与直接测量参加选举状况的数据基本一致，说明被调查者回答问题比较认真（见表 5-14）。

表 5-14　参加农村基层组织选举的主要原因　　单位：%

	这是自己的权利和义务	熟人拉票不好意思	非常希望某人当选	选举对自己有好处	没有参加
A 类	75.6	6.5	3.6	6.2	8.0
B 类	53.2	12.9	12.4	6.6	14.8
C 类	48.4	12.8	12.4	8.0	18.4

对社区福利的贡献意识也是衡量公民政治取向的一个基本指标，相应地，对村子的贡献意识反映了农民的政治取向。我们用“专业合作社发展了，应该在村子里起什么作用?”来测量专业合作社社员对社区福利的贡献意识，结果是可喜的。认为应该为村子的发展做出贡献的社员三类合作社分别是 85.8%、78.0%和 57.6%。多数社员不认为专业合作社与村子的发展“没有直接关系”，或者说“不要去掺和村子里的事情”（见表 5-15）。说明社员有着积极的政治取向，对专业合作社的发展有充分的信心，应该为村子里的发展贡献力量。因此，可以认为，专业合作社社员的政治参与不能说是以手段性参与为主，其参与动机要比普通农民更加理性化。

表 5-15　农民合作社在农村应该起的作用　　单位：%

	没有直接关系	不要去掺和村子里的事情	为村子的发展做出贡献
A 类	4.7	9.5	85.8
B 类	7.9	14.1	78.0
C 类	21.0	21.4	57.6

（四）合作社农民参与农村治理的方式

多数学者将我国农民政治参与方式分为制度化政治参与和非制度化政治参与两种形式。制度化参与是指依据国家的宪法、法律、规章、政策、条例等所规定的制度和程序，参与公共事务和国家事务的行为；非制度化参与即是指采取不符合国家宪法、法律、规章、政策、条例所规定的制度和程序而进行的影响政治决策过程的活动。目前，农民的政治参与意识不断增强，政治参与活动不断增多，同时，农民的非制度化政治参与现象也不断呈现出扩大的趋势，深深地影响了我国农村乃至整个社会的政治稳定与改革开放进程，如何减少农民的非制度化参与，将农民的政治参与引入到正常的制度化轨道中来，是急需解决的大问题。

当问及“县、乡政府机构出台了伤害农民利益的政策后”会通过什么途径反映问题时，选择“通过集体上访形式反映”的比例较低，尤其是 A 类合作社，只有 15.8%的人可能通过这种方式来反映问题。即使 C 类合作社，也只有 27.9%。更多的人选择了通过新闻媒体、找人大代表反映情况等制度化参与形式。尤为可喜的是，三类专业合作社都有相当多的人选择了通过自己的组织来解决问题，A 类合作社达到了 41.0%（见表 5-16）。

表 5-16　县乡政府出台了损害农民利益的政策时反映问题的途径　单位：%

	通过新闻媒体反映	通过集体上访形式反映	找人大代表反映	通过自己的组织如合作社反映
A 类	29.3	15.8	13.9	41.0
B 类	24.6	31.2	13.8	30.4
C 类	35.2	27.9	9.7	27.1

另外一个问题进一步验证了这个结论。“对于村里存在的一些不满意问题，您一般通过什么方式来表达自己的看法?”选择“联合其他农民共同协调，协商解决”的，无论哪一类专业合作社都不足20%（见表5-17）。这个问题比较隐蔽地了解了农民可能采用的“集体上访”解决问题的可能性，该比例与上一个问题的答案基本一致，说明专业合作社农民中比较少的人有联合其他人“集体上访”的意识。

表5-17　社员如何反映村民自治中的问题　单位：%

	参加村民大会发表意见	直接找村干部交涉	向县、乡人大代表或上级部门反映情况	联合其他农民共同协商解决	不去反映
A类	37.2	33.6	4.0	19.0	6.2
B类	28.0	28.7	14.3	19.8	9.2
C类	17.8	25.9	21.1	15.0	20.2

表5-17显示，社员选择“参加村民大会发表意见”“直接找村干部交涉”“向县、乡人大代表或上级部门反映情况”的比例在65%~75%，表明社员的政治参与活动是比较理性的，基本上都属于制度化参与方式。

此外，问卷还设计了一个比较隐蔽的问题，请被调查者回答对“他人通过送礼获得好处”的看法，来测量他们是否会采用“行贿”这种非制度化参与方式。“谁也不愿意送礼，没有办法而已”和“从上到下都这样，无所谓”暗含了这些社员很有可能会通过私下接触的方式解决问题，因为问及的是“他人”的事情，因而能较真实地反映社员的心理状况。数据显示，C类合作社选择这两个答案的有39.9%，A类和B类分别为18.5%和29.1%（见表5-18）。

表5-18　对于行贿现象的认识　单位：%

	谁也不愿意送礼，没有办法而已	从上到下都这样，无所谓	不正之风应该抵制	随着村务公开化，这种现象越来越少了
A类	9.8	8.7	56.4	25.11
B类	15.8	13.3	51.4	19.4
C类	15.9	24.0	41.9	8.3

从表中可以看出，绝大多数社员的政治素养比较高，能够自觉抵制不正之风。而且专业合作社发展状况越好，采用“行贿”方式的越少，说明社员的政

治觉悟也就越高。

（五）合作社农民参与社区治理的水平

政治参与是公民试图通过自己的行为影响政府部门决策的。对于现阶段的农民而言，在组织化程度还比较低的情况下，要想影响到高一层次的政府部门的决策恐怕还不太现实。如前所述，一些规模大的合作社，比如湖南省双峰县农村科技合作社、多年前的河北省元氏县农林牧联合会等都对县一级政府部门的决策产生积极的影响，表现在政府部门对合作社的政策倾斜或人财物的“支持”上。但对于绝大多数专业合作社而言，影响范围应在乡、村级别，因此，在问卷调查中我们以专业合作社发展是否得到乡镇政府部门、村干部的支持，作为政治参与能力和水平的体现。虽然这些“支持”可能属于上级政策使然，并非专业合作社“活动”的结果，但即使如此，在一定程度上仍然能够反映他们的影响能力和沟通能力，从侧面反映了其参政能力。表 5-19 显示 A、B 两类合作社分别有 67.5%和 68.9%的社员选择了乡镇政府“全力支持”了专业合作社的发展，还有部分社员选择了“支持，但也担心合作社势力太大”，从而影响其权威。很明显在 C 类合作社中，感受到“全力支持”的社员要少得多。不过无论哪类专业合作社，明确认为乡镇政府机构不支持专业合作社发展的比例很低，表明专业合作社在浙江的发展环境还是比较宽松的，从侧面阐述了浙江省专业合作社发展走在全国前列的原因。

表 5-19　乡镇政府对合作社的态度　　单位：%

	不支持	没有给予太多的关注，任其自由发展	支持，但也担心合作社势力太大	全力支持
A 类	1.5	24.7	6.3	67.5
B 类	0.9	19.2	11.0	68.9
C 类	3.6	48.6	15.7	32.1

专业合作社在村干部那里得到支持的情况，基本上与在乡镇政府那里得到的支持情况相同，A、B 两类合作社有 80%左右的社员认为村干部“支持并参与了专业合作社的建设”，或者“在用地、用房、用电等方面给予了帮助”。C 类合作社这一比例只有 46.7%，但明确表示“个别时候不支持”的也只有

8.5%（见表5-20）。

表5-20　村干部在合作社发展中的作用　　单位：%

	支持并参与了专业合作社的建设	在用地、用房、用电等方面给予了不少帮助	不支持也不反对	个别时候不支持
A类	60.6	21.2	14.1	4.1
B类	49.7	26.5	19.9	3.9
C类	27.6	19.1	44.7	8.5

可见，专业合作社大都得到了乡镇政府、村干部的大力支持，在一定程度上说明专业合作社具有较强的政治活动能力，能够引起“官方”的兴趣，在发展过程中享受到更多的优惠。

第三节　农民合作社参与社区治理有关讨论

通过对浙江省级示范专业合作社农民政治参与状况的问卷调研，我们基本了解了目前专业合作社农民的政治认知、参与水平、参与动机、参与态度等有关问题。从中可以发现专业合作社农民的整体政治参与意识、参与水平虽然还不是很高，但随着专业合作社经济实力的增强、民主制度的完善，专业合作社农民的政治参与水平必定会得到相应提高。

（一）经济功能成为农民合作社参与农村社区治理的基础

根据农业部发布的数据，2006年全国农民专业合作组织经营服务盈余325亿元，平均每个成员获得盈余返还和股金分红收入381元，成员农户收入普遍比非成员农户收入高出20%左右。浙江是农业部2003年确定的全国唯一的农民专业合作组织试点省，据2006年浙江省农业厅对全省323家农民专业合作社的问卷调查，78.01%的社员人均年纯收入高出当地平均数，其中49.03%的社员人均年纯收入高于当地平均数15%~60%，13.64%的社员人均年纯收入高于当地平均数1倍以上①。本书调查显示，合作社在带动农民增收上确实发挥了重要作用，即使是在发展不充分的合作社中，表示收入有增加（有一定增加和有明显增加）的农民占66.1%，而相对较好的A类和B类合作社中，高达91.5%和82.7%的农民都表示收入有了明显增加。调研中，我们真切感受到这些社员对于合作社的感激之情，肯定合作社对于他们生活的改善发挥着重要作用。

农民是最务实的，谁能够给他们带来好处，他们就拥护谁。专业合作社为农民带来实实在在的收益，在群众中产生了强大的号召力。吉林省梨树县夏家农民合作社社员李志勇说："合作社不仅组织我们去找市场、闯市场，让我们多赚钱，在生活上还处处帮助我们。谁家有困难，只要找到合作社，能帮的肯定尽量帮，或者号召大伙共同去帮助。合作社的干部们就像家长一样，处处关心、帮助我们。"在这些村子里，农民合作社带头人的号召力已经远远超过了村委会主任。李志勇说："现在国家不收我们税了，还给补贴，只要我们不犯法，村干部就不能把我们怎么样。有什么难处几乎没有人找村干部帮忙，即便找了也是自找没趣。跟合作社一比，差距太大了。所以很多时候村干部召集大伙开会，喊破了嗓子也没人愿意去。"（王晓明、范迎春等，2006）

经济上的强大作用，为合作社介入农村社区治理乃至更高层次的政治参与奠定了坚实的群众基础。在回答"如果合作社骨干成员参与村委会竞选，你的态度如何？"时，只有7.5%的社员不支持合作社干部参加村干部的竞选，因为"担心他走了以后会影响合作社的发展"，而59.3%的人表示全力支持，因为他们认为这样对合作社的发展更有利。可以肯定，一旦社员认识到，合作社领导介入到社区治理中更利于合作社的发展，那么他们就会全力以赴支持合作社领导的竞选活动，成为合作社领导参与农村社区治理最坚实的群众基础。

我国的农民合作社在经济领域的确展现出了强大的功能，那么，它们会不会像国外的农民合作组织那样，在承担经济功能的同时，向社区治理以及其他政治领域发展呢？闫威、夏振坤（2003）提出，从国内看，包括铁路、电信、石化等工业行业和包括政治精英、经济精英、科教精英等的城市群体已经或正在形成各自独立的利益集团。可反观占全国人口70%的"三农"群体，除政府以外，居然没有一个真正意义上能为自己说话、争取自身权益的利益集团。目前虽然也有形形色色的专业化合作组织（如技术指导协会等），但大多流于形

① 浙江省农业厅课题组．从323家合作社看浙江农民专业合作社发展［J］．农村经营管理，2007（8）．

式且规模太小，或异化为政府职能部门（有的就是由政府直接牵头举办的），没有充分代表农民去争取应有的公共决策参与权或话语权。正是由于农民缺少自己有组织、有力量、掷地有声的“代言人”，才造成在公共政策决策中缺乏发言权，在分配与再分配活动中缺乏主体性。在中国，“最软弱无力的集团”主要就是农民群体，而造成农民处于社会结构金字塔底端的深层次原因，就在于广大农民不是以组织化的形态，而是一个个单独地面对一整套国家机器与社会各利益集团。而组建中国的农业利益集团，通过在法律的框架内就“三农”问题进行利益表达与矛盾疏导，不仅可以逐步恢复农业的造血再生功能，而且可以避免基层矛盾的极端式触发，在政府、社会各利益集团和农民之间构筑起缓冲与调和的通道，有着巨大的政治、社会与经济意义。这里分析的是农民合作社在宏观层面的政治诉求，目前就讨论农民合作社作为一个“压力集团”来参与政治活动的可能时机尚未成熟，但是如果把视野放在农村社区中，那么，农民合作社的参与就具有了现实意义。

任何经济组织壮大后，都会成为政治上的利益集团，通过政治参与寻求有利于本集团发展的政策环境和法律环境，在农村社区领域，农民合作社已经成为重要的经济力量，那么理论上就具备了参与到农村社区治理中的动力和能力。通过调查我们了解到，尽管我国的农民合作社起步比较晚，发展水平还不高，主要功能还局限在经济领域，但是，随着实力的不断壮大，农民合作社已经开始向经济以外的领域渗透，参与社区治理和其他的政治活动已经初露端倪。

（二）农民合作社负责人步入政坛参政议政

现在一些地区都在鼓励专业合作社负责人参与到乡村建设中来。比如 2006 年湖南桃源县就选拔了 352 名农村产业大户、专业协会负责人担任科技副村主任，以增强基层组织建设新农村的战斗力。各村根据自身经济条件，为这批科技副村主任落实了 2000~4000 元的报酬待遇。不过 75.5%的科技副村主任表示放弃这份工资，他们认为能在这个岗位工作，一方面是组织和群众的信任，个人富了也想为农民群众办几件实事，另一方面通过发动群众把产业做大、把协会做强，自己从中也间接得到了收益。可见，农村的“经济强人”对于从事农村建设有着比较高的热情，而且这种参与农村建设已经同个人的成就需要联系起来。可以设想，依靠自己的能力和广大合作社社员、农民群众的大力支持，这部分人必将在农村基层政治中发挥重要的作用。得益于中央对“三农”问题的重视，一些影响范围大、经济效益好的农民合作社负责人在政治上获得了很多荣誉，也得到了参政议政的机会。我们采访过的农民合作社负责人中，临海涌泉柑橘专业合作社理事长冯贻法为浙江省人大代表；建德市三都西红花专业化合作社社长王根法为浙江省人大代表；双峰县农村科技合作社理事长王运芳为湖南省政协委员；瑞安市梅屿蔬菜合作社黄则强为温州市人大代表、瑞安市人大常委；河北省元氏县农林牧联合会会长刘印法为石家庄市政协委员；诸暨市绿剑茶业合作社马亚平为绍兴市政协委员；上虞沥海孔氏菜业合作社孔满祥为绍兴市政协委员；天目生猪合作社理事长鲍文华为临安市政协委员；平湖市四季对虾合作社社长钟金才为平湖市政协委员；东村青梅合作社理事长蔡家苗为绍兴县人大代表；临海市上盘西兰花产业合作社徐友兴为临海市党代会代表；富阳市顶顶水果合作社孙宏根为富阳市政协委员。当然这还只是我们根据互联网公开信息的初步统计，肯定会有遗漏，并且还有不少作为乡镇人大代表的信息我们还找不到。不过，依然可以看出农民合作社的负责人已经开始步入政坛，在不同层面上开始参政议政。随着人数的增加，农民合作社在政治领域的呼声会逐渐增强，也会为合作社自身发展、农民利益的维护创造条件。

（三）农民合作社成为农民政治素养的培育场所

整体素质低是制约农民政治参与水平的重要因素，农民合作社的发展，为农民素质的提高创造了条件。农民合作社最大的特点是“民办、民管、民受益”，每个合作社都要求制定章程，理事会、监事会职责，社员代表大会职责，以及培训、财务管理、分配等制度，对规范社员行为、实行民主集体管理起到积极作用。“社兴我兴，社衰我衰”，社员都有参与民主决策、进行民主监督的主观愿望和内在积极性，在直接参与合作社的生产、经营、管理和监督实践中，逐步增强参与意识、民主意识。可以说民主管理是农民合作社文化的重要组成部分，合作社是农民进行自我教育、加强民主管理、实行民主自治的学校，是培养农民民主意识、参与意识和协作意识的有效场所，是提高农民素质的重要途径。

（1）民主意识的培养。浙江省农业厅的调查显示，323 家合作社中，多数实行一人一票的民主决策方式，表决方式按一人一票的合作社占 64.38%，按一股一票的合作社占 12.81%，按生产经营规模比例入股并按股投票的合作社占

3.13%，有些是按一人一票、有些是按股投票的占11.56%，按交易额与股金额结合实行一人多票的占6.56%，其他占1.56%①。可以看出，大多数合作社实行的是一人一票制度，这样就保证了合作社社员的发言权。我们的调查同样显示了合作社社员的民主意识有了大幅度的提高，只有17.7%的被调查者认为合作社的重大事情应该由“主要负责人做决定”，而选择应该由“理事会集体决定”和“社员大会集体决定”的分别为23.7%和58.6%。可以看出，82.3%的社员认为合作社的事情不应该由少数人决定，应该坚持集体决策的原则。合作社社员民主意识大大增强，主要原因在于与人民公社时期和联产承包责任制实施初期相比，合作社社员在民主参与管理方面的机会要多得多。温州洞头县远大海水养殖合作社黄振贤理事长对课题组调研员说：“现在我们的管理方式很民主，合作社设有监理2人、理事3人，还设有1个监理会，由全体社员推选的10余个代表组成。监理会经常召开会议讨论一些日常管理问题，比如养殖什么产品会比较有经济效益，对现有产品进行产品核算，商讨改进方法等，但是当监理会讨论出一项决议时，必须经由社员大会全体社员全部讨论通过方可成形。现在和以前不同了，大伙的民主意识都比较强，因此我们的管理工作也力求公开化、透明化，当然在这一方面我们确实做得不错，社员们都非常肯定我们的工作，相信我们的领导。”

（2）参与意识的培养。民主管理的原则也大大提高了农民参与合作社事务管理的积极性。合作社和社员之间利益关系密切，每个人都有参与民主决策、进行民主监督的内在愿望，广大社员在直接参与合作社的生产、经营、管理和监督实践中得到民主思想的锤炼。宁波鄞州西凤竹业合作社理事长李世明对课题组调研员说：“合作社的社员是自我管理、自我服务、自我发展，我们又有自己的组织机构和运行机制，都是按照规章来办事。社员大会是合作社的权力机构，合作社社员依据章程规定，参与对合作社的控制、决策和管理。合作社的理事会、监事会由社员大会选举产生，向成员大会负责并报告工作，每个社员都享有一人一票的基本表决权，合作社的重大事务都要按照少数服从多数的原则进行表决，确保成员参与决策的民主权利。这样，社员成为合作社的真正主人，他们对合作社的事务也就非常关心，参与意识大大加强。”李世明开玩笑说：“现在社员是老板，理事长是社员聘请的高级打工者，理事会是给社员搞服

① 浙江省农业厅课题组．从323家合作社看浙江农民专业合作社发展［J］．农村经营管理，2007（8）．

务的。合作社的大小事，社员说了算，理事会的所有成员没有任何特权随意确定合作社的每一件事情，社员如果对理事长的工作不满意，可以马上解雇理事长。”

社员参与合作社事务的热情，从问卷结果中也可以反映出来。在“你是否愿意担任合作社干部”问题的回答上，有 71.9%的社员表示愿意担任合作社的理事、监事等职务，再加上 9.2%的人已经是合作社干部，那么，愿意参与合作社管理工作的社员高达 81.1%。勇于承担更大的责任，是现代人的一种标志。由此可以看出，合作社在社员参与意识培养方面有重要作用。

(3) 协作意识的培养。合作社的出现，改变了马克思所说的“一麻袋土豆”的农民形象。2006 年，嘉兴平湖四季对虾合作社一名社员养殖的虾苗突然生病，死得所剩无几，巨额投资付之东流。正在他感到绝望之际，一个社员知道了，马上把这个消息传了出去，一传十，十传百，大家自发地到他的养殖场去帮忙，有人帮忙干活，有人提供资金给他买虾苗，技术员帮他解决技术问题，使他很快恢复了生产。如果没有合作社，这样的现象不可能出现，这充分体现了社员的互助精神、协作精神。杭州桐庐县钟山蜜梨合作社陈新照社长对课题组调研员说：“合作社毫无疑问增强了农民的团结意识，原来我们这里的农民是自己卖自己的，有了合作社之后，农民自己家的梨卖完之后，会去帮其他农民卖，帮别人摘梨子、挑担子。合作社培养了农民一个很强的意识，大家好才是真的好。”

为了培养农民的协作意识，温州瑞安市梅屿蔬菜合作社的负责人煞费苦心。刚开始的时候，以培训的形式为主，后来发现效果并不好，农民的自身素质过低，理念灌输的方式作用不明显。后来，合作社几个负责人商量，改用了座谈会的方式，让农民在会上尽情地表达自己的想法，然后进行总结，使协作意识一点一滴地进入农民的头脑，进行观念更新。同时加强服务，让农民在得到切切实实的服务中感受到合作的必要性。

合作社的发展，对社员进行了民主教育和培训，增强了农民的民主意识、参与意识和协作意识，提高了农民的整体素质，为今后农民的政治参与奠定了人才基础。可以说，农民合作社是农民进行自我教育、加强民主管理和实施民主自治的学校，是提高农民素质的重要途径。

（四）依托组织力量，影响基层政府决策

西方国家不同的利益集团包括农民合作经济组织，往往通过“院外活动”来游说国会议员，从而影响立法活动。有的政府部门还与农民建立了直接的沟通渠道，给予农民“体制内”的话语权，让其直接参与到政策制定中来。我国的农民组织化程度低，还没有形成对政府部门决策有影响力的“压力集团”，自然不可能有类似的“院外活动”存在。政府部门在决策时，听取农民的呼声也远远不够。不过，一些近来发展起来的农民合作社，依靠在带动农民致富、发展当地经济中的重要作用，初步具备了影响基层政府决策的能力。

调查结果展示了农民合作社在这方面的积极作用，数据显示，农民合作社社员的非制度化政治参与倾向还是比较低的。当问及“县、乡政府机构出台了伤害农民利益的政策后”会通过什么途径反映问题时，选择“集体上访形式”的比例较低，尤其是A类合作社，只有15.8%的人可能通过这种方式来反映问题。即使C类合作社，也只有27.9%。更多的人选择了通过新闻媒体、找人大代表反映情况等制度化参与形式。尤为可喜的是，三类专业合作社都有相当多的人选择了通过自己的组织来解决问题，A类合作社达到了41.0%。无疑，发展农民合作社有利于形成合理的农民利益表达途径，对减少农民非制度化政治参与、缓和社会矛盾与冲突有着积极的现实意义。

我们在调查中，也发现了一些具有实力的农民合作社干预地方政府决策、改善农村社区治理的案例。河北元氏县农林牧联合会是20世纪90年代初发展起来的农民合作经济组织，曾经获得“全国星级农村专业技术协会”“全国农业产业化示范协会”等荣誉称号。联合会在全县范围建立起了“联合会—专业协会—村级合作社—会员户”四级服务组织体系。到2000年，协会在元氏县及周边县域成立了以村为单位的234个村级“科教兴农专业合作社”，聘用了79名专职科技服务人员，21650户会员。强大的组织资源，成为联合会积极影响政府部门决策的基础。鉴于联合会在本县农村经济社会发展中的作用，元氏县委、县政府每次召开农村、农业会议，都会邀请联合会的领导参加。针对联合会的发展，县委、县政府专门制定政策，在财政拨款、贴息贷款、自筹资金、争取上级项目资金方面给予支持，保证联合会这样的民营科技企业在投资决策、生产经营、劳动人事等方面享有充分的自主权，任何部门不得以任何借口干涉，对侵害民营科技企业合法权益的部门和个人都会依法追究责任。

湖南双峰县农村科技合作社也是个近万人的合作社，在全县建立了16个乡镇联社、320个分社，7个专业合作社，建立科技示范基地30多个共5000余亩，发展各类科技示范户2600多户，吸纳社员8750人。合作社的发展在当地引起了良好的社会效应，政府部门也给予了大力支持。每年要召开专门的会议，并下发红头文件。针对合作社提出的问题，双峰县县委、县政府每年召开专题会议来研究解决。会议还邀请农村科技合作社的同志列席参加。社员代表大会提出的议案，政府部门会明确地予以答复。此外，只要有需要，县里还召开专门的工作会议来解决合作社的问题。比如2007年4月25日，双峰县县委书记就召集有关县处领导、县直单位及农村科技合作社主要负责人在县农村科技合作社会议室召开办公会议，专题研究农村科技服务体系建设的问题，并且发布了《中共双峰县委常委办公会议纪要（〔2007〕第10次）》，督促各部门落实会议精神。可以看出，该合作社具有较强的政府协调能力。

这两家合作社之所以能够影响到县一级政府的决策，为自己创造一个有利的发展环境，关键在于它们都有强大的组织资源，在群众中有非常强的号召力，从而能引起政府部门的高度重视。

（五）作为基层政府农村工作的“抓手”

国外对农业的支持资金，许多是通过合作社落实的。更有甚者，比如日本的农协，很多业务是执行政府任务：协助政府实施农业生产结构的调整、支农贷款的发放、自主米的流通及自主米收购资金的管理等。农民的合作经济组织发展到一定程度，政府部门就会利用它作为“三农”工作的工具，这一点在日本、韩国、东南亚等都得到了证实。

我国的农民合作社还没有形成规模，还不能指望其替政府承担多少职能，但是对于有些发展较好的农民合作组织，政府部门依然可以利用它们来提高行政效率，解决目前政府部门为农民服务缺乏有效的“抓手”问题。

养蚕业是浙江兰溪市梅江镇的重要支柱产业，养蚕给当地农民家庭带来30%以上的收入。然而，由于前几年蚕种管理失控，私人发种的越来越多，品种混杂而且发种时间也不统一，造成蚕茧收购时间长，蚕茧质量参差不齐，不能为缫丝企业提供优质的原料茧。而且由于蚕茧贩子活动猖獗，扰乱了正常的收购秩序，人为地破坏了蚕茧质量。为了规范当地蚕茧生产、流通秩序，当地政府做了多项工作，可是收效甚微，最后还通过成立蚕茧合作社的途径解决了这一难题，使得梅江的蚕茧产业步入良性循环轨道。梅江蚕茧专业合作社于2004年5月25日成立，是由兰溪市供销合作总社与梅江镇59个行政村的1581户蚕农共同投资创建，现在社员发展到了3270户，带动周边农户5000多户，带动当地农业产值1500多万元。合作社由镇政府、供销社主管桑蚕工作的干部以及养殖大户构成，带有一定的官方色彩，但由于运作上完全按照合作社的原则进行，因此又是地道的合作经济组织。合作社成立后，开展了一系列活动，规范蚕种发放、强化技术培训、推行民主管理、统一收购蚕丝、发放蚕种补贴等，一系列政策促进了梅江蚕茧产业的发展，蚕茧收购价格稳定，市场秩序良好，产品质量提高，蚕农收入增加，使梅江的蚕茧产业步入快速、健康的发展轨道。如果不是借助专业合作社的运作机制，很难取得这样的成果。

1998年，河北元氏县委、县政府专门下达文件，提出大力开展“521工程”，即用“农林牧养加”5个方面的技术，涵盖200个村，10000户农民，使农民的整体素质有一个提高。这项工作由县农林牧联合会负责具体实施。该年冬季，由联合会的30多名专业技术人员（全部是大中专毕业生）组成“科教兴农巡回演讲团”，历时一个月，足迹遍布全县的208个行政村，手把手地向农民传授种养技术，不厌其烦地进行示范，普及人数达20万人次，取得良好的社会效益。这种大规模、细致入微的科普工作是一般的政府职能部门难以做到的。

（六）充分发挥集体力量，积极维护农民权益

过去农民没有真正属于自己的组织，在同政府部门打交道的时候即使吃了亏，也没有很好的途径解决。合作社成立后，农民的谈判能力大大提高。合作社代表农民与有关部门交涉，效果要好得多。

宁波慈溪市观海卫镇高背浦渔业合作社王国周理事长说：“2007年上半年，我们合作社的一位社员突然收到一份来自政府有关部门的通知，告诉他经营的一大块滩涂被划入今年的围涂区域。那位社员的养殖规模正处于增长期，如果养殖区域被围涂，虽然可以得到一笔不菲的一次性经济补偿金，但不利于社员的长远发展。”考虑到社员与政府部门交涉的难度，理事会商议决定由合作社出面同海洋局、国土资源部门商谈，争取将一次性经济补偿改为调换邻近地区条件相似的滩涂。合作社的申请得到了有关部门的高度重视，这个问题最终圆满解决。可以想象，如果是这个农民自己去找这些部门调解，结果可能就不会这么乐观了。

合作社能够提高农民谈判中的地位，特别是《中华人民共和国农民专业合作社法》实施以后，这一点会更加突出。过去由于没有法律依据，农民专业合作社的法人资格始终不明确，无法作为独立的市场主体从事生产经营活动，其权益就不能够像其他工商企业那样得到保护。2007 年 7 月 1 日，《中华人民共和国农民专业合作社法》正式颁布实施，合作社从此有了法律依托，成为"法人"，从而受到法律的保护。被称为"农民专业合作社第一案"的河北省临漳县富民蔬菜专业合作社诉该县公安局行政违法案，就是专业合作社维护农民权益的典型案例。

2007 年 9 月 3 日，临漳县富民蔬菜专业合作社收购本社成员的韭菜准备外运太原，并租用邯郸市的运输车辆承运，当汽车行经新世纪蔬菜交易市场时，被不法分子非法扣押，并进行敲诈勒索。合作社农民多次打 110 报警，并多次给公安局的各位领导打电话，警察在几个小时后才到现场，不过运输蔬菜的车辆并没有得到放行，财产仍然在违法者的控制之下，直至第二天事隔 28 个小时后，车辆才得以放行，但蔬菜已大量损坏。由于公安局不按规定出警，对合法财产不予保护，任由违法分子横行，给该合作社造成了巨大损失，在当地群众中产生了恶劣影响。为此，该合作社委托律师向邯郸市公安局申请行政复议，并要求公安局赔偿因违法执法给其造成的损失。

案件的结果并不重要，关键是现在合作社可以理直气壮地状告那些危害农民利益的机构，维护农民权益。可以看出，合作社法颁布以后，强化了合作社的"权利"意识，其不再是一个松散的联合体，而是一个"法人"，其财产权利受到法律保护，一旦遭到侵害，可以名正言顺地申请法律保护。

（七）为社区做贡献，赢得更广泛的群众支持

根据哈佛大学出版的《西方政治学》提供的政治参与分析框架，"对社区福利的贡献意识"是衡量一个公民政治取向的一个基本指标。问卷调查显示，75.4%的社员认为合作社发展了，应该"为村子的发展做出贡献"，只有 14.5%的社员认为"不要去掺和村子里的事情"。可见，合作社农民对社区福利的贡献意识还是比较强的。事实上，合作社发展后在改善农村生产、生活条件，丰富农民文化生活，构建和谐新农村方面确实做出了积极的贡献。

杭州临安有着养猪的传统，在合作社成立之前，农村养猪大多以中小规模、家庭散养为主，畜粪污染比较严重。临安天目生猪合作社成立后，在发展生产

的同时，致力于环境的整治工作，在5个乡镇开展了生态养猪。合作社理事长鲍文华提出了“产（良种自繁）、供（饲料加工）、养（技术指导）、治（污水处理）一条龙服务，建设绿色无公害优质猪生产基地”的思路。在双坑、马山等典型的养猪村，实施了粪尿综合利用和治理项目，做到粪尿干湿分离。干粪进入封闭式发酵房堆肥发酵后作为有机肥，尿液全部纳入沼气池，沼液经过污水净化池后通过管网输送到附近桑园、林地等作为有机肥使用。他们还建造了自动气压沼气池和污水净化处理设施，通过猪粪便封闭堆积发酵产生有机肥，同时沼气用于烧饭、照明等综合利用，该项目还成为了国家专利项目。一系列措施的推行，使得养猪的综合效益大大提高，更重要的是切实地治理了养猪对农村环境污染的问题，变废为宝，形成了生态养殖，让养猪村“蚊蝇乱飞、臭气冲天”的现象成为历史。

天目生猪合作社先后为污染治理工程垫资100多万元。对于合作社为何热衷于污染防治这一“亏本”生意的问题，鲍文华有独到的见地。他说：“从长远来看，这是可持续发展的需要，天目生猪合作社涉及70多个村1150多家农户，正在创建省级无公害生猪养殖示范基地，必须这么做；从现实来说，工程实施以后，养猪环境改善了，生猪疫病也减少了，农户还可省去买化肥、燃料的费用，这有利于养猪产业扩张，我们的主业是饲料加工，猪养得多了，饲料就销得多，企业效益也就上去了。2006年，合作社生猪出栏量达11万头，饲料加工产值为2.1万吨，双双达到2001年合作社成立时的3倍，这是企业与农户双赢、经济与社会效益并举的事。”另外，合作社还就许多问题出面与政府进行沟通，开发了十几个项目，并向市政府申请到每年150万元的发展资金。

谈起参与社区建设，宁波慈溪市观海卫镇高背浦渔业合作社理事长王国周动情地给课题组调研员介绍说：合作社作为村里最大的经济组织，带动村民创造财富的同时，也不忘为村里的公共事业献计献策。2006年初，响应国家创建“和谐社会”的号召，理事会代表在村民大会上提议，通过文艺汇演、聘请宣传员等方式宣传“和谐社会”理念，并经社员大会讨论决定以合作社的名义出资帮助这项具有深刻意义的活动的顺利展开，每逢周末或者节日，村里都会上演别开生面的文艺晚会，大大丰富了村民们的业余文化生活。除此以外，例如对村里敬老院的资助、公路的修缮、自来水管道的铺设、对特困户的春节慰问等合作社都积极参与。

积极参与社区福利设施的建设，为合作社赢得了更为广泛的群众基础。高背浦村的一位老大爷激动地对我们说："渔业合作社是我们每一个村民的合作社，村里的每个人都在关注合作社的发展，而合作社也无时无刻不在为大伙儿谋福利。"可以想象，如果合作社干部参与村委会或基层人大代表的选举，不仅会得到合作社社员的支持，也会得到其他群众的支持。

总体而言，目前我国的农民合作社虽然已经开始向农村基层社区治理领域渗透，但就属性而言，仍旧是一种为农民提供产前、产中、产后服务的经济组织。不过，随着农民合作社发展壮大，其作用将不再局限于经济领域，因为任何利益集团都有通过政治参与改变发展环境的内在要求。

第六章　不同类型合作社参与农村社区治理状况

农村社区建设过程中出现了不同类型农民合作社，它们的组建方式不同，功能各异，参与农村社区治理的方式和途径也不一样，在农村社区治理中的作用也有一定的差别。目前在农村社区建设过程中，参与到社区治理过程中的农民合作社组织主要有五种类型，即农民专业合作社、土地流转合作社、社区股份合作社、社区综合合作社和居民消费合作社。

第一节　专业合作社与农村社区治理

农民专业合作社是在农村家庭承包经营基础上，同类农产品的生产经营者或者同类农业生产经营服务的提供者、利用者，自愿联合、民主管理的互助性经济组织①。自2007年7月1日《农民专业合作社法》实施10多年以来，农民专业合作社的发展非常迅速。最新数据显示，2020年5月农民合作社已经达222.5万家。总的来看，这些合作社产业涵盖粮棉油、肉蛋奶、果蔬茶等主要农产品，以及农机、植保、旅游休闲等许多领域。农民合作社已经成为构建立体式复合型现代农业经营体系的牢固纽带；已经成为引领适度规模经营发展的有效载体；已经成为农业供给侧结构性改革的重要组织力量②。这里的合作社，更多的是指专业合作社，因为现阶段我国农民合作社的发展主要在专业领域，在农业生产组织中占主导地位的也是农民专业合作社。尽管《农民专业合作社法》出台后，一些地方或者是为了迎合上级的要求，或者是为了领导的政绩，

① 2007年《中华人民共和国农民专业合作社法》中关于农民专业合作社的定义。

② 资料来源：农业部副部长叶贞琴2017年9月4日在农民合作社发展论坛上的讲话。

或者是为了套取合作社的政策红利，举办了一些“空壳”社、“僵尸”社，农民专业合作社出现了“内卷化”的情况，但瑕不掩瑜，农民专业合作社正在成长为农业产业化的中坚力量，在促进农业适度规模经营、带动农民就业增收、脱贫致富中发挥着越来越突出的作用。在这里我们专门调查了浙江省的两家从事农业种植方面的专业合作社，可以具体看出专业合作社的作用不仅增加了农民的收入，更是改善了农业的作业环境和农民的生活环境，为农村社区的健康发展做出了贡献。

一个案例是浙江泰顺县永丰植保专业合作社，该社主要负责社区内农户水稻病虫害统防统治，同时提供机耕、机插、集中育秧、植保、种子农资等服务。经过近十年的发展，合作社现有社员 148 人，工作用房 462 平方米，配备专业机械设备 110 台（套），组建 10 支服务队，队员 210 人。稻病虫害统防统治面积从 2007 年的 1511 亩，增加到 2013 年的 11365 亩，服务农户数达 4451 户（包括大户），基本覆盖筱村镇全镇。由于合作社为当地农业发展所做出的突出贡献，继 2011 年被农业部列为“全国农作物病虫害专业化统防统治示范组织”后，2012 年 10 月被农业部授予“全国农作物病虫害专业化统防统治百强服务组织”称号，2013 年获得了“市级示范性农民专业合作经济组织”称号。若由农户自行买药喷施进行病虫防护，每亩的防治成本为 130 元左右，而交给合作社进行统防统治后每亩只需 100 元，并且政府还能报销其中的 40%，也就是说每亩地合作社能切实为农户带来 70 元的经济效益。另外据 2010~2013 年的资料统计，统防区与非统防区相比，每亩地能够节省人工费用 23.4 元，可以增产稻谷近 60 公斤，为农户增收 247.91 元，新增总效益达到 1063 万元，带来的增产增收效果非常显著。

专业合作社成立初期印发了《致参加统防统治农友的一封信》，介绍统防统治的政策和技术好处，并在社区的主要街道口悬挂宣传横幅，粘贴宣传海报，联合当地农技站的工作人员和一些农业大户，到田间地头为农民讲解相关知识，或者利用宣讲会、培训会等方式向农民传播技术知识，还通过电视、报纸等进行广泛宣传，使农户充分了解合作社的统防统治业务，增强专业合作社对农民的吸引力。相比过去由农户自主开展病虫害防护，泰顺县永丰植保合作社按照“统一物资调配、统一防治人员、统一药械使用、统一防治时间、统一农药配方、统一施药技术、统一防效检查”的原则开展统防统治服务，不仅能够充分准确地把握用药时间，还能够合理使用农药的种类，相同面积土地减少了农药使用量，确保了农产品的安全，并且逐渐树立起农户的生态农业意识，保护好土地，提高土地肥力和产出力。专业合作社在保证防治效果的基础上，减少农药使用的方法，在农户中起到很好的表率作用，农户纷纷采用科学的方法用药，稻田生物结构得到有效改善，田地种类和数量都有增加，自然控害的作用得到发挥，生产环境得到明显改善，土地的肥力和农作物产出率得到提高。经过永丰植保专业合作社的统防统治，该镇农田用药总量减少，高、剧毒和高残留农药的使用频率大大降低，农产品质量安全得到稳步提高。2010~2013 年的统计资料显示，统防区与非统防区相比，每亩减少防治次数 1.23 次，减少农药使用量 229.5 克。据该专业合作社负责人介绍，统防区亩均用药量一般在 500 克左右，每亩用药量比非统防区减少 200 克。而且，专业合作社还严格按照植保专业规范规程操作，及时收回遗留在田间地头的农药包装物，有效杜绝农药残留问题，避免了对农业形成长期污染，确保了农产品安全。防治工作结束后，专业合作社的农技人员会及时对各组服务片区进行检查，检测施药的数量、质量和效果，如果发现不达标的地块，就会立即补治。工作人员还将防治期间的日期、人员、天气、机型、药剂配方、用药情况、病虫害发生情况、水稻生长情况等进行完整的记录，建立专门的档案材料以备以后的核查。专业合作社为农户提供了完善的产前、产中和产后服务，充分保证了统防统治工作的科学、高效展开，农户亲切地称合作社为“田保姆”。可以看出，永丰植保专业合作社一方面带动了农民收入的增长，另一方面也最大限度地保护了农地，还为农村的生态建设做出了贡献。

另一个案例是杭州广农粮油专业合作社联合社，该社 2015 年 8 月正式成立，是由多个专业合作社共同组建的联合组织。虽然成立时间不长，但联合社很快就发展成为政府部门与农户之间的重要桥梁。成立之初，联合社做好了四个方面的工作：一是加强调查服务，积极做好上情下达、下情上呈工作。联合社在成立初期，就对各镇街、各成员社进行粮油生产（服务）情况调查，细致了解各成员社的种植结构、种植（服务）面积、农机配置、农资储备以及合作社社员等基本情况，并建立了基础台账。开展年度农机购置计划、种植结构调整、农资储备等情况的调查，听取成员社发展粮食生产所遇到的困难和对联合社的工作建议，为政府出台粮食生产扶持政策提供决策依据。二是反映社员心声。针对部分成员社对执行农机购置补贴政策的不同意见，联合社专门组织工作人员赴杭州金牛农机服务合作社、杭州丰收粮油专业合作社等成员社进行了专项调查，在综合各成员社反馈意见的基础上，撰写了《关于联合社成员反映农机购置补贴问题的调查报告》，上报区财政局等政府部门，引起了相关部门的高度重视。另外，成员社社员可通过“直供绿卡”向杭州萧山农业生产资料有限公司优惠采购农业生产物资（种子、化肥、农药等）。三是组织考察交流。2015 年时萧山部分地区水稻穗颈瘟发生严重，联合社就组织成员参加了由省农科院举办的“浙粳 98”“浙粳 99”新品种推广会，组织到上虞、海宁、德清等地考察抗稻瘟病、稻曲病的水稻新品种，为成员社改良种植品种、促进增产增收提供了学习交流的平台。四是开展技能培训，探索服务新方法。联合社会同萧农植保合作社组织萧山南片各镇街的种粮大户、合作社、家庭农场负责人 70 余人，在浦阳镇举办了萧山区首场小麦无人机植保作业现场演示观摩会，为下一步飞防新技术在水稻病虫统防统治服务上的推广应用奠定了基础，已落实飞防意向面积 5000 亩次。同时，为加快推进萧山特色的农业现代化工作，联合社组织社员参加萧山区首届种子种苗展示大会，为社员推荐新优品种 58 个，并结合农业部门开展技术培训，提高社员的生产技术。联合社作为农机部门、蔬菜种植大户和粮食种植大户三者之间的桥梁，正在逐步引导部分有实力的、有技术的种粮大户由稻麦种植向菜稻轮作转型。

另外，杭州广农粮油专业合作社联合社建立政府与联合社（农户）双向、契约式的补贴发放机制，承接了粮食生产财政扶持资金的发放工作。一是根据萧政办发 73 号文件精神，配合区农业局完成区粮油规模种植补贴审核工作，共有 90 名社员享受了提高标准后的规模种粮补贴，平均每亩粮食作物增加了补贴收入达 30~70 元。二是协助区农水局完成区农机社会化服务补贴和购机补贴的审核工作，使成员社购买农机最高可享受 90% 的补贴。三是完成对全区病虫统一防治服务补贴审核工作，将补贴资金全部及时准确地发放到位。四是完成全区农业产业建设项目资金发放工作，其中创意农业类项目 2 个，品牌提升类项目 2 个，示范基地类项目 4 个，合计收到补助资金 108 万元，并全部拨付给通过项目验收的成员社。五是完成全区春粮规模种植补贴面积核实工作，对 13 个镇街共计 8000 余亩的春粮种植面积进行实地丈量和核实，确保了财政补贴政策的正确执行。六是做好夏季粮食种植面积核实。联合社对 11 个镇街的 24 名大户（农业企业）进行了夏季粮食种植面积的实地勘察和丈量核实工作，共计审核面积 2600 余亩，其中旱稻 1002 亩，大豆 1199 亩，玉米 302 亩，其他粮油作物 120 亩。联合社作为财政支持粮食生产综合改革的重要载体，使农业补贴政策体系变得更为科学、规范、系统化。

杭州广农粮油专业合作社联合社还加强了与政府部门的沟通，充分发挥成员合作社的人才、设备和技术优势，全力打造集“良种引进、试验示范、农技推广、病虫防治、农机作业、素质培训、信息交流、资源调配”于一体的综合性平台，形成服务粮食生产的集合圈，开展粮食生产的“耕作、种植、管理、收割、加工、销售”全程托管或半托管的服务形式，着重解决谁来种以及怎么种的问题，提升粮食生产的组织化、服务社会化水平。在与政府部门的紧密配合下，联合社的发展将种粮大户和专业合作社有机地联合起来，形成规模优势，构建起有效的试验示范、病虫防治、农机服务和栽培技术等合作交流平台，拓展了服务功能，加快了农业技术的推广，提高了粮食生产的组织化程度，提升了社会化服务水平。同时，也使政府的惠农政策高效地惠及到农民那里。①

第二节　土地流转合作社与农村社区治理

土地流转合作社是指在家庭承包经营的基础上，为解决土地零星分散、效益不高、市场信息不灵等问题，农户与从事农业生产经营的组织自愿联合、民主管理，以土地经营权入股，或委托代耕等方式进行集中统一规划、统一经营的互助合作经济组织。土地流转合作社以股份制和合作制为基本形式，集体拥有土地的所有权，农民拥有承包权，合作社拥有经营权，农户按入社土地面积从合作社获取分红收益。土地流转合作社仍然坚持合作社的基本运行规则，但又不同于普通的农民专业合作社。参加土地流转合作社的农户是以土地承包经营权参与合作社经营活动，合作社最终采取的是规模经营形式，可以自己经营，也可以委托给其他大户或主体经营。专业合作社的联合通常是同类农产品或服务的提供者，而土地流转合作社强调的是相邻性，通过土地的连片经营，获得规模效益，解放出劳动力，因此说土地流转合作社更加符合新型农村社区建设中提高土地使用效益的需要。新修订的《农民专业合作社法》，没有了只能以货币资金出资方式加入农民专业合作社的限制，明确土地经营权、林权等非货币财产也可作价出资，这一规定为土地流转合作社的广泛兴建扫除了政策障碍。

由于家庭联产承包责任制划小了土地生产单位，土地规模经营受到了限制，农业现代化的推进遇到障碍，尤其是在一些土地等级比较复杂的农村，为了平衡好地和差地分配，土地被分解得支离破碎，现代化的农业机械、农业技术得

① 本章介绍的农民合作社案例绝大多数由课题组调研员实地调研获得。

不到应用，通过土地流转扩大经营规模成为必然选择。早在 2008 年 7 月，山东省第一家农村土地流转合作社，即枣庄市山亭区全崮山土地流转合作社诞生。该土地流转合作社是在不改变家庭联产承包责任制基础上农业生产组织形式的创新，它的组建就是合作社、村级组织和农民合作的产物。全崮山土地流转合作社是依据《中华人民共和国土地承包经营权流转办法》《中华人民共和国农民专业合作社法》成立的一种新的农民合作社形式。合作社由该镇的土山村、柿行村两个村的农民按照“入社自愿、退社自由”原则，以土地承包经营权入社，合作社和农户签订土地流转合同，农户把自家经营的土地、果园交与合作社经营，年底分红。合作社发展入社农户 280 户，入社土地 1722. 3 亩，其中板栗园 972 亩，花椒园 386. 7 亩，桃园 139. 2 亩，核桃园 102. 5 亩，种粮耕地 121. 9 亩。

益民土地托管专业合作社是山东省平原县前曹镇的一个土地流转合作社。该镇有耕地 11 万亩，农户 1. 34 万户，农业人口 4. 86 万，劳动力 2. 2 万，但是劳动力全年在家务农的不到 1/3，其余劳动力或外出经商或外出打工，造成了农村劳动力短缺，土地粗放种植，有的甚至撂荒，外出农民土地流转需求很强烈。因此，该镇以镇种子站为依托，于 2009 年 7 月成立了益民土地托管专业合作社。合作社采用菜单式托管、全程式托管和承租式托管等方式，托管土地面积超过了 40000 亩。“菜单式托管”主要针对季节性在外打工和劳动力不足的农户，由合作社提供耕、种、喷药、送肥、收割等可供农户自由选择的菜单，服务结束后根据服务数量和质量收取费用。“全程式托管”主要针对长期外出打工或无劳动能力的农户，根据农户种植意愿确定种植的品种以后，实行从种到收的合作社全过程的生产服务。“承租式托管”主要针对主要劳动力外出的家庭，将土地以出租等形式流转给合作社，合作社经营承租的土地或者转包给一些龙头企业、经营大户或其他经济组织经营，实现规模经营，提高土地收益。

经过几年的实践，农民尝到了土地流转的甜头。在新型农村社区建设过程中，土地流转合作社的作用更加凸显出来。山东省新型农村社区建设的做法表明，引导农民成立土地股份合作社，通过土地入股的方式将打乱“编制”的农民重新组织起来，是在坚持集体产权制度基础上创新农村土地经营方式，使农民在“形式”上聚集在一起的有效途径。在土地流转合作社的基础上，开展各种类型的专业合作，兴办集体经济，就有了坚实的“土地”根基。农民的集中居住不是新型农村社区建设的根本目的，通过集中居住，在提升农村居民的生活品质的同时，达到节约土地、增加农民收益、积极推进农业产业化的目的。

如果仅仅是为了集中而集中，就失去了新型社区建设的意义。山东省在新型农村社区建设中的经验就是“两区同建”，即农村居住社区和产业园区同步建设，结合“两区同建”工作，以土地流转为动力，按照“每个社区都有主导产业、每个主导产业都有产业园区”的思路，在建设农村社区的同时，通过土地流转、旧村复垦、产业招商等方式加快产业园区建设，促进农民就近就业增收，这一做法两次得到李克强总理的批示。

“两区同建”最早是德州市的实践创新。德州市辖 8319 个行政村，500 人以下的村占 57%。行政村规模小，导致村级组织运转成本高，农民负担重；很难选出有能力的带头人，村级班子力量偏弱；基础设施建设成本高、效果差；农村宅基地占地过多，浪费严重等问题。新型农村社区的建设是解决这些问题的一种方法，德州市的做法值得借鉴。2010 年，德州市做出农村居住社区和农村产业园区同步建设、同步推进的战略部署，同时推动农民集中居住和农村经济集约发展，促进农民生产方式和生活方式的“两个转变”。建设新型农村社区除了生活居住区外，还要建设生产区。德州将全市 8319 个行政村规划合并为 641 个新型农村社区并居点，并按照每个社区都有产业园区的思路，在编制全市社区建设规划时，一并规划出农、工、商等产业园区 1500 多个，把传统农村建设成现代农民幸福生活的美好家园，让农民在“安居”的同时还要“乐业”。合并村庄转变了农村的行政管理体制，社区建设转变了农民的生活方式，产业园区建设则直接提升了农业生产力。比如齐河县宣章社区依托龙头企业建设了 3 处产业园区，其中的双千亩蔬菜种植示范园区流转了 4 个村庄 2500 亩土地，实现了土地集中连片发展品质蔬菜产业，同时配套建设了日加工蔬菜 200 吨、冷藏保鲜能力 2000 吨的冷链物流项目区，可安置社区劳动力 1500 人，亩均增收过万元。大黄社区同步建设了食用菌规模产业园，入驻食用菌生产企业 12 家，安置社区群众 2000 人。截至 2015 年底，德州市已累计建成和在建农村社区 378 个，入住农户 30 万户，建成了 876 个农村产业园区，德州农民合作社达到 12969 家，土地流转面积占耕地面积总量的 31. 1%，30 万农民就地就近就业有了保障。两区同建让更多农民实现了就近就地城镇化，改善了居住环境，改变了生活习惯和思维方式，提高了幸福指数。

“两区同建”使农民不再受土地的束缚，采用土地流转合作社的方式，推动土地向粮食种植大户和专业合作社进行流转，为农业现代化创造了条件，有利于实现农业规模化、集约化、机械化。新型农村社区建设不能强迫农民集中居住，农民自己都有本经济账，划不来就不乐意去做。德州市“合村并居”新型农村社区建设，不是简单地进行村庄合并，逼农民“上楼”，而是通过土地整理，变现土地的价值，让农民在没有太大经济负担的情况下搬到新居里，同时还重点解决了农民就业问题。土地流转中以社区为基本单元，整合土地、劳动力等资源要素，规划建设特色产业园区，通过鼓励工商产业资本和项目下乡，推动社区的融合发展，促进农民就地转移就业。

德州市从“合村并居”上升为“两区同建”，加强农村产业园区建设，为农民“乐业”提供条件与机会。合村并居，即打破农村原有的行政村或自然村的地理分布和行政区划，通过人为规划调整的方式，到特定地点合并集中居住。“两区同建”，在实行“合村并居”的同时，通过土地整理、住宅建设、产业发展等方式，开展农村社区建设和产业园区建设，实现农村公共管理的社会化和现代农业产业化。“合村并居”建设新型农村社区是一项系统工程，保障措施到位，改革才能顺利推进。德州市的经验告诉我们，新型农村社区建设中一定要关注农民生活问题，而这一问题的根本解决是要发展农村生产力，这一过程中，提高农业产业化水平又非常关键，需要从原来承包经营的分散经营状态走向适度集中，发展规模经济，提高农业的现代化程度，发展特色产业，兴办各类副业、加工业，这就需要妥善解决农民的土地流转问题，确保农民对土地收益的长期权益，土地流转合作社就成为解决这一难题的有效途径。同样是山东省，个别地市的做法可能并没有像这个时期的德州那样，在发展新型社区的同时，高度重视产业的发展，从而引起农民的不满。

第三节　股份合作社与农村社区治理

2016 年 12 月 26 日，中共中央、国务院颁布了《关于稳步推进农村集体产权制度改革的意见》，提出用 5 年左右的时间基本完成农村经营性资产股份合作制改革，将农村经营性资产以股份或者份额形式量化到集体成员，以此作为农民参加集体收益分配的依据。改革目标是，逐步构建归属清晰、权能完整、流转顺畅、保护严格的中国特色社会主义农村集体产权制度，保护农民作为农村集体经济组织成员的合法权益。

截至 2016 年底，我国农村集体账面资产总额达 3.1 万亿元，村均 555.4 万元。如何确保农村的集体资产保值增值，确保农民能够实现所有者的权益，是农村面临的一个非常现实的问题。尤其是新型农村社区建设过程中，原来的行政村可能不复存在，在村庄合并过程中，村集体财产面临着巨大的变动，搞不好就会流失掉，或者资产受到损害。股份合作社形式是农村集体资产改革的方向，是农村经营性资产股份制改革的基本形式，尤其是在新型农村社区建设中，应该高度重视股份合作社的作用。股份合作社实际上是将股份制与合作制结合起来，实行劳动、资金与其他要素的联合，容纳多种所有制、聚合和融通各种生产要素的一种经济组织形式。农村社区股份合作社兼具了合作社和股份制双重功能，是将合作制的基本原则与股份制的形式相结合的新型集体经济组织形式。在新型农村社区中推广社区股份合作制，可以使集体资产清晰化，将土地、林地等自然资源和财产、资金等集体资产折股配置给原集体组织中的成员，那么，他们就可以享有比较清晰的集体资产产权，并在此基础上，实行劳动、资金等生产要素的联合，统一经营、共负盈亏、收益共享。

股份合作社是农村集体产权制度改革的创新，在制度安排上它将劳动力资本化，并承认劳动者以产权、劳动者参与控制权与剩余权进行分享。股份合作组织的成员既是集体资产的所有者，又是股份合作社的股民或股东，赋予农民更加清晰也更有保障的集体财产权利。把集体资产折股确权到人，实行按人表决，按股分配，进一步强化了农民在集体经济中的主人翁地位。进行新型农村社区建设，需要将村集体资产加以合理地处置，这也是新型农村社区建设面临的最大难题，股份合作社为社区集体资产改制提供了一条有效的途径，在集体所有制性质不改变的前提下，采取股份制的方式使集体资产的产权由模糊变得较为清晰，农民的权益得到保障，这不仅提高了农民与集体资产的关联度，而且进一步以制度化的方式确认了农民的所有者地位。

2003年，杭州、宁波等市率先实施以土地为核心内容的社区股份合作制改革，明晰集体资产产权，加强集体资产管理，在量化资产、股权配置、收益分配等方面进行了广泛探索。2005年，浙江省委省政府出台《关于全省农村经济合作社股份合作制改革的意见》，要求对村经济合作社进行股份合作制改革，要求原村经济合作社更名为股份经济合作社。浙江省农业厅还出台了示范章程，对改革思想、原则和操作规范提出明确要求。2014年，浙江省人民政府颁布了《关于全面开展村经济合作社股份合作制改革的意见》，要求截止到2015年底，全省基本完成农村集体资产确权工作。事实上，到2015年11月底，全省99.5%的村级集体经济组织就完成了村经济合作社股份合作制改革，29400多个村社的3500多万农民当上了股东，量化经营性资产1150亿元，基本建立了

“确权到人（户）、权跟人（户）走”的农村集体产权制度体系。产权制度的改革，带动了农村经济的增长。据统计，2017 年浙江省村级集体经济组织实现集体经济总收入 423.5 亿元，股金分红总额 60.3 亿元，比 2013 年的 32 亿元增加近一倍，参与分红的个人股东人均达到 2500 元，全省村级集体经济总收入连续多年年均增长 8%左右，村均集体收入现在达到了 123 万元。

江苏省也是进行农村股份合作制改革比较早的省份，2002 年以来，苏州市吴中区等陆续进行了探索。2009 年颁布的《江苏省农民专业合作社条例》规定，农村集体经济组织成员可以以量化到其名下的集体经营性净资产份额作为主要出资方式，设立相应的农民专业合作社，称为农村社区股份合作社。社区股份合作社作为专业合作社的一种，允许纳入工商登记予以法定化。2010 年 8 月，江苏省原工商局出台《关于农村社区股份合作社登记的指导意见》，进一步规范了农村社区股份合作社登记工作，推进农村集体经济组织产权制度改革。依靠股份合作社形式，为江苏农村社区高效进行集体经济管理提供了可行性。比如无锡市近些年来共计有百万农户或撤村建居，或拆迁安置，变为新型农村社区居民，农村的集体资产都通过股份量化到成员个人，明确了集体资产份额，让农民放心地融入到新社区中来，改变了以往农村集体资产产权不清、管理不善的状况。2014 年无锡市农村社区股份合作社实现可分配收入 11.4 亿元，70%的合作社实现了按股分红，成员股金分红总额 4.43 亿元，96 万人享受到个人股分配，人均分红 461 元（蒋军民，2016）。

各地的实践表明，社区股份合作社形式适应了农村生产力发展趋势，在促进农村集体经济发展的同时，带动了农民的共同富裕，是农民参与市场经济的一种有效组织形式，是农民持续增收的重要保证，是农村民主实现的重要保障，这种“家家有资本、人人有股份、村村有物业、年年有分红”的做法符合农村特别是新型农村社区的实际需要，应该加快推广。

第四节　综合合作社与农村社区治理

新修订的《中华人民共和国农民专业合作社法》取消了有关同类农产品或者同类农业生产经营服务中的“同类”的限制，以列举的方式明确农民专业合作社经营和服务的业务范围，为专业合作社向其他领域扩展提供了法律依据，同时为综合性合作社的发展提供了机会。2017 年中央一号文件提出要积极发展生产、供销、信用“三位一体”的综合合作，推动农业供给侧结构性改革。文件中的“三位一体”改革模式，来自浙江省瑞安市的实践。2006 年，时任浙江省委书记的习近平同志在温州瑞安市主持召开新型农村合作经济工作现场会，部署推动生产合作、供销合作、信用合作“三位一体”新型农村合作体系建设。在习近平同志的推动下，2 个月后，瑞安农村合作协会正式成立，这是首家集农村金融、农产品生产和农产品流通为一体的综合性农村合作组织，由农村合作银行、供销联社等 8 家核心会员单位和 100 余家农民专业合作社、农机合作社等基本会员单位组成，整合多种要素资源，千方百计为农民提供规范化指导、农技推广、农产品展销、信用担保、农民培训、农村电商孵化等一站式服务。“三位一体”经过十多年的实践，取得显著成效。据统计，到 2017 年底，瑞安市土地流转面积约 17.3 万亩；家庭农场注册数 401 家；发展农民合作社 1547 家，连接特色产业基地 18.8 万亩；建成粮食生产功能区 15 万多亩、现代农业园区 30 个，农村常住居民可支配收入从 2006 年的 9439 元增长到 2017 年的 27820 元，年均增长 10.3%。从瑞安发展综合农协的经验可以看到，单纯的专业合作社在带动农民致富、改善农民生活方面受到了局限，“综合”将是农民组织发展的一条出路。

其实，人民公社时期最重要的特征就是综合。虽然说这个时期农民还不富裕，但并不能完全否定这个制度。如果在界定清楚农民产权的基础上，实施广泛的联合，在一个大的组织内来统筹农民的社会、经济、文化需求，就会形成合力，将农村作为一个整体去解决发展问题，可以把人民公社时期综合性强的优势发挥出来，又可以避免大锅饭的弊端。人民公社时期的农田水利、农业技术推广、社会保障、五保户、卫生、妇女等很多工作都卓有成效。目前农村的许多基础设施还是人民公社时期建立起来的，而且不少农田水利设施年久失修，因为缺乏强有力的组织而得不到修缮。人民公社时期的成就是分散到户后的体制难以取得的，因此，在分的基础上如何统起来，是农村社区面临的一个非常现实的问题。瑞安的“三位一体”试验取得了成功，可以在其他地区广泛推行，但不局限于一种形式，国内还有一些成功案例来说明综合农协在农村社区建设中的重要作用。综合性农民社区合作组织，是以社区农户为基本成员，以乡镇、村为覆盖地域，以全体农民互助合作为基础，为农户社员提供购销、信用、加工、商业、农技推广、文化教育与福利事业综合服务的社区农民经济、社会组织。在综合性农民合作组织内部可以组建专业合作组织，重点开展农业技术推广、农产品加工、农产品购销等生产经营服务活动。除此之外，为农民提供文化教育、体育健身、福利劳保等社会事业也是其重点服务内容。这种综合性农民社区合作组织具备了综合服务的功能，既是农村经济组织，又是农民自我服务社会组织，既能给农民带来实实在在的利益，又能维护农民的基本权利，还能改善农村公共服务，培育农民的自治机制，从而有效地保持农村社会秩序的稳定。

金店镇新农村综合发展合作协会（以下简称“新农协”）是河北省内丘县金店镇探索建设社区性、综合性乡村合作组织的一个试点，是将基层供销社改造成集生产、金融、供销、推广等多项服务于一体的乡镇全体农民参与的社区合作组织。“新农协”是联合区域内的农户、个人、专业合作社、涉农企业和其他涉农团体自愿组成的、具有特定社团性质的综合性农民合作组织，在民政局注册登记。“新农协”在吸纳涉农经营主体的同时，还与村两委、大专院校、乡镇事业机构等组织广泛合作，兼具了生产经营与公益服务功能。“新农协”的建设过程中全程得到了中国社科院社会政策研究中心与北京农禾之家咨询服务中心的指导。“新农协”在保留并发展基层社传统流通服务的基础上，增加了10项服务：①宣传党和政府的方针政策，保障农民权益，维护会员利益；②推广先进农业技术和农机服务；③提供农业生产社会化服务；④提供农产品运输、销售、仓储、加工、冷链等服务；⑤提供农业生产资料和生活用品团购服务；⑥兴办会员间互助合作金融事业；⑦开展文体、养老、精神文明、法律援助等公益性服务；⑧提供政策、法规、信息咨询及代办事项服务；⑨协助政府开展有关土地农田水利改良、病虫害防治及环境保护等活动；⑩承办政府及其他单位、团体（组织）委托的其他事项服务。通过增加服务内容，延伸服务领域，“新农协”突破了基层社的传统服务功能，建立和完善了农业社会化服务体系，逐步向全方位的乡村社区经济、社会教育、文化活动、生态文明等新功能拓展，成为服务农民生产生活的综合平台。“新农协”通过规模化服务，降低了农民生产和生活成本，从购买种子、农药、化肥等生产资料和电视、洗衣机、保险等生活用品和服务，都通过团购的方式实现。比如从省供销社农资公司团购化肥，从省农科院团购玉米优种，都不经过中间环节直接购销，得到大幅度折扣，以低于市场价15%~20%的价格供应农户。开展车辆保险团购，费用降低25%~40%，团购给农民带来了实实在在的好处。“新农协”还举办年节联欢会、各种赛事、禾趣冬令营、夏令营、五点钟课堂、老年日间活动。试点取得了成功，仅仅一年时间，“新农协”就由最初的6个试点村扩大到33个村，入会农户达5811户，团体会员21个，试点村农民入会率达98%。“新农协”在打造为农服务主渠道方面越来越贴近农民，入会农民既有经济方面的获得感，又在社会服务上得到多方面精神慰藉。

如果说瑞安的“三位一体”、内丘县的综合农协试点是在政府部门、供销社等积极推动下展开的，那么山西永济市蒲韩乡村社区是一家农民自发建立的影响面大、取得巨大成功的综合农协组织。蒲韩乡村社区成立于1998年，以创建幸福社区为总目标，经过20年的时间，发展成为了兼具经济、社会、文化多功能，覆盖蒲州、韩阳两个乡镇，40多个自然村，有28个专业合作社，4000多户社员，773个小组，服务农民超过2.5万人的综合农民组织，蒲韩乡村社区已经成为拥有大宗农产品生产与运销、有机农业种植和技术推广、农资购买和消费品购销、手工艺品的生产与销售、信用合作，以及老年服务、健康服务、垃圾处理、社区教育、文化生活等多种功能齐备的综合性的“三农”协会，成为当地农户共同致富、共享公共利益、维系社区基本社会秩序的组织者、分配者和管理者。实现了农民共富、利益共享、城乡合作、社区稳定有序，深受农民欢迎，在当地社会经济建设中产生了深远影响。

蒲韩乡村社区既有经济功能又有社会功能还兼具文化功能，是地道综合性的社会经济组织；通过综合合作社的方式，把农民的经济社会文化生活统一在了一起，实现了有机的联合，探索了一条新社区运作的路子。它是由地跨该市蒲州镇和韩阳镇20多个专业合作社组成的联合社，在经济合作的基础上，开展了多项社区服务，包括建立文化、体育活动团队，妇女协会，社区发展协会等，通过组织妇女跳舞，丰富文化生活，组织文艺演出，宣传孝道文化提升农村社区的文明程度和文化水平；开展村庄环境卫生治理，每个村子都由专人负责，定时清运垃圾，并倡导实施垃圾分类；为轻度失能老人和残疾人提供居家照护服务，从2011年开始，开发了老人照护事业，对那些生活不能自理的老人，采取居家照护的方式。老人家庭每月收费600元，由联合社负责培训照护员上门照护，有的需要喂饭和夜间陪护的老人，每月收费800元；联合社还建立了老年人日间照护中心，为75岁以上的老人办“不倒翁学堂”，老年人只要交200块钱就可以在这里得到“托老所”一样的服务，练气功、打太极、剪纸、唱歌做游戏，每天还有两顿饭；组织儿童夏令活动营及家长联谊会，把本地的孩子和城里来的孩子安排在一起，快乐相处，亲近自然；成立消费合作社，开展消费合作，团购生活消费品，降低农民生活成本；尝试开展生日、婚庆礼仪及丧葬服务，倡导生活新风气；举办社区教育、科普、文艺、竞赛等社区活动等。

蒲韩乡村社区已经成为当地最具影响力的农民组织，在促进农业生产、丰富农民文化生活、解决农村社会服务方面都做出了突出的贡献，受到当地农民的大力拥护，也得到社会各界的高度肯定，其经验在进行新型农村社区建设时可以提供积极借鉴。

综合性农民社区合作社是具有内生动力的农民自己的组织。通过综合合作社的社区教育、社会福利等活动，培育农民的互助、互利、互教、互学的民主意识和社会氛围，培育农民的自主、自治意识，建立合作的自治机制。特别是通过妇女、老人、青少年的自治组织，解决农村留守人员的社会问题；通过文化娱乐、民事调解、红白理事会社区性组织，发挥农民自我管理、自我服务、自我教育、自我监督的作用，从而使综合性农民社区合作社成为农村社会管理的有效载体（陈进等，2013）。浙江、河北、山西等地发展综合社区合作社的成功经验表明，与专业合作社一样，综合性农民合作组织在我国农村同样具有良好的发展空间，政府部门应该充分认识到其在“三农”问题尤其是社区社会服务问题解决上的重要作用，这是其他类型的合作组织无法比拟的，各地政府部门、社区组织等应该给予这类合作社大力支持。

第五节　消费合作社与农村社区治理

对于农民来说，是否参加合作社关键是看能不能获得收益。从专业合作社和综合合作社的发展经验看出，通过集体购买的方式，可以大大降低农民的采购成本，让农民直接看到收益，也最具有说服力。实际上，合作社的最初起源是在消费领域，因此，在新型农村社区中兴办合作社，不能忽视消费合作社的建设，通过大力发展消费合作社，凝聚人心，培育协作精神，是一条简单易行的途径，可以说是一种长期稳定的“团购”形式，能够给农民带来实实在在的好处。与前面几种类型的合作社不同，居民消费合作社着眼于消费领域，从居民日常购物入手组建的合作社，最初的也是最主要的形态是组建共同采购组织，可以是团购，可以是共建商店，参与的社员可以享受到优惠的价格，还可以享受组织的盈利分红。新型农村社区建成以后，人与人之间的情感联络问题不再像传统农村社区那样紧密，很多农村社区居民之间日常联系由于建筑形态的变化而少了许多，情感连接也就相对薄弱，这就形成了分散型社群。不过，毕竟是农村社区，即使是由几个村子共同构建的新型社区，人们之间也有千丝万缕的关系，基本的信任还是存在的，发展团购这样的事业有着比较坚实的群众基础。加上新型社区建立起来后，各种生活成本都有增加，通过团购或者组建合作商店的形式，降低日常生活用品的采购成本，对农村居民来说有着比较迫切和现实的需求，这就是消费合作社产生的主要原因。与生产性的合作社相比，消费合作社组织起来相对比较简单，对于农村居民来说投资少、见效快。在日常采购消费品过程中就能够直接享受到优惠，所以组织起来比较容易，以此为切入点，组织农民合作组织，可行性高。而且生产性的专业合作社许多都局限在某个产品或某个环节的合作，功能相对单一，服务有限，社员的分布不一定集中，可能横跨多个农村社区，农民之间的联系不如消费合作社那么紧密，消费合作社是一种“地缘”性比较强的合作社，对于和谐社区建设的作用不可忽视。

南京市浦口区的消费合作社建设走在了其他地区的前列。自 2012 年开始，南京市浦口区供销合作社就积极顺应农村城镇化的趋势，以建设“全方位、一站式”新型社区服务载体为目标，采取部门和街道协作指导、社区主办、群众参与的方法，以移动互联网 APP 平台为服务切入点，创办居民消费合作社，为农村居民提供家政、农产品购销等综合性、多样化便民服务。供销社的这一转型措施，对于方便农民生活、提高社区服务水平起到了积极作用，受到了政府的肯定和社区居民的欢迎，截至 2016 年底，该区共建成居民消费合作社 31 家。

张圩社区消费合作社就是其中发展非常好的典型。张圩社区消费合作社位于浦口区永宁镇张云农民安置小区内，该小区是由张圩、友联、青山、侯冲四个村建设起来的新型农村社区，共有住宅楼 40 幢、1318 套，总居住人口达 4000 人，是永宁街道第一个整建制易地搬迁的社区；在这个社区里，农民集中居住，熟人社会明显，是全区首批开展居民消费合作社试点的社区。消费合作社是在区政府政策引导、资金扶持，以及社区居委会的帮助下成立的，主要通过居民集资并利用部分社区的集体资产兴办起来。消费合作社的宗旨是为社员服务，让利于社员，维护社员的权益，为那些生活中有困难的社员排忧解难，改善社员的购物条件、生活条件，提供必要的社区服务，让社区居民不出社区就能享受优质的日常生活服务，促进新型社区社会化综合服务体系和多层次社会保障体系的建立。消费合作社是由社区组织、居民参与组织成立的，实行民主管理、自我服务、共享收益的组织。这种基层社区居民互助合作组织，在南京市浦口区社区建设中起着非常重要的作用。社区居民要参加消费合作社成为社员，需要先交纳一定的入社费，还可以根据自身经济情况选择购买股份，对入股社员按持股比例分红。这样一来，入股的社员既是消费合作社消费者，还是合作社的出资者、股东。消费合作社实行社区居民自愿加入原则，只要缴纳一定的入社费用就可成为消费合作社的社员，在消费合作社购买商品和服务的时候就可以享受折扣优惠；如果合作社实现了年度盈利，社员还可以参与合作社二次分红。同时，因为实行的是“民主管理”，社员有权参与消费合作社的管理活动，比如参与理事长选举、重要事项决策的表决等。

消费合作社的服务范围一般都非常广泛，拥有农资供应、农产品购销、日用品超市以及金融代办、邮政代理等服务网点，除了以超市为平台为社员提供日常生活用品购买之外，还向居民提供政务、消费、医疗、养老、文娱等综合服务，这些服务通过四大平台来提供。一是物业服务平台。消费合作社成立了合作社志愿服务队，为合作社成员无偿提供水电维修、家电维修、家装物管等服务，解决居民日常生活中的一些困难。二是综合缴费平台。主要是为居民提供各种费用代缴服务，包括水费、电费、气费、通信费等代缴，以及火车票、飞机票、公交充值等办理，方便社区居民尤其是老年人、行动不便利群体的需要。三是外联服务平台，积极联络外部的一些机构，为社区居民提供周到的教育培训、医疗保健、旅游服务、法律服务等。四是劳务输出平台。为社区居民提供家政服务、职业介绍等。此外，消费合作社还提供殡葬服务、婚庆服务、低保户的慈善服务等，基本涉及农村生活的方方面面。消费合作社的服务触角还延伸到生产领域，能为合作社成员提供农副产品代购供销服务，社员可以通过消费合作社出售自家的农副产品，实现托管式管理，消费合作社只收取一定的管理费用，实现双赢。

消费合作社通过购物、服务等各种平台的建设，增强了邻里之间的横向联系，加深了居民之间的了解，提高了社区的凝聚力，“熟人社会”的特征越来越浓厚（王鹏杰、白友涛，2015）。消费合作社能够把社区居民团结在一起，合作社通过召开各种会议，吸收社员参与到合作社的管理中来，增强他们的参与意识。消费合作社还通过鼓励社员及社区居民成立为老服务队、文娱团体、社区志愿者服务队等各类社区服务组织，引导社区居民参与到社区服务中来，在活动中增强社区居民的民主参与意识。社区在治理过程中，也充分发挥消费合作社的组织功能，将消费合作社纳入社区治理体系中。比如为了加快建设法治诚信系统，张圩社区以大联勤为统揽，加上居民消费合作社、乡贤会、诚信系统，形成“1+3”社会治理体系，形成“群防群治、联勤联动、自助互助、共建共享”的局面，在这个体系中，消费合作社起到了非常关键的作用。

为了培养社区居民的公民意识，社区还和消费合作社一起，借鉴“时间银行”模式，建立“志愿时间银行”，推进社区志愿者服务。志愿者参与公益服务的时间，就像到银行存钱一样可以存进“志愿时间银行”，当志愿者本人需要帮助时，又可以像取钱一样从“志愿时间银行”中提取一定时间，得到其他志愿者的服务。对社区志愿者实行“以服务换服务”，在合作社运营管理软件系统进行统计，通过回馈的激励，更能促使志愿者持久的服务。消费合作社将志愿服务兑换成积分，不仅提供物质奖励，还要贴红榜广而告之。通过消费合作社，农民慢慢接受民主管理和自我服务，实现我为人人、人人为我的共享格局。

可以看出，南京市浦口区通过成立居民消费合作社，不仅给社区居民的生活带来了极大的便利，同时在社区治理中也发挥了很大作用。消费合作社提供的这些服务，很多是社区应该提供的公共服务，借助消费合作社这个载体，完善了公共产品的供给。消费合作社在创新社会服务模式、改善供需、方便群众、服务群众的同时，对于培养社区居民的民主意识和协作意识，促进基层社会组织培育、幸福安居社区建设等方面也具有积极的推动作用。

组建消费合作社，在全民网购时代具有特别的意义。随着农村电子商务的发展，尤其是农村年青一代的成长，在许多农村尤其是东部地区的农村，网络购物已经不再新奇，并以迅猛的态势快速发展，这一点从淘宝村几何级数增长的数据得到验证。可以预见，不久的将来，农村网络购物也会像现在的城市一样普遍，网购的产品品类多样，满足多方面的生活需求，产品繁多的同时伴随着产品品质良莠不齐，单人购买单品因购买数量少难以降低物流成本和过度包装成本，导致价格无法降下来，造成了买品质好的价格高，买价格便宜的品质又无法保证的两难处境。这就为在农村社区发展消费合作社提供了机会。应利用社区自提团购方式，降低物流成本和过度包装成本，从而降低采购成本，在保证产品品质的前提下降低价格，真正地实现物美价廉。

南京市组建消费合作社的经验说明，合作社可以在许多领域开展，不仅在生产领域，而且在新型农村社区建设过程中，也要广开思路，积极吸收各地的先进经验，从多个领域培育各种类型的农民合作社，从而有效改善农村公共物品的供给，带动社区社会服务水平的提升。

第七章　农民合作社参与社区治理的外部经验

每个阶层的社会成员都有着共同的经济利益和政治利益，而维护自己利益的最好方法，就是同一阶层的社会成员组织起来，以组织的形式和组织的力量同其他社会阶层发生各种联系。组织形式越完善，组织力量越强大，其利益保护作用就越强。对于农民这个阶层，马克思在《路易·波拿巴的雾月十八日》中论述道：马克思形容19世纪法国农民为“一袋马铃薯”，不过这种情形在大多数国家已经不再存在。很多国家和地区的农民都组建了强大的集团。尽管西方发达国家工业化程度很高，但农业在国民经济中的地位相对较低，农业人口所占的比例也不高，而由于这些国家的农民组织化程度比较高，谈判能力强，在政治生活中，尤其是关于农业政策的制定中，农民的作用很大，是一支非常重要的政治力量。政府对农民的关注程度往往很高，对于农民的呼声也十分重视。而能够使农民有机结合在一起的，正是合作经济组织。

农民合作经济组织在西方国家已经非常成熟。法国有90%以上的农民加入了农业合作社，80万农户中，有130万农业专业合作社社员；德国几乎所有农户都是合作社成员；绝大多数荷兰农民至少是3~4个合作社的成员；美国每个农户平均参加2.6个合作社；而在新西兰、澳大利亚、日本等国，参加农业合作社的农民也达90%以上。这些合作经济组织除了服务于农业生产经营活动外，还通过各种手段和途径，积极地参与政治活动，以最大的努力保护农民利益。

第一节　农民合作社参与政治的途径

（一）参与政府农业政策制定，促进利农政策出台

政治参与的定义尽管有多种，但核心是影响政府政策的制定与实施。因此，能够直接参与政策制定，介入决策过程，是最有效的政治参与形式。

美国是世界上利益集团最发达的国家，农民合作经济组织就是一种典型的利益集团。美国农业合作社因其强大的服务功能和庞大的规模组织遍及农业各领域的优势，受到各农场主的普遍拥戴，且在美国的政治生活中也有着重要影响。尽管从事农业的劳动力已不足美国人口的2%，但仍有10%~15%的县以农业为主。美国农业合作社委员会（NCFC）是一个非政府的合作社服务机构，政府通过吸收合作经济组织官员为各种顾问委员会或代表团的成员，使他们参与美国农业及农业合作社方面政策和规章的制定。目前该委员会及其附属机构所代表的成员每年营业额是全美所有合作社年营业额的90%，具有较强的代表性，同时也成为政府与农业合作社交流的桥梁。

日本农协（包括综合农协和专业农协）有一套健全的参政议政机制。农协坚持“三级建制、三级参与”原则，即农协的中央团体参与中央政府的议政活动；县级团体参与县级政府的议政活动；基层农协参与市、町、村政府的议政活动。在各级议政活动中，农协作为农民的代表，通过各种途径，充分反映农民的呼声，保护农民的利益。而各级政府为了使各项政策更富于操作性，也认真听取农协的意见和建议。农林水产省在制定新政策及编制农业预算时，都会与农协中央会的农政部门充分协商。政府系统的“农政审议会”“米价审议会”等重要机构的委员会中都有农协的代表。此外，农协还通过农民选出的国会议员在审议法律、政策及农业预算时，反映农民的意见。因而，“全国农协中央会”素有“第二农林省”之称，该会的会长被称为“农民天皇”。县级政府在制定农业发展规划、编制农业预算、设立地方农业法规时，县农协作为县农政联络会议的成员，代表生产者参加审议。基层市、町、村政府的农政协议会，则是由该级政府与基层农协联合成立的，从而确定了农协在农村中的领导地位。

基层政府在贯彻执行国家政策方针，如限制水稻生产、价格补贴、农村信贷、米麦收购、农田基本建设、防火救灾等，均通过农协落实。对农户生产计划的制订，新技术的推广，农副产品市场的开发及地区性农业整形规划的制定等，由基层政府与农协协同实施，农协实际上起着基层农政的作用①。

这些农民合作经济组织，由于集中了个体农民的需求，形成集体利益，并以组织的形式表现出来，形成一股强大的政治力量。农民合作经济组织通过推举代表参政议政，督促利农政策的出台，为农民争取利益。同时，通过必要的监督，防止危害农民利益行为的发生。

（二）影响国会立法和政府部门政策

通过"院外活动"影响议会的立法活动，是农民合作经济组织最常用的影响政策制定的重要方式之一。所谓的"院外活动"，是指利益集团同国会议员、行政官员等政策制定者进行接触，阐明其立场观点，以影响政府政策。它常常利用内部非正式的政治关系网来达到自己的目的。因为这些活动在很大程度上可以左右议会立法过程和结果，故又被称为议会两院之外的"第三院"。院外活动贯穿整个立法过程：在提案阶段，他们游说议员提出有利于自己的议案；在议会委员会审议阶段，他们利用议会举行的听证会提出有利于本集团的证词；在议会辩论阶段，他们运用各种手段进行专门的调查研究，为议员辩论提供情报和资料，协助议员准备演说词，为议员的辩论出谋献策。一些院外活动集团还常常设法与议员进行私人接触，对议员威胁利诱，甚至采取行贿、色情等非法手段加以收买。在美国，农民组织会通过"院外活动"来维持他们在农业立法过程中的作用。他们在华盛顿设立一批办事处，雇用一批院外活动人士，代表农民组织的利益，活跃在政府决策的各个层次。在行政部门，他们企图影响那些向农业部长和总统推荐有关政策和计划的官员，也可能直接与农业部的高级官员、农业部长甚至总统面对面地接触，向他们游说或提供有关政治战略方面的咨询。在国会中，他们设法影响对农业政策制定起重要作用的国会工作人员，影响国会的研究和情报部门的报告，并最后影响议员的态度，使他们赞成有利于自己的立法等。从美国农业立法的历史来看，农业利益集团起着重要的

① 纪良纲，董进才等．农产品流通中介组织研究［M］．北京：中国商业出版社，1998：239-240.

作用①。当然，农民组织除了同议员、政府官员接触外，更多是通过提供意见咨询和信息情报之类的“服务”来影响政府的决策。政府也可以利用这些农民合作经济组织来推销自己的政策，有时还要争取这些农民组织的支持，以便使农业政策得以顺利实施。从根本上讲，农民合作经济组织和政府的利益是一致的。

从事院外活动的不仅是本国的农民组织，有时候农民合作组织也会跨国“活动”。日本大米生产成本至少是美国的7倍，然而却通过一整套复杂的法律和行政壁垒排斥了美国大米的进口。据美国大米种植业者估计，如果日本减少进口壁垒，他们可以以很小的努力占有至少20亿美元的日本大米市场。1986年及1988年，美国大米加工者向美国贸易代表递交了一份陈诉日本排斥大米进口的文件。日本农协的政治协调中心雇用了华盛顿的说客来对付美国大米加工业者的陈诉，还在美国新闻界和美国农业组织中展开了一场公共关系活动，并给美国政府传递了以下信息：对大米贸易问题的任何讨论都将会损害日本人民基本的文化敏感性，这是因为大米种植在日本文化中扮演着核心角色。日本农协反复声称日本“已经是美国农产品的最大消费国和非常稳定的市场”。它还向美国的小麦、大豆以及其他谷物的生产者们发警告说，如果日本被迫向美国大米出口商开放市场，日本的消费者将会转向其他国家进口谷物。结果，美国的大多数农业组织不愿意支持大米加工业者，有些还公开反对大米加工业者的指控。由于日本农协有效的院外活动和政治攻势，美国贸易代表分别于1986年、1988年两度拒绝对日本排斥美国大米的行为进行调查。

（三）通过示威游行给有关部门施压，迫使政府执行或收回某种政策

政府出台的政策并不是每项都能令农民满意，一旦政府出台或准备出台伤害农民利益的政策时，农民合作经济组织（当然也还有农民各种政治组织）就会利用示威、游行等手段，给政府施加压力，使其被迫改变初衷，从而达到保护农民利益的目的。

韩国农协是一支强大的政治力量，在一些重大的国际场合，如WTO会议、

---

① ［美］帕特·乔特．银弹攻势——日本以“金钱政治”手腕操纵美国的贸易政策［M］．林晨辉等译．北京：中国经济出版社，1991：12-13

APEC 会议，韩国农民抗议队伍的声势最大，行为最激烈。2005 年 12 月中旬，世界贸易组织部长级会议在中国香港举行，韩国的农协组织数千农民包机来到中国香港示威游行。示威活动使得韩国农民获得了宽松的发展环境。韩国牛肉价格为每公斤 48.09 美元，相当于美国市场价格的 5 倍，接近中国市场价格的 10 倍左右，而且比一直以来农产品价格最高的日本还要高，主要原因就是迫于农协的压力，韩国政府对本国农产品市场提供了高度的保护。韩国农民的游行示威活动如此频繁，有时候一个专业合作社为了阻止某项违背本行业农民利益的政策的推行也会举行示威游行，迫使政府改变主意。如 2002 年 8 月 2 日，在中国外交部部长访问韩国期间，上万名韩国种植大蒜的农民在首尔举行了示威活动，抗议韩国与我国签订的贸易合同，要求韩国政府废除与中国两年前就韩国市场向中国大蒜开放而签订的协议，还要求韩国政府延长对中国大蒜征收关税，并赔偿他们遭受的损失。

日本制造业对美国保持着巨大的贸易顺差，美国要求日本进一步开放农产品市场、实现农产品贸易自由化的呼声很高，但日本政府始终不松口，抵制住了美国方面一波又一波的长达 20 余年的贸易自由化轰炸，主要原因之一就是日本有强大的农协存在。仅在 1982 年 8 月至 1983 年 1 月，里根总统访问日本前，农协前后就组织了 20 次大规模的群众集会，反对农业政策自由化和扩大农产品进口指标。由于农协的强大，任何涉及农业贸易自由化问题都会自然转化为重大政治问题，日本政府也容易找到借口来同美国谈判。

我国台湾地区的农民合作经济组织也非常发达，他们的政治呼声也很高，也经常通过示威游行的方式达到目的。2002 年台湾地区曾经爆发了近年来规模最大的一次游行。

示威游行活动的作用如此重要，以至于有时候在外人看来他们的要求有些过分。比如 2005 年 6 月，在英国马铃薯委员会的组织下，英国数千名种植土豆的农民纷纷涌上街头游行，强烈要求《牛津英语大词典》把短语“couch potato”从字典中删掉，理由是这个词有损土豆的形象。该词典对这个词是如此解释的：“couch potato”起源于美国俚语，代指那些“消极度过闲暇时光或终日无所事事的人，他们通常看电视或影碟打发时间”。马铃薯委员会市场部主任凯瑟琳·莱思说：“我们试图消除这样一种印象：土豆是个害人精。”这项活动得到了一些营养学家、厨师甚至议员的支持。不管结果如何，我们可以看到农民专业合作组织在维护农民权益方面可以说是“无微不至”。

（四）与政府合作，承担政府的某些职能，贯彻落实农业政策

在许多发达国家，政策并不完全是通过政府的职能部门来组织实施的，而是大量借助于民间中介服务组织，其中一些农业政策就是通过农民合作经济组织来执行的。

比如，德国的农业政策很多就是通过农协来实施的。为了有效地实施政府决策和及时了解农民的要求，德国甚至通过《合作社法》强制没有农协的州成立农协。虽然农协的主要职能是制定经营方针和经营方向，指导农民的生产经营活动，但完成政府委托的落实欧盟、联邦政府农业政策任务，也是德国农协的重要职能之一。波恩市农协会共有 800 人，其决策机构是主席团，由县专业协会会员选举产生，下设四个办事机构，其中两个与政府职能有关：一是教育部门。主要职能是为会员提供职业技术教育和培训，主要内容是进行农产品的市场开发教育与农产品深加工的技术培训；接受审查会员的农业立项申报，然后再报给政府有关部门下拨立项资金；政府通过协会下拨各种农业补贴，农户用这些补贴来完成欧盟农业政策的落实任务，如休耕计划的落实，畜牧饲养规模的限定等，政府都是通过农协落实的。二是环保部门。主要职能是按照国家的环境保护政策和生态农业政策搞好耕地养护和保护动物，培育绿色有机农产品。执行环保政策和生态农业政策，得到政府的财政补偿资金。

日本农协同样带有一定的“官方色彩”，因为它是政府借以推行农业政策的中介机构，在政治上具有较高的地位。农协协助政府落实农业政策，因而与行政机构，特别是农林水产省的关系十分密切，进一步增加了“农协”的政治影响力。农协从成立时就对政府的依赖性较大，在一定程度上成为国家实施农业政策的一个辅助机构，这一点表现在多个方面：从政府与农协的地位上来说，1947 年的《农业协同组合法》规定政府机构凌驾于农协之上，并对农协有监督和检查的权力；从农协的业务范围上来说，农协的很多业务是执行政府的任务。日本政府制定的农村经济、社会发展政策如政府的粮食管理制度、农产品价格制度、农业金融制度、农业技术的开发与推广制度，以及其他有关农村社会的制度等，大都通过农协来贯彻实施，因此农协又具有“政府代理机构”的组织特征。

（五）干预投票，推举代表农民利益的人进入政府或议会

多年来，出于日本农协的高度组织能力和农村居民年龄偏高等原因，农村居民在议会选举中的投票率远远高于城市。在经济高速增长时期，日本人口大量从乡村流向城市，但原来按人口比例分配的议员名额却通常难以调整，与城市相比，农村以较少的人口就可以产生一位议员。因而，日本农业人口虽然不足全国总人口的5%，但控制了全国25%的选票。因为农协能够把几乎所有的农户组织起来，以数百万协调一致的选票在国会议员中培植出强有力的“农林族”，通过他们对决策过程施加强大的压力。政府的农业政策在很大程度上受到农协的制约，任何损害农民权益的行为很可能导致执政联盟的崩溃。

相反，得不到农民的选票，往往会在竞选中败北。在法国，1965 年戴高乐就是由于缺少农民的支持而在首轮选举中未获得半数选票（为 44. 6%，对手密特朗为 32. 7%）。因为他拒绝英国加入欧洲市场，这使得渴望扩大出口量的法国农民失望了，并且在共同市场的马拉松式的谈判过程中掀起了暴力示威活动。而在 1995 年法国总统选举前夕，候选人巴拉迪尔（当时的法国总理）前往北部里尔地区游说拉票，遭到当地农民的强烈抗议，农民们不满意农产品收购价过低，在当地政府办公地点前焚烧轮胎等物以示抗议，巴拉迪尔在 4 月 23 日大选首轮投票中就名落孙山。

（六）利用社会舆论（媒体等）揭露损害农民利益的事情

对于舆论宣传，英国著名社会活动家、政治学家詹姆斯・布赖斯在《美国共同体》一书中说：“超越于总统和州长、超越于国会和州的立法机构、超越于传统和政党及其公共舆论在美国生活中的地位十分突出，作为巨大的权力来源，就像仆人面前的主人一样。”通过新闻媒介来制造舆论影响政府的决策和国内政治，是一个重要的实现政治利益的途径。戴维・杜鲁门在《政治进程》中指出，在美国，所有政治利益集团组织，首要关注的是社会中存在的公共舆论。集团领导者，不管他们如何疏忽，也不能无视针对自己组织立场和目标的广泛社会态度。领导者必须顾及公共舆论的方向和影响，而且或多或少应该引导和控制舆论。实际上，几乎无一例外的是，一个利益集团的首要目标是从事宣传计划，旨在影响关于其集团的利益与要求的舆论。事实上，日本农协在美国除

了进行大量的“院外活动”外，还进行了卓有成效的舆论攻势，通过“宣传战”，灌输“日本为美国人创造就业机会”等有利于日本的理念，取得美国公众和相关利益团体的支持，进而影响政府部门决策。“日本的宣传是有效的，因为它是靠数千名可信赖的发言人有系统地开展的。这些发言人有些是日本人，更多的是美国人。日本人的动机是明显的，大多数美国人的动机则是钱。有些美国人还毫无愧意地助长日本之气，认为日本的立场是正确的，对日本的批评是错误的。”①

农民合作经济组织的出现，以生产经营活动为纽带，很好地使农民团结了起来，改变了“一袋马铃薯”形象，成为强有力的利益集团，成为农民利益的最有力保障。制度经济学家“康芒斯十分推崇经济压力集团，以至认为压力集团，尤其全市工会、农场组织及合作社，是社会中最为重要的机构，是民主的生命线，组织压力集团的自由的重要性远甚于其他任何民主自由”。

将农民组织起来，是改善农民弱势地位的最根本途径。中国在加入世界贸易组织的谈判过程中，由于中国农民没有自己的组织出来说话，更没有类似的示威游行活动为谈判施加压力，使中国代表团在谈判过程中丧失了许多主动权。连外方代表也说，如果中国的农民在谈判过程中给予适当的压力，谈判结果将对中方更加有利。《中华人民共和国农民专业合作社法》已经于 2007 年 7 月 1 日正式颁布实施，为专业合作组织的发展提供了良好的发展机会，随着农民合作社在经济上的发展壮大，必然会通过各种途径介入到政治生活中来，为维护农民的利益做出贡献。

第二节　日本农协参与农村社区治理的经验

日本农村基层社会的治理，并行的是“双轨制”，一方面，市町村构成日本农村社会治理的基本架构，承担农村行政功能，另一方面，以农协为骨干的非政府组织履行了农村社会的经济功能和社会服务功能，两条轨道并行不悖，互相补充，形成了高效的治理体系，成为日本农村和农业现代化的重要组织保证。

---

① 帕特·乔特. 银弹攻势——日本以“金钱政治”手腕操纵美国的贸易政策［M］. 北京：中国经济出版社，1991：99.

（一）农协是日本农村社会治理双轨制中的重要一轨

在日本，以市町村以及町内会、町村会为基本治理层级的融合行政和自治的复合型治理体制，是农村有效推进城镇化建设的制度保障。在基层治理体系中，市町村主要承担行政服务职能，农协则主要行使经济服务功能，村落则是居民日常生活单位。市町村农业行政的主要工作之一就是贯彻落实国家的农村政策和具体的项目，帮助农协建设稻米储藏和加工等大型设施，促进了农业现代化进程，大大提高了劳动生产率。比如 20 世纪 90 年代在富士町实施的主要工程就有“新农业政策改善事业”“活跃农业农村与农业结构改善事业”以及“搞活水田经营事业”等几十种农业农村改善事业，为了更好地推进各项事业的进展，还专门成立了由农协、政府、议会、农业委员会和各村村长共同组成的推进协会，负责落实政府的产业政策。市町村是日本社会自治的基本制度架构，是宏观政治与微观社会、行政与自治之间的桥梁。在农业行政方面，日本的町一般都设有农业委员会，与农协共同推进现代化的农业经营。町农业委员会制定和实施农业和农村振兴计划，同时也管理农业用地。农业委员会根据《农地法》《土地改良法》和《农地利用增进法》，审议辖区内每一块农地的所有权转让、租赁和用途的改变等，调整农地利用关系以及土地的流转事宜，促进农地的合理使用。町内会具有行政和自治的双重性质，举办节庆祭祀、防灾减灾、邻里互助、社区环境美化、社区设施维护、组织各种比赛、提供保健服务等社区公共活动。自然村作为行政区所具有的行政职能仅限于协助町的行政活动，并不参与决策。主要事务有发放和回收町里的各种文件，代表町里收取各种费用，包括县民税、固定资产税、轻型汽车税、国民健康保险费、国民年金保险费、水费、下水处理费、电话费、幼儿保育费、公营住宅使用费、定期体检费。协助各种统计调查工作，协助试行各种农业政策和各种建设工程，分担有关费用。进入 21 世纪以后，受到地方分权、财政状况恶化、农村空心化等影响，日本再一次加快了市町村合并的步伐，快速推进农村城市化，提高市町村政府的行政服务质量，丰富社会服务内容，这些措施促使日本涌现出一大批城乡一体的田园都市，大大改善了农村的面貌。

除了正规的基层行政组织以外，日本还并行着一个重要的非政府组织体系，为民众提供经济互帮、社会互助，保护了民众的权益和利益，促进了政治参与和公共参与。在这些非政府组织中，以农民的“农协”为代表。农协是介于营利性质的工商企业和政府公益事业性质之间的一种特殊法人。日本农协有三个层级，市町村一级为基层农协，是独立非营利法人，面向会员提供综合性各项事业服务，被称为综合农协。都道府县为中间层，衔接基层农协和全国中央会。最高层是全国中央会四大事业联合会，即经济联合会、共济联合会、信用联合会和厚生联合会，由47个都道府县中央会联合而成，主要任务是指导和监督基层农协和各联合会，向政府部门反映农协的意见和要求。

日本出台《农业协同组合法》的目的是让农民全面参与到农协的建设中来，通过制定一系列的扶持政策，以村为基本单位，通过农业的统一经营，实现农村集体化经营模式，让日本的农村经济在私有化前提下还蕴含着丰富的社会主义合作性元素（杨岳，2018）。除了行政组织外，农协在农村治理方面也发挥了巨大作用，在经济上，农协以行政村为单位，把松散的农户有机地结合在一起，形成了规模化经营的优势，并且通过农协县级组织，控制了农村商业市场，生产资料和生活资料的采购，绝大多数经过农协实现。农协以行政村为基本单位，活动范围覆盖自然村，使行政村和自然村有机联合起来，农协系统和行政系统相互合作，双轨运行，构成了日本农村治理的最大特点（周维宏，2014）。虽然是非政府组织，但农协在日本有着强大的影响力和号召力，在敦促政府实施粮食价格保护、加强农田基本建设、缩小城乡差距等方面发挥了重要的作用。农协代表农民的利益，反映农民的呼声，在政党选举中占有非常重要的地位，农协在日本历史上贡献是不可磨灭的（李晶，2011）。

（二）农协是日本农民生产经营的重要依托

1947年日本《农业协同组合法》实施后，农协迅速得到发展，在全国形成了庞大的组织体系，在相当长的时间内，农协在日本农村的发展中发挥了举足轻重的作用，99%以上的农户都加入了农协。农协不以盈利为目的，重点为农民提供社会公共服务，解决生产经营和生活问题，保护农民利益，克服家庭小规模经营的局限性，提高农业的经营效率。基层农协的服务充分体现了综合的特征，服务范围涉及方方面面，会员在生产和生活中几乎所有的需求农协都能够满足，具体而言，农协的服务体现在以下几个方面：

农业生产指导方面：包括为会员提供土地改良、栽培方法、农药施肥、良种改进、病虫害测报与防治、生产标准化、劳动力培训等服务。每个农协都配备有几个营农指导员，与国家农业技术普及员和各级政府的农业技术人员一起，为社员提供全方位的农业技术服务。基层农协与市町村的基层政权机关的农政部门相互配合，共同指导农业生产，推广新技术，并有一整套科学的科技推广体制，即“四员制”，包括农业改良普及员、生活改善普及员、营农指导员和生活指导员，试行科研、教育、推广统筹管理体制。在日本，每5个村政府就有一个农业改良普及所，农业改良普及员16人，生活改善普及员3人，每个村平均有3~4人负责普及工作，全国共有基层农协营农指导员18000人左右，生活指导员23000多人（刘永泰等，2004）。

农产品购销方面：包括生产生活资料购买和农产品销售服务。会员根据需求向农协订购生产资料和生活消费品，包括农药、化肥、农机、包装材料以及日常生活用品，农协集中采购后再销售给会员，因为是集中采购，因此可以做到质优价廉。为了做好农产品的购销，农协还提供仓库、选果场、冷库、加工厂、农机修理厂、育苗厂等生产设施服务。

金融服务方面：农协有自己独立的金融系统，不以盈利为目的，为会员提供金融服务，会员既是存款户又是贷款户。国家也通过农协发放农业贷款。农协的信用机构，存款利率一般略高于私人银行，而贷款利率又尽可能提供优惠。由于会员多，存贷款量大，业务开展得红红火火，不仅给会员解决了资金需求问题，也为各级农协增加了收入。

保险和社会福利方面：日本农协可以为会员提供保险服务，通过会员之间的相互合作，降低生产和生活中的风险。农协还为会员提供公共医疗卫生、医疗健康服务，通过建设医疗卫生机构、派出医护人员为会员提供治疗和健康服务。

可以说，农协的服务范围，从摇篮到坟墓，关注会员的生活福祉，图书、娱乐、美容美发等都是农协的服务范围，还替会员操持婚丧嫁娶等红白喜事。通过农协来组织共同建设相关公用设施，满足农民的需要，会员根据需要使用，并支付一定的费用（杨团、孙炳耀、毕天云，2008）。

随着日本农业的衰退，农协也开始衰弱，与此前的境况大不相同。20世纪90年代以后，日本基层社会发生了巨大变化，粮食管理制度不再像过去那么严格。与此同时，城市的金融机构也都向农村市场开拓，打破了农协在农村的统治地位。另外，农协也逐渐取消了对会员的各种限制，很多农户不再依赖农协而是通过市场将农产品销售出去。现在生产上互助的情况也不多见了，家家户户都有了自己的农机具，对农协的依赖程度越来越低。以前政府法律规定大米不能够自由买卖，农户必须卖给农协，后来农民也可以直接把大米销售给其他商人，农户和农协的关系出现了松动。不过，因为不管农户是不是把大米卖给农协，都要向农协交纳非常高的卖大米的手续费，因此对农民来说，在这种情况下，不仅没有得到农协的帮助，反而受到了牵制。另外，在一些地区，农户还被迫从农协那里购买化肥、农药等农业物资，虽然没有明确的制度规定他们必须这么做，但是，如果不从农协那里购买农业物资，那么农协就不会收购他们的农产品。对于农户来说，虽然可以直接到市场上销售农产品，但由于65岁以上的农民占了相当大的比例，自己销售农产品非常困难，很多情况下还得依靠农协，所以他们被迫从农协那里高价购买农业物资。

过去日本的农户必须通过农协申请才有可能得到政府对农业的补助，政府的补助不是直接发放给农户，而是通过农协进行，农户必须加入农协才能拿到政府的补助。后来有一种观点认为，农协实际上是对农户的一种束缚，法律规定农户的大米必须卖给农协，即使农民不再通过农协出售大米，也要向农协缴纳可观的出售大米的手续费，所以说农协反而成了农民的负担。因为日本农协系统有大量的工作人员，平均每个工作人员要由10个农户来供养。农协的会员每年都要交会费，当然，农协每年也会返还利润给会员，通常是2%。

基层农协负责向农户提供从生产到销售以及金融保险等综合性服务，大大便利了会员，但是会员需要交纳很高的会员费，引起了多数农户的不满。每年日本全国农协中央会要从地方农协收取80亿日元的费用，这些全部要由农户来承担。现在农产品销售不再困难，农户对农协的依赖度大大降低。2015年1月例行国会上提出了《农业协同组合法》修正案框架，日本全国农协中央会的指导和监督权限在3年内废除，这样日本全国农协中央会将转变成与其他行业团体相同的一般社团法人和不具有法律权限的农协联合会。全国农业协同组合联合会因为具有商务功能，将转换成股份公司，可以接受农协以外的投资，地方农协5年内转变为自愿性团体，如果允许的话还会有5年的宽限期。

（三）农协是维护农民权益的重要组织载体

可以看出，日本农协在农民生产生活中发挥着非常重要的作用，尽管这种作用随着农协地位的下降而降低，而且，考虑到农协为经济社会带来的副作用，日本政府也在推动将综合农协转化为专业农协，并进行公司化改革，但农协在日本农村中的地位短期内还是无法取代的。近些年来，日本政府开始加大农业改革力度，逐步放开农业政策，对农协机构和业务进行彻底改革。

尽管如此，农协目前仍然是日本农民利益的重要组织保障，这一点还体现在农协政治功能的发挥上。农协有着健全的参政议政机制，按照“三级建制、三级参与”的原则，中央农协、县级农协和基层农协分别参与同层级政府的议政活动，反映农民的呼声，维护农民的权益。市町村政府的农政协议会直接由市町村政府和基层农协联合组建。国家有的政策方针，如稻米生产、价格补贴、农村信贷、农田基本建设等直接由农协负责落实。另外一些政策如对农户生产计划的制订、新技术的推广、农副产品市场的开发等，由市町村政府和农协共同负责组织实施。所以说农协在实施农业政策、保护农民权利、服务农民生产生活等方面发挥了重要作用，拥有较高的政治地位和影响力。不过，由于农协实力强大，逐渐成为农业改革的阻力，导致日本农业的低效率，为此日本政府做出了一系列改革。但总体而言，日本农协保障了农民利益，减少了非理性的意愿释放，确保能够在法律范围内维护农民的合法权益。通过农民协会与同政府部门的对话，可以对政府权力形成制衡，抑制公共产品的“强制性”供给，同时，农民协会成为农村公共产品供给的主体和重要的供给渠道。

（四）农协是政府管理农村社区的重要支柱

日本农业协会成立后，不仅承担起了经济职能，在农村社区建设中也发挥着重要的作用。村落的一些事情都是由市町村政府和基层综合农协相互磋商、共同负责。举办运动会、举行祭祀活动、道路修缮、河道清理等公共活动所需的物资大都由农协负责采购，各种费用的征收工作也是由农协金融部门执行。农协虽然是民间组织，但在替政府承担责任方面功能强大，实际上具备了“半官方”色彩。日本政府制定的农村经济、社会发展政策，大都通过农协来贯彻落实，成为“政府代理机构”。农协在农村开展的生活指导范围非常广泛，包括卫生保健、老人扶养、子女教育、文体活动、环境改善等。农协的公共设施，也得到政府财政资金的大力支持，国家和县两级政府会无偿补助一半左右的公共设施总投资。在日本政府推广的农村“一村一品”社区营造运动中，农协发挥着非常重要的作用，是该运动的强大组织基础，农协以地缘、业缘为纽带，以社区居民为主要成员，数量多、分布广、服务领域广泛，它们对历史建筑物、道路、居住环境、自然环境进行保护和改善，开展丰富多彩的文化体育活动，在社区环境治理、促进就业、开展教育和社会保障等方面做出了大量的工作。

第三节　韩国农协参与农村社区治理的经验

韩国农协成立于1957年，借鉴日本农协的经验由国家自上而下组织起来，分为中央会、郡协会和单位农协，1961年农协与农业银行合并成立综合性的新农协。1964年开始，农协进行改组，单位农协从以里、洞为单位扩大为以邑、面为单位。改组后的农协业务范围日益扩大，经营实力不断增强，在组织农业和农村开发中占据了主体地位（金瑛，2010），农协在农村中的重要作用，突出体现在从20世纪70年代开始的“新农村运动”中。韩国发起的新农村运动，旨在“消灭贫困，建设一个充满活力的社会”。新农村运动由政府提供部分支持，各个村庄自主制订计划，运动内容主要有：农村基础设施建设，包括道路、水、电等生活基础设施和公共基础设施；提高农民收入，包括推广水稻种植、调整农业结构、改善生产设施、发展副业为企业增加就业机会等；创办农民会馆，通过兴办会馆扩大农民对新农村运动的讨论、培训和交流；进行国民精神教育，改变农民腐朽落后的封建思想，形成新的道德文明和规范；发展农协金融，对农民实施各种补贴，增加对农业的投入。在整个新农村运动中，农协起着非常重要的作用。

韩国的新农村运动一般认为可以分为五个发展阶段：①基础设施建设阶段（1970~1973年）。这一阶段的目标主要是改善农村落后的居住条件，政府通过采取无偿提供水泥、钢筋等建房物资，调动农民新农村建设的积极性，并大力促进精神文明，鼓励勤勉、自助和协同。由于这个阶段农村的经济基础非常薄弱，居住条件很差，生活质量很低，政府的这些投入可谓雪中送炭，对改善农村落后面貌起了相当大的推动作用。②扩散阶段（1974~1976年）。运动迅速向城镇扩大，成为全国性的现代化建设活动。重点是居住环境和生活质量的改善和提高。大力建设公共设施，新建住房，发展多种经营，发展农村科技文化教育，农民收入大幅度提高，生活质量大大改善。③充实和提高阶段（1977~1980年）。这一阶段政府大力鼓励发展畜牧业、加工业以及其他特色农业，并将保险业作为工作的重点。不过这一时期，反对新农村运动的声音不断高涨，政府受到各种批评，政府行政领导逐步退出了新农村运动，以行政村为单位在政府的主导下开始积极参与新农村运动，组建开发委员会，吸收全体农民为会员，开展修筑道路、整治环境、文体活动和社会救助等活动。④国民自发运动阶段（1981~1988 年）。这一阶段政府转变新农村运动政策，完善了全国性新农村运动的民间组织，由民间组织来推进培训、信息和宣传工作，农村金融服务业和流通服务业由农协来承担，政府只是负责规划、协调、政策支持、结构调整等。经过这一阶段，韩国的城乡二元结构基本消除，农村居民普遍认为他们的经济收入和生活水平与城市基本一致。⑤自我发展阶段（1989~2003 年）。这个阶段的特征是社区文明建设和经济开发逐渐强化。政府在新农村运动中的作用逐渐衰退，民间组织机构应运而生，担负起科技推广、教育培训、商品流通、金融服务、农村综合开发等职能。韩国农协是和新农村运动共同发展起来的，二者相互促进、相互支持，使韩国农村、农民和农业事业成为世界的模范。

（一）农协是新农村运动各级组织架构的重要组成部分

韩国的新农村运动是由行政机构、农协和农业指导所共同推进的。政府行政机构负责经费支持和实施效果评价，农业指导所负责农业技术开发，农协的任务则是组织农民共同销售、开发基础设施等。可以看出，基层农协在新农村运动中发挥着最重要的作用，是具体业务的承担者，农协业务涉及农户生产和生活的方方面面，涵盖教育支援事业即培养新知识农民、培养农业协同组织、生产支援环境农产物、土壤审定事业、营农现场咨询业、农村信息化事业、农民免费法律服务、农村医疗福利事业、维护农民权益、爱农村运动。农协以农民经济社会、文化地位的提高为目的，与新农村运动的最终目标是一致的。发展农协就是为了改善农民的生活环境，增加农民的收入，要达到这个目的，韩国农协首要做的是组织农产品流通和发展金融事业。而政府部门也充分利用农协组织和农协拥有的基础设施，为新农村运动的成果做出了决定性的贡献。新农村运动实施的主体是农村社区，农协则是社区建设组织架构中的重要组成部分：

一是各道、直辖市设立新农村运动协议会，由农协、新闻机构、电力教育等有关厅局教师组成，由道知事、直辖市市长任议长，协调中央各部委及地方政府间的工作，制订新农村运动实施计划，研究决定各种资源的分配。二是市、郡设立新农村运动协议会，由警察署、农协、邮局、农业高中的有关负责人组成，由市长、郡守任议长，协调、指导和促进市、郡级的新农村运动。三是面、邑设置新农村运动促进委员会，由警察、邮局、农协的有关工作人员以及新农村指导员组成，面、邑长任议长，具体筹划、协调和执行村级新农村运动，根据中央协议会的基本方针制定具体的开发项目和实施操作方案（李水山，1995）。四是村级设立开发委员会，负责新农村运动的具体筹划、协调和执行工作，以保障新农村开发项目按时完成。由此可以看出，从道到最基层，农协都是新农村运动组织机构中重要的组成部分，也是各项计划的重要实施者。

（二）农协是新农村运动中农民收入增加的重要保障

新农村运动的宗旨之一是为了“消灭贫困”，增加农民的收入。为了达到此目的，韩国政府出台了许多利农政策，并由农协将松散的农户组织起来，走上共同富裕的道路。农协在农民的致富过程中，发挥了重要作用，从生产到加工再到销售，农协都是农民的重要帮手。与日本农协一样，韩国农协也是综合性质的，业务涵盖农民生产和生活的方方面面。农协的业务主要体现在三个方面：农产品流通事业、金融事业和教育支援事业。

为农业生产提供服务，是各国农协的最重要职能。韩国农协为了服务好农户，承担了除生产环节以外的所有服务，包括从土壤选择、种苗选育、作物嫁接、培育等。比如根据不同地区土壤中微量元素构成特点，为农民调配不同成分的化肥。为了加强农业生产环节的安全管理，还在5个地区设立了食品安全中心，实施食品安全性检查，引进先进的农产品安全管理制度，扩大安全生产，提供优质的农产品。并且设立了农业机械维修服务中心，开展农业机械租赁业务，农协购买农业机械后，再以比较低的价格租赁给农民。

农业生产资料采购和农产品销售，是韩国农协的最重要职能。农协通过提供种苗、肥料、农药、饲料、各种农用物资及生活用品，减少农民的生产成本，提高农业生产率。农协的销售网遍布全国各地，共计有1800多家生产点销售机构，有水果分类点、低温贮藏室、大米加工中心等，大大减少了农民的销售成本。随着互联网的兴起，农协也与时俱进，积极发展互联网业务，兴办网络商店，开展农产品网络销售和生活用品的网络采购。

金融事业是农协能够长期持续发展的重要基础，包括提供金融服务，如为农户提供贷款、银行存取款、保险、信用卡、外汇、投资金融、合作金融、金融租赁等涉及金融领域方方面面的服务，甚至利用最新的电子金融服务技术，提供数字化金融服务，2003年韩国农协银行存款额居韩国各大金融机构的首位。政府对农业、农村、农民的投资、补贴，大部分是由农协的金融机构落实。

20世纪60年代农协提供的生产资金中，高达70%来自于政府的财政或金融资金，到了70年代中期，才下降到25%。

正是由于农协发挥了重要作用，韩国农民的收入得到了快速增长。1970年，农民的人均收入只有137美元，到1978年达到了649美元，8年之间增长了4.8倍。到20世纪90年代，农民的收入水平达到了城市居民的90%左右，从1996年起，完全实现了城乡居民的收入均等，城乡二元结构状况得以消除，韩国在农业、农村建设上取得了举世瞩目的成就。

（三）农协承担了新农村运动中社区教育的重要职能

为强化新农村运动“勤勉、自助、协作”的精神，韩国政府和农协都建立了相应的培训机构和大学，重点培训农协的理事长、管理人员，向农民传授科学种植、农业机械使用、土木施工、建筑等技术，培养从本科到博士层次的农业技术人才，大大提高了农民的整体素质和协会、社区管理人员的素质。教育支援事业包含的内容不仅是教育本身，还涉及社区生活的各个方面：维护、开发和建设更有活力的农村，提高居民的生活质量；组织乡村旅游，开发将农村、文化和旅游等融合为一体的农业旅游观光项目；多文化家庭支援事业，针对多元文化家庭提供祖国访问支援，取民族名字等；婚丧嫁娶事业，为红事、白事农民提供一站式服务；奖学金事业，为培养农村优秀人才设立奖学金，减轻农民负担；消费者保护事业，与消费者联手，保护农民消费权益。文化教育方面，经常举办各种教育活动和讲座，来传播农业技术知识，提高农民的文化素质，对青少年进行农事和农业教育。休闲娱乐方面，农协会举办各种娱乐活动，丰富农村居民的精神文化生活，比如积极倡导和弘扬农耕文化和地方传统文化，通过组织儿童画展、选拔和表彰新型农民、定期召开农民大会，过农民节日和农村民俗节等。生活方面，农协组织了青年会和妇女会，对青少年和妇女进行有组织的自我教育。同时围绕着生活问题，组织会员分别成立健康、共济、退休人员、文化、生活改善等委员会，经常就各自的领域进行学习和研讨。

韩国农协的发展，离不开政府的大力支持，农协也充分发挥其在广大农民中的凝聚力和号召力，出色完成政府部门交代的各项涉农重任，促进了农村全面稳定发展。

自2003年起，农协以城乡相生为目的，开展了爱农村运动，成立了爱农村全体国民运动总部，掀起了新一轮的农业、农村价值再认识与城乡交流活动，向全民宣传城乡共同体意识，以促使全社会共同解决农业、农村问题（张斌，2011）。该运动是 WTO 体制下为了保护国内农业，与城市居民合作谋求农村活力而推进的，通过一社一村、一校一村、一部队一村等多种姊妹缔结的城乡交流，构建与城市居民的相生基础。安排城市居民到农村旅游，帮助农民干农活，支援生活用品，安排农产品直接交易等帮助农村，农村给城市居民提供干净的环境及健康的农产品。通过地方政府与企业的合作，发掘和推进农村地区开发事业，包括老人福利事业、爱农村运动、农村旅游事业、农村文化事业等。爱农村运动的另一个目的是促进城乡协调发展，让城市居民和农村居民都能够获益。号召城市居民为农村输送优秀人才、信息和技术；农村居民为城市居民提供安全优质农产品和休闲空间等，在韩国全境引起很大反响。韩国农协提出的城乡相生、身土不二理念，旨在倡导全民维护和珍惜农村、建设更有活力的农村（杨团等，2013）。

（四）农协与新农村运动中涉农政策的执行

韩国政府的相关农业管理机构主要负责宏观的农业调控、管理、政策制定等，政府把大量的涉农业务委托给农协经办，比如监督和落实国家农业政策、农产品行业管理、农业谈判、农产品政策性收购、农村教育、农民培训、农村金融、农村保险、农村医疗等，因为农协有着比较完整的体系，又有强大的号召力和凝聚力，保证了政府对分散农户新农村建设调控的落实，新农村运动的政策、法令、计划以及具体措施等，绝大部分是由农协组织农民贯彻执行的。由于有了农协的组织保障，建设新农村和增加农民收入事业大都取得了预期的效果（金瑛，2010）。这其中的关键环节是国家发展农协坚持民办、民管、民营的原则，坚持主要通过法律和经济杠杆来规范引导农协健康发展，在此前提下，国家让农协具体参与大量的管理和发展农业，农协直接向政府反映问题和提出建议，政府据此改进计划和政策等后又通过农协执行，如此良性循环，实现了国家高效、高能发展农业，又减少了政府的社会管理成本，同时提高了农协的活力和发展潜力。

政府在新农村运动不同阶段的作用和功能不一样，但有一个总体的趋势，那就是作用逐渐减弱，功能逐渐变窄，从最初的主导到最后成为辅助。而民间组织，特别是农协的作用不断加强，逐渐成为新农村运动的骨干力量。新农村运动开始后，政府的强力参与助长了农民的依赖性，也打消了他们的积极性，容易出现不符合农村发展规律以及违背农民意愿的情况，不利于新农村运动的健康发展。进入 20 世纪 80 年代的国民自发运动阶段后，政府做出了相应的改变，建立和完善了全国性新农村运动民间组织，政府把自己的工作重点定位在规划、协调以及提供必要的财政、物资和技术支持上，大力发展农村金融业、流通业、改善农村环境，提高农民收入。基层农协则与政府部门通力合作，承担了新农村建设绝大多数的具体工作，新农村运动取得显著成效。农村经济快速发展的同时，农协的规模迅速扩大。据统计，自 1969 年开始，短短 3 年时间农协的业务呈现大幅度增长，农协业务量增长了 20.3 倍，社员利用量增长 3.9 倍，贷款增长 3.6 倍，工作人员数量增长 1.9 倍，农业的基础设施投资额增长 3.4 倍。在比较短的时间里，基层农协就构建起了遍布全国的综合性营业网络。截至 2006 年 6 月，1132 个基层农协有 1132 个本部，3445 家分部，共 4567 个店，还有金融网点 4602 个，超市 2095 个，农机维修中心 635 个，加油站 668 个，产地流通中心 348 个，大米处理中心 153 个，农产品加工厂 101 个，人均参加工厂 11 个，地区食品直销场 75 个，这些都属于基层农协的自有资产（杨团，2018）。

第八章　农民合作社参与农村社区治理的模式选择

如前几章所述，国际和国内农村发展的经验表明，农民合作社在新型农村社区中的作用，不仅停留在经济方面，还应该向综合方向发展，使其能够真正发挥在维护农民利益、化解乡村社会矛盾以及进行乡村建设等方面的多重功能（董进才，2014）。充分发挥农民合作社在社区建设中的作用，不仅具有必要性，也具有理论和现实的可能性。不少地方的农村社区在建设过程中实现了多村合并，给农村带来了巨大的活力，不过也给农村社会管理带来了新的问题。如何能够超越单纯的选举民主以及以此为基础的村民自治道路，进而发展出一条通过农村基层党组织的领导，同时吸纳村民自发的联合力量，从而将农民重新组织起来，建设乡村的政治机构以完善乡村治理的道路，乃是今后解决农民问题的关键所在。农村社区建设必须按照有利于健全"党委领导、政府负责、社会协同、公众参与"的多元主体治理格局进行，最大程度地促进社会管理资源整合，强化公共服务功能，提高农村社会管理水平。

第一节　多元主体参与的农村社区治理结构

社区治理的理想状态是"善治"，是国家与公民社会关系处理的最佳状态。善治的实现，必须是除了政府之外的多元化主体共同参与到社区治理中来，并且形成协同效应。多元主体形成协同效应的前提，是要在这些参与主体之间形成合理的科学治理结构，充分发挥各治理主体的力量。因此，新型农村社区治理必须解决治理结构合理化问题。党国英（2005）认为，乡村治理结构的核心是乡村社会的组织问题，回避乡村社会的组织问题，就不会解决乡村社会的治理结构问题。国家要在各种市场关系中支持弱者，平衡普通农民和各种垄断集团的关系。至少，政府不要站在垄断者一方。平衡这种关系的办法，有比给农民钱更重要的，就是帮助农民组织、发育自己的经济组织乃至政治组织（如农民协会），理由是农民的组织程度与农村社会的稳定乃至国家的稳定成正比。组织间的对话成本低，交易成本也低。

新型农村社区作为新生事物，各地都在积极地探索治理模式，出现了一些好的典型，但至今还没有形成一个成熟的范式，尚需积极探索改进。我们认为，社区治理与公司治理有许多相似之处，公司治理已经有数百年的经验，许多地方都非常成熟了，社区治理借鉴公司治理经验很有必要。现代公司治理制度的产生，是所有权与经营权分离的结果，是股东与经营者之间委托代理关系出现后形成的。所有权和经营权的分离，导致信息不对称、责任不对等、契约不完善和激励不相容等问题成为普遍现象，为了解决这些问题，企业所有者就要通过构建科学合理的治理结构，以及一系列的制度安排来实现，从而形成对企业经营者有效激励、约束和监督，保证股东权益不受损害。现代公司治理制度的关键是依靠完善的治理结构，使得董事会、经理层、监事会分别履行好决策、执行和监督职责，相互制约、相互支持，最终促进公司目标的达成。新型农村社区治理中，政府与社区管理者之间、社区管理者与社区居民之间同样存在着类似的委托代理关系。农村社区治理体系的完善，也要梳理好决策层、执行层和监督层的关系，每个层次的机构组建要合理，作用才能充分发挥。社区居民代表大会是社区最高权力机关，代表全体农村居民承担自治功能；党组织作为农村的领导力量，是社区事务的决策机关；社区服务中心是执行机构，承担社区具体的服务功能，各个社会组织是服务体系的有机组成部分，发挥了部分执行机构的作用；议事监督委员会是监督架构，全面监督社区各项事务。具体来说就是构建起以社区党组织为领导核心，社会各界参与支持，社区居委会议事、决策，社区服务中心办事的社区居民自治体，在这个治理体系中，农民合作社作为“社会各界参与支持”的重要一员，其作用还没有得到充分发挥，是新型农村社区治理成效的提升的重要变量。

（一）农村社区的权力机构

2017 年 12 月 14 日，民政部中国社区发展协会发布的《2016 年中国城乡社区发展报告》中指出，目前我国 85%的村建立了村民会议或者村民代表会议制度，89%的社区建立了居民（成员）代表会议制度。社区居民代表大会是在农村社区党组织领导下的代表本社区居民利益的最高“权力机构”，是群众自治组织，社区居民代表大会在社区党组织的领导下，开展民主自治活动，依法行使职权，对全体社区居民负责。由社区单位代表和居民代表组成，定期讨论决定社区重大事项，是社区居民依法行使民主管理权力的组织形式，具体负责社区民主决策事务，依法选举并监督社区居委会的工作。社区居民代表大会有权监督社区居委会、社区服务中心等工作，对于涉及社区居民利益的重大事项，有权要求社区居委会必须在社区居民代表大会讨论通过后方可实施。

社区居民代表大会的主要职责包括：选举社区居委会，依法撤换和补选社区居委会成员；讨论决定社区的发展规划和年度工作计划；听取并审议社区居委会的年度工作报告和财务收支情况报告；制定和修改社区居民的自治章程、文明公约等；审议涉及社区居民和单位公共利益的重大问题；否决和修改居委会不适当的决定和决议；等等。

（二）农村社区的领导机构

无论是原来的“乡政村治”，还是现在的新型农村社区建设，坚持党的领导是维护农民切身利益的根本保证。新型农村社区必须坚持党的领导核心作用，在新农村社区中设党委或党总支，所辖村中设党支部，并且注重在农民合作社以及其他自发组织起来的社会组织中建设党支部，加强党在农村中的领导。党组织是新型社区治理体系中的“领导机构”，主要职责是贯彻党的路线方针和政策，讨论决定社区发展中的重要问题，负责领导社区自治组织和其他社会组织，统揽协调社区发展全局。农村社区党组织在社区事务决策中具有“核心”地位和作用，并积极支持社区居委会依法行使权利、开展工作，保证农村社区民主决策和民主管理的落实。

（三）农村社区的执行服务机构

社区居委会是社区的“执行机构”，以完善居民自治为重点，由社区居民依法民主选举产生，实行自我管理、自我教育、自我服务，是社区居民自治的组织者、推动者、实践者，是居民参与社区管理和服务、反映利益诉求、监督评议各类社区机构的组织，是开展公共服务、志愿服务、自助互助服务的平台。“社区综合服务中心”是具体的服务组织，承担了政府服务社区的多项功能，是乡镇政府对外服务管理的平台和窗口，承接政府公共服务和便民服务事项，是主要的执行机构。社区综合服务中心以有效满足居民需求为重点，是居委会举办的民办非企业单位，隶属于社区居委会，向居民开展公益性活动，承接居家养老、家政服务、文体娱乐、物业管理等便民利民服务，是社区捐助接收站、庇护站、老人之家等福利性、公益性的代理机构。新型农村社区形成后，农村基层治理体系就形成了“乡镇—农村新社区”的二级治理架构。在乡镇和行政村之间，或直接在行政村上设立服务中心或服务站，如江苏省的“社区管理服务站”，宁波市的“社区服务中心”，舟山市的“社区管理委员会”等，名称尽管不同，但都是办理政府公共服务的居村机构，农村社区成为取代原来村委会的最基层社会单元。新型农村社区建设必然弱化村级自治组织，将村委会管理和服务功能转移到社区中，形成以社区为基础的基层治理单元。多数社区现在形成了党组织（支部或党委）、居委会、社区服务中心（站）“三位一体”的治理架构。

（四）农村社区的议事监督机构

2012年颁布的《浙江省实施〈中华人民共和国村民委员会组织法〉办法》中规定，农村社区应当建立由本社区居民和驻在社区的单位组成的社区议事协商组织，协商决定社区建设的重大事务。事实上，在农村中“村民议事”“基层协商”“业主协商”“村民决策听证”等协商形式开始在农村社区基本建立，居民在社区治理中的主人翁地位日益增强①。社区的议事监督委员会是社区的监督机构，由具有参事议事和协调能力、在群众中有威信的部分社区居民代表大会的代表，社区内县、乡人大代表、政协委员，各类乡贤及知名人士，社区内各类经济社会组织的代表等组成，其成员由社区居民代表大会选举产生。社区议事监督委员会受社区居民代表大会的委托，在授权范围内行使社区自治事务议事权和监督权，讨论决定社区村级日常事务。社区监督委员会是“监督机构”，主要功能有：督促居委会实施社区居民大会和居民代表大会确定的决定和决议，监督重大事项的落实；监督社区居民委员会和社区事务的公开工作；听取和审议社区居民委员会、社区干部的年度工作报告，参与对社区党组织、社区自治组织及其成员的民主评议工作；讨论审议社区的经济社会发展规划、社

① 我国八成以上村和社区建立了居民代表会议制度［EB/OL］. 新华网，http：//www.xinhuanet.com//politics/2017-12/14/c_1122113156.htm.

区资产管理和收益分配、社区财务收支及制度执行情况、社区公共服务和社会管理等事务；商议贯彻落实上级方针政策的具体实施措施，商议涉及社区居民和集体利益有关问题；代表居民对社区经济、政治、社会、文化等社区事务提出意见和建议，保障居民群众的知情权和监督权。

对于一般农民来说，参与社区事务管理的机会并不多，知情权、参与权、监督权和决策权很难得到保障，尤其是处于“无组织”状态的农民，在社区事务中更是没有发言权。议事监督机构的设立虽然从制度设计上给了普通农村居民平等参与社区事务的机会，但由于他们处于松散状态，没有动力也没有更多的能力来履行这样的职能。在绝大多数新型农村社区中，代表范围广、影响力大的组织首先是农民合作社组织。因为农民合作社联系群众多，经济实力比较雄厚，组织与社区的关系比较紧密，社区的发展与合作社的发展息息相关，因此，农民合作社更加有动力来监督社区事务。所以，在新型农村社区议事监督机构的建立中，一定要吸收农民合作社的参与。

（五）农民合作社等社会协同机构

创新农村社会的治理，既要充分体现党和政府在社会管理中的主体地位，同时也要发挥农村自治组织和社会组织的协同作用。曼德和阿斯夫（2007）认为，要实现社会管理创新，必须重视社会组织的培育和发展。多元主体的协同治理是农村社会管理实现“善治”的标志，也是今后农村社会管理创新的目标与方向，多种治理主体只有在博弈过程中不断进行优化、整合，才能形成理想的治理模式。社会力量的参与是新型治理体系的重要一环。农业政策、财政项目的实施等政府对农业的支持，可以主要依靠农民合作社来进行。农民合作社的作用是其他社会组织取代不了的，要积极培育农民合作社，通过它们提供大量的社会公共服务，满足农民的物质文化需求，提升广大村民的归属感，增强乡村社区的凝聚力。农民合作社与地缘组织的协同，不是有益的补充，不是替代，而是有机的分工合作。通过农民合作社，培育新型农民，实现新型农村社区治理转型，推进政府职能转变，从而建立起农村社会管理多元主体的协调运转机制。政府惠农项目、资金的管理和运作，在基层还没有一个有力的组织来依托进行。这种新型社区管理体制，适应了农村社区社会服务的需要，但是在带领农民发展生产这方面的功能还欠缺，需要在现有的管理体制基础上，嵌入农民合作社等业缘组织，充分发挥这些自治组织在农民致富中的带头作用，利用他们与农民的密切关系，扩大其服务范围，弥补地缘组织社会服务能力下降的不足，切实提升农村社会服务管理水平。行政体系受机制及机构编制约束，效率不高，还易出现“漏出效应”。社区居委会一般来说公共资产较少，法律上也没有授予生产、经营功能，无力承担政府农业政策委托事项。商业企业及农业大户为私人性质，与“三农”政策的普惠目标不一致。大多数的专业合作社规模比较小，只是覆盖了社区的部分农户，且专业合作社还存在着龙头企业或农业大户控制现象。综合性农民合作社功能多样，成员覆盖面广，合作社一般都有比较强的经济实力，农民参与充分。日本、韩国的经验表明，依托综合性农民合作组织，可以有效地解决上述问题。此外，其他社区社会组织也要积极吸收到社区治理中来，老年协会、妇女协会、红白理事会等都是社区公共产品提供的重要力量，只有社会各界都投入到社区服务中来，社区的各项事业才会得以顺利开展。

第二节　多元主体协同的农村社区治理机制

协同学理论认为，一个系统能否发挥最大的效用，关键在于系统构成的各个子系统以及各个组成部分之间能否实现有机地相互配合、相互协调，如果它们之间能够确立共同的目标，围绕该目标相互协调配合，那么就能够实现一加一大于二的协同效应，否则整个系统的运行就是低效状态，难以发挥整体功能。新型农村社区治理的效果要提高，要实现“善治”，必然是社区各治理主体之间的紧密协作。社区治理体系的创新，与其说是政府加强社会管理的需要，不如说是重组利益关系和形成新的利益共同体的需要——这个利益共同体就是社区的可持续发展和社区居民生活质量的不断提高。社会协同治理机制是指政府梳理多元共治理念，综合运用行政、法制甚至市场机制等多种形式和手段，与社会组织一起构建各种制度化的沟通渠道和参与平台，建立健全各种机制，发挥社会在自主治理、参与服务和协同管理等方面的作用，着力加强对社会的培育，最终形成政府主导、社会协同、共治共建共享的社会治理新格局，实现充满活动、和谐有序的社会治理目标（严国萍、任泽涛，2013）。

（一）社区治理的民主参与机制

实施社区居民代表大会制度是居民参与社区治理的最重要途径，该制度通过法律制度的方式保障社区居民的参与权。另外，充分征求居民对社区管理的意见和建议，也是保证居民参与的重要形式。比如举办社区听证会、民主商议会等，就是社区居民参与社区事务管理的有效形式。凡是涉及本社区公共利益的、与社区居民日常生活密切相关的，社区居民普遍关心的热点和难点问题都可以举行听证会、协商会，比如土地使用问题、环境整治、公共设施维护、社会福利、外来人口落户、社区安保、商业网点选址等问题，决策之前通过征求各方的意见，集思广益，以达到相互了解和沟通的目的，求同存异，达成共识。

有不同的治理主体、不同的利益诉求，协调各方的利益要求非常关键，特别是协调农民合作社一类的业缘组织与原来的村级地缘组织之间的关系非常重要，社区议事协商委员会是“协商机构”，可以由社区内人大代表、政协委员、居民代表、农民合作社代表、企业代表、乡贤等组成，在社区代表大会闭会期间行使对社区事务的协商、议事职能，对社区管理委员会的相关工作进行监督。不同利益主体在社区事务决策中充分表达自己组织的利益要求，通过民主协商的方式，按照决策程序进行决策。加强农村社区协商，按照协商于民、协商为民和民事民议民决的要求，对涉及社区居民切身利益的事务，广泛开展协商，推动社区协商制度化、规范化和程序化。治理过程由行政管理向民主协商治理转变，在协商、谈判、合作过程中激发各个治理主体的参与积极性、主动性和创造性，鼓励农村居民参与社区公共事务，新型农村社区建设需要在农村居民中塑造民主化和公共化的观念，强调居民参与，培养农民的公民意识，提倡自己的社区治理理念。在社区公共政策方面，由过去人们习惯的政府部门、乡村组织决定社区发展方向，转变为由多元主体协商治理社区，社区居民和社区社会组织更多地思考社区的未来，主动地关心自身的环境，切实根据社区的实际情况，长远谋划社区未来的发展。日本两次大规模市町村合并，形成了居民跨区域、灵活居住的特点，与我国目前正在建设的新型农村社区非常相似，日本的做法是充分激发和挖掘地域组织团体、地域生活和地域中心管理的作用，在基层治理体系中，公共行政、公共服务、公共管理、生产经营与居民自治有机结合，构建起法治、德治、自治三位一体的社区治理体系，实现政府治理和社会自我调节、居民自治良性互动。

农村社区实施多元化主体治理，政府对农村的投入方式也要进行相应的变革，做到“权随责走，费随事转，责权利配套”，投入资金真正落到治理主体身上。积极扩大政府购买社会服务试点，确保社会组织承接社会性服务职能时的权责利相统一。此外，还要建立起多元化投资体制，积极提供政策支持，动员社会各界力量尤其是农民合作社、民营企业投入农村社区建设。

（二）社区治理的科学决策机制

多元主体的协同治理，最主要体现在重大问题的决策上。政府要实行科学决策，首先就要合理配置决策权，实现由单一决策主体向多元决策主体的转变，建立以政府为核心的多元决策主体结构。要真正体现社区的多元主体协同治理，需要构建起多元决策主体群，社区重大事务决策的主体不能只是由社区党组织做出，应该是以社区党组织为核心，以居民委员会、农民自治组织等社会各方参与的“共治”模式。通过分散社区管理的决策权，增加参与决策的主体数量，使决策结果能够真正代表广大农村居民的意愿和利益，促进农村社区治理的科学化和民主化。

在“乡政村治”治理体制下，为保证重大问题决策的科学性，一般是由村党组织和村委会联席会议共同商议，取得一致意见后交党员大会、社区居民代表大会或村民大会讨论表决。这种决策机制理论上具有科学性，但是在实际运行过程中，不少村“两委”之间矛盾突出，科学决策的机制并没有形成。在新型农村社区管理过程中，如何合理地配置社区管理的决策权，是确保重大事务决策科学性的关键。石亚军（2006）把决策权按照决策环节划分为提议权、参议权、评议权、审议权、定议权。农村社区实施的是党领导下的自治管理，农民和自治组织除了享有一般社会主体的提议权、参议权和评议权外，在治理框架允许的范围内，应该有社区事务管理的审议权和定议权。农民合作社等社会组织从自身利益、组织利益出发，与社区的整体利益相结合，向社区决策机构提出意见和建议。新型社区管理，应该建立起农民自治组织积极参与和社区党组织决策相结合的决策机制，健全重大决策的规则和程序，实行依法决策、科学决策和民主决策。在这个决策体系中，社区党组织发挥的是主干性作用，农民自治组织发挥的是支撑性作用，两者决策力量在决策过程中相辅相成、相互尊重，在科学决策过程中不可或缺，健全对涉及经济社会发展全局的重大事项决策的协商和协调机制。

（三）社区治理的监督制衡机制

虽然专门成立了社区监督委员会，负责对社区重大事项落实、社区财务等进行监督，对社区服务、社区事务提出意见和建议，保障居民群众的知情权和监督权。在农村社区治理中，加强党内监督是确保各项工作符合法律规范，保障村民权利的最重要手段，社区自治不能忽视地方乡镇党委政府的监督作用，应明确规定乡镇主要领导对社区工作人员的腐败问题承担责任，强化乡镇党委政府对社区干部的监管力度，保证监督的独立性和有效性。同时要完善农村社区村民代表大会的监督职能，对社区重大建设和事项的合法性进行法律监督、舆论监督。

从社区和一般农村的实际运行状况来看，民主监督通常是最薄弱、最难以实施的环节。依照《中华人民共和国村民委员会组织法》村民通过村民大会实施监督权利，村民大会一年只开一两次，而多数地区根本组织不起来，依靠村民大会进行监督没有现实意义。对在村民大会休会期间，如何对村干部实施日常监督则没有明确规定，所以说，村干部受到的监督很少。在农村新型社区建设中，构建有效的监督机制和权力制衡机制，是治理水平提高的重要标志。党的十八大提出“要建立健全权力运行制约和监督体系，要确保决策权、执行权、监督权既相互制约又相互协调，确保国家机关按照法定权限和程序行使权力”，虽然强调的是党政机关，但对基层社区同样适用，“让人民监督权力，让权力在阳光下运行”，构建完善的社区监督体系，是国家社会稳定和人民生活安逸的基础。实践上看，制度化、组织化监督是农村社区监督体系构建中最迫切也是最重要的环节。建议由农民自治组织推荐产生社区监督委员会，通过召开会议等形式对社区党组织和管委会提出意见和建议，进行民主评议和监督，并向社区会员代表大会和社区委员会反馈情况。农村自治组织，特别是农民合作社，具备公益性、非营利性、非政府性等特点，作为一个有组织的力量，能够发挥比个体农民更大的力量，对社区管理部门形成监督和制衡。

当代社会舆论监督的作用越来越强大，在农村社区监督中应该给予足够重视。通过合作社强大的教育功能，强化广大农村居民自身的权利意识，大力宣传公共权力来源于公民权利，应该依法受到规范、限制与监督等观念，提高广大农村社区居民参与民主监督的积极性。充分利用现代媒体，宣传社区建设中的经验与典型，揭露社区发展中的问题、存在的弊端。通过构建完善舆论的监督职能，利用社会舆论对农村社区重大建设和事项的落实进行全方位的监督。

（四）社区治理的激励约束机制

发达国家农村社区的公共服务产品一般都是由社会组织和经济组织来提供，政府的作用是制定宏观政策、提供必要的资助等。我国农村人口众多，许多地方政府财力有限，构建相应的激励机制，鼓励农民合作社和其他社会组织积极参与到社区事务中来，是解决现阶段社会主义基本矛盾，满足农村居民物质文化生活需求，提高农村社区公共服务水平的必要途径。

社区公共产品不能完全通过市场的途径提供，需要依靠社区居民的热心奉献。国际和国内的经验表明，一些公益性社工、义工组织在社区建设中可以发挥显著作用。为鼓励组织和居民热心参与社区公共事务，乡镇政府、社区每年可以评选社工、义工先进分子，进行典型宣传，积极推进全民参与社会工作、义务工作，增强社会认同感。另外，要逐渐形成一种社会氛围，充分肯定社工、义工的重要价值和意义，使其成为升学、求职、信贷、晋升、评优评先的重要参考依据。农村社区不像城市社区那样有良好的社区工作者队伍，社会服务更多地需要依靠自己来提供。农民合作社作为最具经济实力和社会号召力的组织，应在社工、义工领域做出表率，组织发动社员参与社区公益活动，主动承担社区服务的社会责任，树立良好的组织形象。

在新农村建设过程中，各级财政资金都给予了不同程度的支持，用于道路、供排水、垃圾处理、沼气建设等基础设施和社区服务中心、卫生室、文化场所、幼儿园等公共服务设施建设。财政资金在保证生产投入外，逐步加大公共服务的投入，通过项目购买、补贴、奖励、岗位购买等多元化形式，激励农民自治组织参与到社会管理中来，吸引多元社会主体和多渠道社会资本加入社会管理领域，鼓励、引导、支持社区社会组织参与和谐社区建设。同时，社区在公共资源的配置上，也要给予社会组织设施、场地资源等必要的支持，使他们在为社会服务的过程中，感受到政府及社区的支持和关心。当然，农民合作社参与农村社区建设，有组织原则中规定的“关心社区”因素，更多的是追求对组织长期发展的利益，参与社区建设的动机可能是多元的，有时候农民合作社的诉求与社区的利益并不一致。农民合作社如此，其他社会组织也是如此，一般来说，这些组织不会在损害自身利益的前提下参与社区建设，甚至会为了组织自身的利益而损害社区的利益，因此必须建立起相应的约束机制，防止出现利用这些组织参与社区建设的机会，单纯谋求自身利益的行为。

第三节　多元主体协同的农村社区运作模式

在农村构建“党的领导、政府负责、社会协同、民众参与”的社会治理模式，中共中央已经明确给出了方向，只是作为新型农村社区，与一般的农村社区相比有着许多不同的特点，需要根据实际情况创造性地开展，有针对性地落实。

（一）坚持党对农村社区的领导地位

基层党组织建设在农村中比较完善，在带领农民致富、维护农村稳定方面做出了重要的贡献，是党在农村中重要的战斗堡垒。在新型农村社区建设中，坚持党的领导依然是农村社区建设健康发展的保证。基层党组织在维护社会稳定、保持农村基层秩序、促进农村社会和谐与“善治”中发挥着无可替代的作用。在新型农村社区治理中，如果不把不同势力和不同利益群体纳入到党的统一领导之下，势必会产生对立与冲突，直接影响到党在农村的执政地位（陈晓莉，2012）。社区党组织是社区组织和社区工作的领导核心，在乡镇党委的领导下开展工作，社区党组织要从政治、思想、组织、加强管理、强化监督等方面全面完善工作机制，充分发挥其对社区各类组织和各项工作的领导，各类组织的党组织和党员均纳入社区党组织管理。农村社区中必须广泛推行农村“党建+”模式，实现基层党组织对农村各项工作和其他农村社会组织的统一领导，把党的领导落实到农村社区治理的方方面面。

加强社区党组织的领导，要处理好社区党组织与原来村支部的关系，尤其是在新型农村社区建设过程中依然保留村支部的地方，一定要清晰界定社区党组织和村支部之间的关系。随着农民合作社、民营企业的快速发展，要有意识地在农民合作社内部建立行业党组织，指导和帮助符合条件的非公企业建立企业党组织，真正做到党组织的全覆盖，社区党组织要处理好与这些业缘组织党支部的关系，既要主动发挥对它们的指导作用，又不能干预合作社或企业的业务工作。同时，由于人员流动性加强，流动党员越来越多，对于没有正式单位挂靠的党员，社区应该成立临时流动党员党支部，通过代管、协管等方式，对这部分党员进行有效的管理，充分发挥他们在农村社区服务方面的先锋模范作用。通过全覆盖，实现党组织对新型社区内各个组织和社会组织的管理。农民合作社、民营企业也要积极建设党组织，与社区党组织一起，构成农村社区党组织网络，积极贯彻党的农村建设方针，为农村基层社会的管理贡献自己的力量。

（二）发挥地方政府的指导和监督作用

农村社区建设中的“政府负责”主要体现在政策制定和宏观调控上。通过制定有利于社区建设发展的政策、规划，并采取财政引导投入方式支持社区建设，并对非营利性组织进行管理和考核。日本、韩国以及台湾地区的经验表明，地方政府一般不采用直接行政管理的方式，更多的是通过制定法规、规划、政策以及提供资金，对社区的治理活动进行间接指导、协调和监督，并通过政府部门、自治组织、非营利组织、社区企业之间形成多元伙伴关系来实施社区发展项目（程同顺、杜福芳，2012）。在我国农村社区管理过程中，政府干预过多，造成了许多负面影响，应该引起高度注意，改变这种不符合农村社区建设规律的做法，今后政府应主要以间接的方式引导农村社区建设的发展方向和发展方式。

新型农村社区建设中的“政府负责”还体现在对社区的财政支持上，一些地方在建设新型农村社区时直接设立服务机构，作为政府服务机构向农村的延伸，这就使农村社区治理机构更加复杂化，政府的派出机构、传统的社区组织和新生的社会组织，都希望在社区治理中施展自己才能，如何理顺不同类型组织的权力关系非常必要，是社区良好治理的前提，尤其是由几个村子联合建立起来的社区，需要处理好社区组织和村委会的关系、社区组织和乡镇政府的关系、社区组织和新生社会组织的关系。政府与社区不是行政隶属关系，是法律指导和监督的关系。政府在推动社区建设过程中，可以下派管理与服务机构，还可以通过购买服务的方式将管理委托给自治组织，但从体制上说，农村社区一般不提倡设立政府的延伸机构，农村社区建设更多的是依靠农民自治，政府负责比较直接的体现是对公共产品和社会服务的购买，而且由于许多县级财政薄弱，这个购买在公共产品中的比重也是比较低的。社区是政府服务的延伸，政府投入财政进行社区建设，但是具体怎么建设、做什么要结合社区的意愿，因为农村社区是自治组织，具体做什么应该由社区来决定，社区财政投入主要包括工作人员的经费、基础设施经费及运行经费等。政府与社区之间应该是“指导与协作、协调与监督”的关系。应尊重社区群众自治权利，把应该由社区自我完成的事务，如社区的治安巡逻、文体活动、环境卫生等工作交给社区管理，政府只发挥指导和监督的作用，为社区的群众自治进行服务。对于政府职能部门安排的任务，本着责、权、利相一致的原则，属于职能部门完成而需要社区予以协助的事务，在征得社区同意的前提下协商处理，对于工作量大、持续时间长的事务，要按照“费随事转”原则将此项工作的经费拨付社区或给予社区一定的经济补贴，社区难以承担的任务可交由社会组织来完成，要形成“花钱买服务”的观念。随着农民合作社等社会组织越来越多、越来越完善，社区的公共服务、公共产品尽可能多地交给这些组织来完成，充分体现“农民的社区农民建，农民的社区农民管”原则，增强群众在社区建设和社区治理中的主动性、能动性和创造性。

（三）坚持多元社会主体协同的原则

社会协同主要是培育更多的社会组织参与到社会治理中来，在农村社区中要实现社会协同，最重要的是实现业缘组织与地缘组织的协同，也就是各类农民合作组织、民营企业等单位与原有的地方行政组织、类行政组织的协同。城市社区中的居民，除了居住在一起具有“地缘”关系外，一般不再具有其他的社会关系，在治理过程中“地缘”关系成为主要考虑因素，参与协同的社会组织主要是业主委员会、志愿者协会等“地缘”社会组织。农村社区与城市社区具有很大的差异，虽然随着撤村并居，但是原来的“地缘”和“血缘”依旧存在，而且由于居住更加集中，这种相互之间的关系更加密切，居民之间发生的联系种类、联系强度更强和频次更高，尤为不同的是，这些居民之间“业缘”的联系更加突出。农民合作社正在农村飞速发展，越来越多的农民加入了农民合作社，在有的地方，农民合作社社员在农村中所占的比例已经非常高，农民合作社对农民的影响远远超过了农村其他组织，一些地方甚至超过了包括村级党组织和村委会，他们在社区治理中的作用非常关键。因为农民合作社直接关系着农民的生产和生活，农民合作社自身的治理，本身就是农村社会治理的有机组成部分，因此农民合作社也要意识到自己的社会责任，在一些领域如教育培训、文化活动等带有社会公益的一些活动，应该主动适当扩大范围，活动惠及社区普通群众，政府及社区组织对此要给予大力支持。

除了农民合作社外，农村中的民营企业也是社区治理的重要力量。民营企业的劳动力以农民工为主，以企业为载体的农民工有的是本村的居民，也有外来务工人员，他们不像城市那样同一个单位的人员居住非常分散，农村民营企业的员工或者直接来自本社区，或者是外地务工人员，大都住在社区内，所以农村居民中的“单位人”性质反而更加浓厚一些，他们与社区的关系更为密切。这些组织参与农村社区治理，不同于一般的老年人协会、文化协会等，他们不仅关系着农民的生活，还关系着农民的生产，所以民营企业应该参与社区事务的决策中来，同样，民营企业也必须认识到应该承担更多的社会责任，组织内部的资源一定程度上要向社区开放。

（四）积极鼓励社区民众的积极参与

新型社区建设是在政府的推动下开展的，甚至带有明显的强制色彩，但是社区管理部门毕竟不是一级行政组织，也不是政府的派出机构。社区是农村居民基于共同生活的需要居住在一起的“新型社会生活共同体”，也是实施自我管理、自我服务的自治组织，农村社区的原动力应该在社区本身，因此应推动农村社区管理的民主化，调动农村居民参与社区建设的积极性。与城市社区建设不同，农村社区中居民参与社区建设的积极性理论上更容易调动。因为城市居民接受到的公共产品和社会服务，虽然与本社区有着非常密切的关系，但是他们同样可以从相邻的其他社区获得，比如体育设施、医疗服务、文化服务、教育服务等，在社区之外，城市还有许多设施可供更大范围的居民使用，因此，居民对自己社区的依赖度要低，居民参与社区治理的积极性自然会下降，也就是说，离开社区，城市居民生产生活受到的影响相对较小。农村社区则不同，绝大多数农村社区在农民生产生活中扮演着相当重要的角色，农民生产资料的购买、各种公共产品和社会服务的获得，大多只能依靠本社区提供，城市里的设施农民很难享受到，所以农村社区发展水平的高低，与农民生活质量息息相关，因此，参与社区治理的积极性和主动性理论上要远远高于城市社区。加之农村社区得到政府支持的力度仍然比较小，公共物品普遍短缺，社区服务水平也比较差，依靠外界因素改变农村社区状况的可能性较小，只能依靠自己的参与，改变社区的环境。农民合作社这样的行业组织在农村中势力比较强大，一些中介性的服务组织发展也比较快。但是公益性的、服务性的社会组织还比较缺乏，农民合作社、民营企业应该带头增加农村公共物品的供给，完善农村社会服务，因为单纯依靠政府来提供是不现实的。

社区最基本的要素包括“一定的区域、共同的纽带、认同意识和社会交往”（项继权，2009），因此，强调民众参与的目的，还应提高居民的综合素质和他们对社区的认同感。张静（2009）从法律的角度，认为农村民间组织对农民素质的提高、农民公共精神的培育、政治法律素质的提高能够发挥重大作用。农民合作社作为自我管理、自我服务、自我监督、自我完善的公共组织，把分散的个体再次组织起来，在共同劳动过程中增强了合作意识，农民的公民精神也在合作、谈判、妥协等过程中习得，进而提高了自身的民主意识和参与积极性等。农民组织是一种共同体，更是一种生活方式或生活状态，农民合作社必须为所有成员提供公共服务，这样才能吸引社员参与，农民合作社必须完善“共享、共建”机制，制定以文化认同为主导的社区建设政策，一旦成员缺乏文化认同，社区的社会责任感和成员对社区建设的参与意识就会很低。

第四节　促进农民合作社嵌入新型农村社区治理的措施

党的十九大报告中提出“打造共建、共治、共享的社会治理格局，要加强社区治理体系建设，推动社会治理重心向基层下移，发挥社会组织作用，实现政府治理和社会调节、居民自治良性互动”。本书提出的嵌入农民合作社的新型农村社区治理体系，就是一个有益的探索。通过充分调动农民合作社等农村社会组织的积极性，逐渐承担起农村社区发展的重任，为农村社区提供更多的公共物品和社会服务，改变现在的政府办社会状况，促进“小政府，大社会”社会治理格局的形成，真正在农村社区中实现多元治理主体共建共享共治的局面。鉴于农民合作社是目前农村社会中实力最强、影响面最广泛的社会组织形态，提出以下相应的政策建议。

（一）培育和完善各种类型的农民合作社

通过前面几章的分析可以得出结论，农民合作社参与到新型农村社区治理中来，不仅是必要的而且是可行的，不仅在浙江、江苏、山东等经济比较发达的地区广泛存在，而且在相对落后的地方也出现了一些好的典型，所以说，不论是发达地区还是欠发达地区，在新型农村社区抑或是一般的农村社区建设过程中，积极吸收农民合作社参与到治理中来，是非常有意义的。当然，农民合作社参与农村社区治理的范围和深度并不相同，这是一个非均衡的、渐进的过程，但总体趋势一定是越来越广泛、越来越深入，因为这是农村社区“善治”的需要，是充分发挥多元治理主体作用的需要。总的来看，目前农民合作社在农村社区治理中的作用还不大，参与面还不够广泛，在经济领域的作用大于在政治领域、社会领域和教育领域中的作用。农村社区中多数事务的决策过程中还没有农民合作社的影子，许多地方政府并没有意识到农民合作社的作用，还没有主动吸纳其进入到治理体系中来。但是，在局部地区，一些农民合作社已经很好地参与到了农村社区治理中来，极大地提高了农村社区公共物品供应能力和社会服务水平，呈现出良好的社会治理势头。在这些地区，农民合作社作为农村社区治理多元主体中的一员，在整个乡村治理过程中扮演了相当重要的角色，部分承担了政府提供公共产品的职能，促进了农业生产的发展，保护了农民的利益，增加了农民的收入，同时农民合作社的合作制原则、民主管理原则的实施使农民更多地拥有公平的选举权和参与决策权。所以，从长远来看，各种类型的农民合作社与基层政府部门和自治组织以及其他社会组织一起，共同创建一种多元主体协同的治理模式，一定可以促进农村社区治理水平的提升。

新型农村社区建设不是简单地由基层政府组织大包大揽，新建一套组织体系维持社区的运转，这种政府主导的“行政化”是不可持续的，当然新型农村社区也不能简单地由社区组织进行“社区化”运作。新型农村社区的建设过程，必然是政府部门和社区内的各类社会组织共同治理的过程。应以社区党组织为领导，以政府部门为主导，动员社区内的所有资源和力量，搭建社区治理的大平台，形成多元主体共同参与的局面。在整个治理体系中，农民合作社作为农村中最重要也最具实力的团体，必须给予高度关注。农村社会管理是一个由国家和社会共同作用形成公共权威，实现对乡村社会调控和治理的动态过程。新型农村社区实现“善治”的标志就是多元主体能够协同治理，为和谐社会的构建充分发挥社会各界的力量，如果不实现协同治理，那么，农民合作社的治理范围会越来越大，从而冷落了体制内的组织，形成“另立中央”的局面，党和政府的基层组织就会出现“无事可干”的状况。组织化程度是社会管理体系的参考指标，组织化程度越高，社会的群体性特征越明显，社会管理的成本和风险就越低。在农村社会管理的大格局中，既要充分体现党和政府在社会管理中的主体地位，同时也要发挥农民合作社等社会组织的协同作用，最终形成“小政府，大社会”的治理格局。

农民合作社的发展获得村民的认同说明它给村民带来了收益，农民合作社的性质决定了它并不是政治性组织，尽管它不可避免地要带上政治色彩。农村社区组织要考虑的不是如何阻碍合作社的发展，而是要抓住机会迅速地融入合作社的发展过程，为合作社的发展营造好的微观环境，在合作社的成长中重新树立自己的权威。通过农民合作社，培育新型农民，实现村庄治理转型，推进政府职能转变，扩大农民合作社的社会效应，建立与完善农村社会管理多元主体的协调运转机制。但是目前来看，农民合作社的种类、数量和运行质量还有很大的空间，所以应该重点做好以下几项工作：

（1）鼓励成立各种类型的农民合作社。除了现在比较成熟的农民专业合作社外，充分重视土地流转合作社在农业产业化、农业规模经济中的重要作用；重视社区综合合作社在丰富农村社区公共产品，提高社区居民组织认同感和凝聚力方面的重要作用；重视社区股份合作社在农村集体资产保值、增值，保护农民权益方面的重要作用；重视消费合作社在降低农民生活成本，方便农村居民生活，提高农村居民凝聚力方面的重要作用，重点鼓励这些类型的合作社发展，各地政府积极创造条件，让他们享受到和农民专业合作社同等的待遇。此外，还要尊重农民的创新精神，鼓励他们成立各种类型的合作经济组织、合作社会组织，让合作成为农村社区的主旋律，彻底改变农民群体“一麻袋土豆”的局面，让农村社区成为团结协作的示范地，重塑农村社区“熟人社会”的性质。

（2）加强对农民合作社的外部管控。在各级政府“特殊关爱”和“长期坚持”下，农民专业合作社得到超常规发展。但是数量的激增并没有带来农户之间的合作由松散到紧密、从初级到高级的实质性变革，合作社质的规定性（自我服务和民主控制）正在发生漂移（黄祖辉等，2009）。事实上，由于各地出台了大量的支持农民专业合作社发展的政策，为了谋求政策红利，合作社“应运而生”，许多只是戴了顶“合作社的帽子”，并没有实质性的合作，成了“空壳社”，从而引起各界对农民合作社的质疑。为此，各级政府部门和基层社区治理组织在大力鼓励农民合作社发展的同时，一定要加强对合作社发展的监管，从注册到日常经营，规范管理，规范运作。对于成立虚假合作社骗取国家政策受益的行为要给予重罚，真正让中央的惠农政策惠及到普通农民群众，让有限的政府资金在发展农民经济和改善农民生活方面发挥重要作用。

（3）强化农民合作社的内部治理。普遍内部管理不规范的问题，严重制约了农民专业合作社的发展。不少农民合作社没有章程，内部管理不规范，制度建设不健全；运作中不能够坚持合作社的基本原则，民主性、合作性体现不出来；“少数人控制”现象严重，特别是在能人牵头成立的合作社，社员话语权很少；经营管理不善，导致合作社经营绩效比较差。要提升农民合作社的市场竞争力，做到长期可持续发展，内部规范问题必须给予高度重视，要抓好对农民合作社领导人和社员的培训，学习韩国新农村运动的经验，既要充分利用现有高校的力量加大培训的力度和广度，同时，有条件的地方还可以成立专门的培训组织，设置专门的合作社“指导员”来帮助各类农民合作社提高经营管理水平，提高规范化经营程度，否则要想让农民合作社担当农村社区治理的重任是不现实的。

（二）实现对农民合作社支持政策的“全覆盖”

《中华人民共和国农民专业合作社法》第八章“扶持措施”中，从项目建设、财政支持、资金支持、保险服务、税收优惠等方面给予了明确的规定，但从实际情况来看，农民专业合作社得到的支持力度还远远不够，而且，优惠的对象仅限于农民专业合作社。通过前面的分析可知，对于新型农村社区或新农村建设来说，仅仅发展农民专业合作社还是不够的，土地流转合作社、社区股份合作社、社区综合合作社、居民消费合作社等，在不同的领域，采用不同的方式为提高农民的收益、保障农民的权益发挥着作用，也应该得到大力的支持。各地方政府应该根据各地农民合作经济组织的发展情况，结合本地的财力和物力情况，制定详细的实施细则，落实对农民合作经济组织的支持政策，逐步实现对各类农民合作经济组织的“全覆盖”。同时，针对目前农民合作社领域普遍存在的“虚假合作”“伪合作”现象，加强监督检查，确保各类扶持政策惠及到真正的农民合作社身上。依据《中华人民共和国农民专业合作社法》，对于农民合作社的支持可从以下几方面展开：

（1）国家支持发展农业和农村经济的建设项目，可以委托和安排有条件的农民合作社实施。不断改进支农的方式，把合作社发展成为支农项目的主要载体，国家支持农业和农村经济社会的建设项目，主要依托农民合作社来进行，提高支农资金的使用效果。同时，还应该积极推进地方政府部门向农民合作社购买农业、农村、农民等公益性服务，加大财政支农项目由符合条件各类合作社及合作社联合组织的承接和实施力度。

（2）中央和地方财政应当分别安排资金，支持农民合作社开展信息、培训、农产品标准与认证、农业生产基础设施建设、市场营销和技术推广等服务。这个方面尤其是重点支持老少边穷地区农民合作社，充分发挥合作社的益贫功能，提高“精准扶贫”的准确度，对于有利于农民脱贫的粮食、牲畜、油料、林果类的专业合作组织，以及对于改善农民生活类的社区综合组织、居民消费合作社等，给予大力支持，提高农村扶贫工作的效率，从而使落后地区的农民，逐渐享受到更多的“公共物品”服务，提高落后地区的“社区”服务水平。

（3）国家开发银行、农业发展银行等国家政策性金融机构应当采取多种形式，为农民合作社提供多渠道的资金支持，放开贷款用途，提供利率方面的优惠，安排低息贷款等。鼓励各级商业性的金融机构制定支持农民合作社发展的信贷扶持政策，进一步加大对农民合作社及其社员的信贷支持力度，适度降低贷款条件，优先提供低息贷款支持，在信贷审批、信用额度、利率标准、信贷种类等方面提供便利和优惠，使农民合作社享受安全、高效的资金结算服务。国家鼓励保险机构为农民合作社提供多种形式的农业保险服务。保险部门也要充分认识到农业的“弱质性”，对农业保险提供最大幅度的优惠，政策性农业保险机构和商业保险机构都应该加快开发适合农民合作社、农村居民特点的保险产品，不断扩大政策性农业保险的品种和覆盖面，为农民合作社提供农业保险服务。考虑到农民的保险的接受程度，广泛借助农民合作社，开展对农民的各类保险服务。由于农民合作社长期以来被禁止开展金融和保险服务，因此要加快农民合作社开展这类业务的试点工作，因为从日本、韩国的经验来看，农民合作社要获得长期的可持续发展，要加强其自身的造血功能，而金融和保险业务是农民合作社重要的赢利点，是开展其他业务、支持农村社区的重要保障，因此，要支持有条件的农民合作社开展信用合作、资金互助和贷款担保试点，作为各级政府和金融部门的重要工作来抓，这也是反哺农业、反哺农民的最有效措施。

（4）农民合作社享受国家规定的对农业生产、加工、流通、服务和其他涉农经济活动相应的税收优惠。浙江省规定，“对合作社销售社员和非社员生产、初加工农产品免征增值税，暂不征收房产税、城镇土地使用税、水利建设专项资金、残疾人就业保障金、个人所得税”。

（5）农民合作社从事农产品初加工用电执行农业生产用电价格，农民合作社生产性配套辅助设施用地按农用地管理。这些为农民合作社的发展提供了坚强有力的法律保障。2016年浙江省出台了《关于引导和促进农民专业合作社规范发展的意见》，规定“将支持合作社合理建设和发展设施农业的政策举措落到实处。认真执行合作社用电优惠政策，对其从事种植、养殖、捕捞的用水用电及本社成员农产品初加工用电执行农业生产相关价格”。另外，浙江省还规定对农民合作社因生产需要建造的临时性农业生产配套设施，在不破坏耕作层的前提下，给予一定的用地指标，在不改变土地权属和用途前提下，视作设施农用地审批。农民合作社兴办加工企业等所需要的非农建设用地，在符合相关土地规划前提下，土地管理部门要优先安排用地计划，及时办理用地手续。这些都是在用电、用地等方面支持农民合作社的具体做法，各地应该结合实际，出台相应的措施，积极落实《中华人民共和国农民专业合作社法》的各项规定，同时，因地制宜地展开对各类合作社的支持力度。

（三）加快农民合作社参与社区治理的制度建设

新型农村社区中拥有党组织、政府派出机构、社区自治组织、各村原来的村级组织以及我们倡导的农民合作社等社会组织，每个治理主体的目标虽然都是为了促进农村经济社会协调发展和农民生活的日益改善，但是，由于各个治理主体都有着自身的利益诉求，必然导致它们在参与社区治理过程中，首先想到的是自身利益的最大化。因此，如何使这么多的治理力量有机地整合起来，呈现协同效应，对于新型农村社区治理目标能否高标准实现至关重要，因此要健全多元治理主体之间的运行机制，促进治理主体之间的衔接互动。传统的农村治理机构和组织，应该充分发挥各主体尤其是新兴社会组织的积极性，主动吸收他们进入社区治理体系中来。

确保农民合作社及其他社会组织有效参与农村社区建设的关键在于建立健全各种制度措施，既要最大限度地保护各个治理主体的权益，充分调动他们对社区治理的积极性，又能够对各个主体的行为构成有效的约束，使他们的行为在制度框架设计内进行，不可越界行事。通过科学合理的制度设计，搭建起各个治理主体之间协同的桥梁，为多元主体之间的互动交流创造条件，形成治理主体间互相支持、互相依赖、共同发展的局面，保证各主体之间的互动和沟通能够畅通无阻，而不是各自为政、各行其是甚至互相拆台。制度建设方面，马奇和奥尔新把制度分为三个层面，表层为规制性层面，有法律法规、规章制度等权威性制度安排；中层为规范性要素，是指一般性的规则和规范，是制度的框架结构，包括社区管理制度、乡规民约、服务承诺、组织章程等；底层为文化—认知性要素，包括社区的社会公德、文化氛围、民风民俗等，是社区历史沉淀和主动倡导的价值取向。

（1）规制性层面的制度建设。目前农村承包地“三权分置”、“两权”抵押、产权制度改革及“三变”改革等，使得农村社会的治理环境更加复杂，特别是新型农村社区，由多个村庄集中居住，复杂程度更高，原来的《中华人民共和国城乡居民委员会组织法》《中华人民共和国村民自治法》运用到新型农村社区中都不完全适合，因此，应该在法律层面出台相应的社区管理制度，指导新型农村社区的治理。另外，《中华人民共和国农民专业合作社法》虽然进行了修订，但还是由许多地方落后于快速发展的实践，尤其是对不同类型合作社的规定，需要进一步修订，各地在具体执行过程中要制定相应的实施细则，这是规制性制度层面急需解决的。

（2）规范性层面的制度建设。规范性要素是农村社区建设比较完善的制度，但是由于新型农村社区是多村庄融合而成，主体利益的复杂性必然会产生规则方面的不一致甚至冲突，需要在充分协商的基础上形成共同遵守的行为规范和活动程序。农民合作社要在经济、政治、社会、文化教育等方面发挥作用，需要基层治理组织在规制性制度框架内，明确他们具体的参与方式、途径、范围、服务对象等，明确权利义务，使其能够有序开展服务活动，避免与现有的基层治理组织以及其他的社会组织产生摩擦和矛盾。

（3）文化—认知性层面的制度建设。党的十九大报告提出的“产业兴旺、生态宜居、乡风文明、治理有效、生活富裕”乡村振兴战略总体要求，也是新型农村社区追求的建设目标，“乡风文明”是社区建设的软件方面，需要社区居民和各类组织的共同努力。社区治理需要有社区居民共同遵守的行为规范和乡规民约，要建立一整套的相关制度和奖惩措施。农民合作社作为与农民利益联系最为密切的组织形式，要在倡导农村社区精神文明方面起到带头作用，就像山西蒲韩乡村社区那样，带领农民致富的同时，大力开展社会主义精神文明建设，移风易俗，培育积极向上、健康快乐的生活方式。政府部门对于农民合作社在这方面的贡献要给予相应的奖励，从物质层面和精神层面对农民合作社及其他社会组织的贡献给予认可。

（四）积极搭建农民合作社嵌入社区治理的平台

新型农村社区治理中，目前迫切需要解决的是为农民合作社等社会组织搭建参与治理的平台，方能使英雄有用武之地，改变现有农村社区中社会组织缺少位置、缺少载体、缺少资源的状况，通过吸收他们积极参与到社会治理中来从而获得应有的社会地位。新型农村社区治理的理想模式是一种类似于日本的“混合治理模式”，这是因为我国拥有强有力的政府组织，同时社区居民又有强烈的参与动机，充分发挥二者的长处，形成一种政府主导、民众参与的管理模式，特点是政府制定宏观政策，并由社区党组织和政府机构负责政策的落实，具体由社区服务组织、自治组织和农民合作社等社会组织具体执行，社区居民通过与政府部门相互配合、相互支持的方式参与到农村社区治理中来。在这一模式下，各个治理主体密切协作，形成了协同效应。多元主体治理的目标就是改变传统的以行政为主体的治理结构，形成“平层治理”结构，弱化原来的行政组织、社区治理组织的中心地位，提高其他社会组织的地位，逐渐向民主治理社区转变，形成“以社区居民为中心的治理结构”，弥补传统治理力量占据主导地位而治理能力又无法满足社区居民需要的缺陷。

（1）搭建实体平台。社会组织都有着参与社区治理的动机，随着社区建设的日益成熟，农村社区中的社会组织也会越来越多，在提供社会服务过程中，必然会产生许多交叉活动，搞不好它们之间也会产生矛盾和冲突。为此，加强对社会组织的统一管理显得很重要，当然，社会组织的自我管理、自我约束也是社会组织健康有序发展的重要途径，也是最大限度提高社会服务效率的重要保证。建议有条件的地方可以选择由实力雄厚、运作规范的农民合作社牵头组建社会组织联合会，负责社区内社会组织的统筹协调工作。现在各地组织的农民专业合作社联合社是行业的联合，大都是跨区域的，与社区之间的联系并不密切，而且许多合作社不在同一个社区，因此也不容易开展与某个社区的全面合作。在社区内部组建的社会组织联合会，是一种“地缘”组织，这些社会组织基本处在同一个社区内，大家的生活息息相关，社会组织的成员也是相互交叉的，一个居民可以是专业合作社的社员，同时也可以是各个协会的会员，这种社员构成的重叠性质，更加显得成立社会组织联合会很有必要，既可以整合资源，团结协作，提高效益，还可以在民主决策、民主参与、民主监督过程中，代表社区内的所有社会组织参与其中，提升社会组织的谈判能力和影响力，提高他们的社会地位，真正成为维护农民权益的一股重要力量。

（2）搭建服务平台。要充分调动社会组织参与社区治理的积极性，就要给这些社会组织更多的参与社区治理的机会，除了号召他们从事社会公益活动外，如果有可能，还要让他们在从事社会服务中获得必要的经济补偿。一个现实的选择就是加快政府购买公共服务的改革步伐，给农民合作社等社会服务组织更多的机会，承接社会管理和公共服务事项。尽快编制政府购买社会服务目录，凡是能够由社会组织承担的，尽可能地交给社会组织来承担，政府需要做的就是制定科学规范的实施程序、购买方式、资质确定、职责权利等具体事项，确保政府购买社会服务顺利开展。为使得社会组织能够发挥实效，支持农民合作社等社会组织参与到农村社区公共事务和公益事业中来，应改变以政府为主体的公共服务供给模式，形成农民合作社等社会组织为主体的公共服务供给体系，政府只是提供必要的公共服务，其他除动员社区居民及社会组织自我服务外，通过政府购买、以奖代补、公益创投等方式来实现供给。

（3）搭建参与平台。农民合作社等社会组织参与社区治理，不仅是让他们在社会服务中发挥他们的组织力量，更重要的是让他们参与到社区治理中来，充分体现出他们才是农村社区的“主人翁”。各地在实践过程中创造了好多好的经验和做法，新型农村社区在建设过程中，可以针对社区的实际情况，设立“民主议事会”“民主恳谈会”“民主监督会”或“和谐促进会”等参与平台，让这些社会组织有秩序地进行民主决策、民主参与和民主监督。发挥社区组织的重要作用，为社会力量参与社区治理搭建组织平台，有助于不断提升社区治理社会化水平（陈慧娟，2018）。搭建民主参与平台，需要明细基层政府、社区组织和社会组织的权责清单，规范社会组织衔接政府委托事项，对于三者的履职履约情况进行评估，实现政府治理、社区组织自我调节和社会组织良性互动。搭建民主参与平台，就是要健全民主决策制度，重要的事项社会组织有权利参与决策；健全民主管理制度，引导社会组织依法参与社区资产和社区财务的管理；健全民主监督制度，允许社会组织依法对社区财务和资产管理开展监督。只有实现了基层政府、社区组织和社会组织的“三者联动”，才能确保各方利益都能够得到有效的保证，才可能实现治理的科学化。

（五）充分发挥农民合作社在社区认同培育中的作用

推进新型农村社区建设，把新型农村社区建设成为管理高效、服务完善、和谐文明的社会生活共同体，展现出农村良好的精神风貌，是乡村振兴的重要方面。只有物质的繁荣，没有精神的文明，“乡愁”不可能留住。传统农村社区中，“熟人社会”的特征非常明显，“潜规则”在社区治理中起着非常重要的作用，因为是大家之间非常熟悉，即使没有明确、严格的制度规定，人们“墨守成规”，社会秩序也能够得到比较好的维护。但是新型农村社区人口数量多，人员流动性强，许多相对陌生的人聚集在一起，社区成员的异质性不断加深，加上居住方式、生活方式的变化，农村社区的社会关系也得到新的整合，社会资本损失比较严重，给人们带来了许多不适应，居民之间的融合成为问题。在新型农村社区建设中，居民对社区认同的重构成为关键。农村居民的社区认同，突出社区的共同精神价值，作为生活共同体，就是要追求社区居民的价值理念，强调归属感和认同感，而要达到这个目的，合作社具有非常重要的作用。几个村子合并到一起，文化冲突成为必然，如何实现融合？农村居民认同社区的前提是要让农民看到参与社区建设带来的收益，社区建设与农民的利益是一荣俱荣、一损俱损的关系，搞好社区能够给他们自身带来实实在在的收益，这样才能增强他们参与社区建设的动力。就像有学者提出的，要真正调动农民参与新农村建设的积极性和主动性，就必须形成一个农民参与新农村建设的合理的成本—收益结构（胡继妹，2008）。除此之外，社区治理机构应该重点做好以下几方面的工作：

（1）丰富农村社区公共福利，奠定社区认同的物质基础。要唤起绝大多数农村居民对社区的认同，必须要提供丰富的社区公共福利，让农村居民享受到和城市生活相差不多甚至更好的福利，包括自然环境、公共设施、社会福利等。因此，要积极推动基本公共服务向农村社区延伸，促进城乡基本公共服务均等化。物质文明是精神文明的基础，只有让农村居民感受到了实实在在的好处，才比较容易地开展精神文明教育。社区公共福利创造和改善，是激活农村居民公共参与热情、增强责任和义务意识的重要因素，是当地政府部门支持新型农村社区建设的一个重要任务，除了建设完善好为农民提供各种便利措施的社区服务中心外，还应该加大对农村社区基础设施包括文化设施的投入，改善农民社区文化硬件设施。同时，积极吸收社会各界公益资本参与图书馆、文化馆、活动中心、大舞台等建设中来，让农民有更多的活动空间参与到健康有益的活动中来，培育积极向上的社区文化生活，让农村居民在快乐的生活中增加对社区的感情。

（2）建设富有地方色彩的社区文化体系，在文化活动中培养居民对社区的感情。充分挖掘地方乡土特色文化，以农民群众喜闻乐见的形式构建社区文化，在乡土文化中还要积极融入现代文明、现代科技和现代艺术，不断提高农民群众的文化品位，逐渐培养他们健康的积极向上的生活方式和价值观念。同时，建设生活化的农村社区文化，通过文化建设重建农村社区认同。社区认同实际上是社区成员对社区文化或共同价值观的认同，认同的培育离不开社区文化建设，二者相互依存、相互促进。农村社区文化建设简单地靠外部输入所谓的先进文化是行不通的，必须跟农民的日常生产和生活相联结、相融合，形成自己生活化的文化建设模式。

（3）创造和提倡社区公共生活，促使农民在公共生活中生成更多的社区认同。重构社区认同，关键是要从农民的生产和生活实际出发，创造更多的社区公共生活，在社区公共生活中培养人们的集体意识和协作意识，塑造社区的公共精神，形成健康向上的道德风尚。社区公共精神越丰富，社会环境和氛围就越好，居民的社会资本越能最大化，每个人能够享有的社会资源和福利就越多，社区的治理就会出现事半功倍的效果。公共生活的塑造能够为构建富有生机活力的社区共同体带来美好的愿景，同时也能够减少传统农村社会的一些赌博、打架等消极现象。

各类农民合作社突破了农村传统的血缘及地缘关系，实现了更大范围农民联合，这有助于培育更广范围的社会普遍信任和互利合作。对于新型农村社区的居民来说，亲缘、血缘、地缘共同体意识随着新型社区的建成在不断弱化，最好的办法就是让他们参与到农民合作社或者其他社会合作组织中来，通过生产或生活上的合作，增强居民之间的感情，促进文化融合，实现良好治理。如果不积极发展农民合作社、各种协会等社会组织，农民的共同体意识很难得到有效的提高。因此，对积极发展农民合作社作用的认识，不能只看到它们在经济上带领农民致富，为社区提供更多的公共物品这些“有形”的方面，还要认识到其在农村社会关系重构方面发挥的“无形”的重要作用。农民合作社、各种协会等社会组织把松散的农民组织到集体的生产、生活中来，吸收了城市中“单位”管理体制，村庄也就随之逐渐演化成具有集政治、经济、社会生活于一体的“单位”，村民和村庄之间的关系较之前更为密切，作为合作社的一员，共同体的意识不断增强，依托合作社改善农村社区治理也就顺理成章。农民合作社发展起来后，也要有意识地加强农村居民对社区归属感的培育，提高农村居民对新型农村社区的认同。构建农村社区的共同生活，农民合作社等各类社会组织的作用尤为重要，许多地方的社会实践已经给予了充分证明。应提高社区居民的归属感和信任感，着力发展促进社区居民互惠合作的文化事业，充分发挥农民合作社及其他社会组织在构建熟人社会的重要作用，发挥他们在团结群众、凝聚人心方面的独特功能，吸引农村居民积极投入社区公益活动中来，激发其参与社区建设的热情，增强其对社区的归属感，提高其对社区的认同感，促进新型农村社区和谐稳定。

参考文献

［1］［美］奥尔森．集体行动的逻辑［M］．陈郁，郭宇峰，李崇新译．上海：上海三联书店，上海人民出版社，2006.

［2］毕于建，贺可栋，吕庆建．城乡统筹视野下合村并点的新型农村社区组织建设研究［J］．甘肃联合大学学报（自然科学版），2011（10）.

［3］白钢．选举与治理［M］．北京：中国社会科学出版社，2001.

［4］白剑，吉晓林．架起农民通向市场的桥梁——德国农协考察观感［J］．山西农经，2003（5）.

［5］陈慧娟．为社会力量参与社区治理搭建平台［N］．光明日报，2018-11-14.

［6］陈进，陈复东，庞振月．积极发展综合性农民社区合作社［N］．农民日报，2013-06-18.

［7］陈国申，聂玉霞．村庄合并后新型农村社区公共精神重塑研究［J］．中共天津市委党校学报，2016（4）.

［8］陈晓莉．新时期乡村治理主体及其行为关系研究［M］．北京：中国社会科学出版社，2012.

［9］程同顺．农民组织与政治发展——再论中国农民的组织化［M］．天津：天津人民出版社，2006.

［10］程同顺，杜福芳．城市化进程中的新农村社区建设：以天津市华明街为例［J］．湖南社会科学，2012（3）.

［11］丁艳华，万江红．农村民间组织对构建农村和谐社会功能的社会学分析［J］．中共成都市委党校学报，2006（6）.

［12］董进才．新型农村社区治理创新研究——业缘组织与地缘组织协同的视角［J］．财经论丛，2014（11）.

［13］董进才．专业合作社农民政治参与状况分析——基于浙江省示范合作

社的调查［J］. 农业经济问题，2009（9）.

［14］［美］杜鲁门 . 政治过程——政治利益与公共舆论［M］. 陈尧译 . 天津：天津人民出版社，2005.

［15］高秉雄，陈国申 . 西方基层政府的合并浪潮及对我国的启示［J］. 社会主义研究，2006（2）.

［16］高鸣，郭芸芸 . 2018 中国新型农业经营主体发展分析报告［N］. 农民日报，2018-02-22.

［17］高强，孔祥智 . 农民专业合作社与村庄社区间依附逻辑与互动关系研究［J］. 农业经济与管理，2015（5）.

［18］郭彩云 . 农村民间组织与乡村治理研究［D］. 中央民族大学，2012.

［19］郝志东，廖坤荣 . 两岸乡村治理比较［M］. 北京：社会科学文献出版社，2008.

［20］何平 . 中国乡村治理模式的嬗变［J］. 理论参考，2012（71）.

［21］胡继妹 . 社会主义新农村建设的模式选择及典型案例研究——以浙江省湖州市为例［M］. 杭州：浙江大学出版社，2008.

［22］黄祖辉，赵兴泉，赵铁桥 . 中国农民合作经济组织发展：理论、实践与政策［M］. 杭州：浙江大学出版社，2009.

［23］匡远配，汪三贵 . 日本农村公共产品供给特点及其对我国的启示［J］. 日本研究，2005（4）.

［24］金瑛 . 韩国政府扶持的新乡村建设的经验［J］. 延边党校学报，2010（2）.

［25］李成辉，龚怡菲，彭铁桥 . 我省农村空心化、老龄化现象较突出［N］. 三湘都市报，2018-07-11.

［26］李晶 . 政府荫庇下的日本农协——仙台秋保町的人类学调查［J］. 开放时代，2011（3）.

［27］李水山 . 韩国政府的改革与在新村运动和区域开发中的职能（上）［J］. 世界农业，1995（6）.

［28］李水山 . 韩国政府的改革与在新村运动和区域开发中的职能（下）［J］. 世界农业，1995（7）.

［29］李水山，许泳峰 . 韩国的农业与新村运动［M］. 北京：中国农业出版社，1995.

[30] 蔺雪春．新型农民组织发展对乡村治理的影响：山东个案评估 [J]．中国农村观察，2012 (1)．

[31] 刘永泰，邱成利，葛毅强．日本农业普及制度及运行方式 [J]．中国农村科技，2004 (5)．

[32] 曼德，阿斯夫．善治：以民众为中心的治理 [M]．北京：北京知识产权出版社，2007.

[33] 苗月霞．新型农民合作经济组织与乡村治理 [J]．武陵学刊，2010 (6)．

[34] 项继权．从"社队"到"社区"：我国农村基层组织与管理体制的三次变革 [J]．理论学刊，2007 (11)．

[35] 袁方成，李增元．农村社区自治：村治制度的继替与转型 [J]．华中师范大学学报（人文社会科学版），2011 (1)．

[36] 贺雪峰．组织起来——取消农业税后农村基层组织建设研究 [M]．济南：山东人民出版社，2012.

[37] 贺雪峰．乡村治理的社会基础——转型时期乡村社会性质研究 [M]．北京：中国社会科学出版社，2003.

[38] 胡继妹．社会主义新农村建设的模式选择及典型案例研究 [M]．杭州：浙江大学出版社，2008.

[39] 黄增付．农民合作社村庄整合的实践与反思——基于闽赣浙湘豫土地股份合作社案例的分析 [J]．农业经济问题，2014 (7)．

[40] 黄胜忠，金士平，金啸胜．农民专业合作社发展与现代农业建设——以台州市路桥金穗粮食全程机械化生产合作社为例 [J]．农业经济，2008 (1)．

[41] 姜裕富．农村基层党组织与农民专业合作社的关系研究——基于资源依赖理论的视角 [J]．社会主义研究，2011 (5)．

[42] 纪良纲，董进才，王小平等．农产品流通中介组织研究 [M]．北京：中国商业出版社，1998.

[43] 蒋军民．股份合作制改革，激发农村社区发展活力 [J]．中国农民合作社，2016 (3)．

[44] 李国庆．日本农村的社会变迁：富士见町调查 [M]．北京：中国社会科学出版社，1999.

[45] 辽宁省赴日农业经济考察团．日本农协和社会服务体系 [M]．沈阳：辽宁大学出版社，1990.

［46］李成辉，龚怡菲，彭铁桥．湖南农村空心化严重，乡村振兴路在何方？［N］．三湘都市报，2018-07-11．

［47］李翠亭．解读利益集团在美国政治博弈中的作用［J］．武汉大学学报（哲学社会科学版），2007（11）．

［48］李锋传．日本建设新农村的经验及对我国的启示［J］．经济管理文摘，2011（8）．

［49］李增元．开放、流动社会中的农村社区治理改革与创新［J］．社会主义研究，2014（2）．

［50］林滢，任大鹏．我国农民专业合作社社区化现象探析［J］．农村经济，2009（10）．

［51］马彦丽．我国农民专业合作社的制度解析［M］．北京：中国社会科学出版社，2007．

［52］［美］帕特·乔特．银弹攻势——日本以“金钱政治”手腕操纵美国的贸易政策［M］．林晨辉等译．北京：中国经济出版社，1991．

［53］［美］帕特南．使民主运转起来［M］．王列，赖海榕译．南昌：江西人民出版社，2001．

［54］彭超，杨久栋．2018 中国新型农业经营主体发展分析报告——基于农民合作社的调查和数据［N］．农民日报，2018-02-23．

［55］［韩］朴振焕．韩国新村运动——20 世纪 70 年代韩国农村现代化之路［M］．北京：中国农业出版社，2005．

［56］仇叶．规模土地农业机械化的道路选择与实现机制——对基层内生机械服务市场的分析［J］．农业经济问题，2017（2）．

［57］任大鹏．农民专业合作社核心价值的实现［J］．中国农民合作社，2013（1）．

［58］任泽涛，严国平．协同治理的社会基础及其实现机制——一项多案例研究［J］．上海行政学院学报，2013（5）．

［59］阮蔚．日本农协面临的改革难题及对中国的启示［J］．中国农村经济，2006（7）．

［60］石亚军．实现政府科学决策机制的根本转变［J］．中国行政管理，2006（10）．

［61］［日］山田定市．现代合作社论［M］．李中华译．沈阳：辽宁人民出

版社，2004.

[62] 史雨星，姚柳杨，赵敏娟．社会资本对牧户参与草场社区治理意愿的影响 [J]．中国农村观察，2018 (3).

[63] 苏晓洲，于磊焰，陈澎．农民王运芳和他的万人合作社 [J]．半月谈，2006 (2).

[64] 孙迪亮．农民合作社参与供给农村社区公共服务的绩效与问题 [J]．齐鲁学刊，2017 (2).

[65] 孙远东．社区重建抑或国家重建——快速城镇化进程中农民集中居住区的公共治理 [J]．苏州大学学报（哲学社会科学版），2011 (5).

[66] 汤志华，刘晓华．林业专业合作社与农村社会管理体制创新 [J]．华中农业大学学报（社会科学版），2010 (6).

[67] 谭融．美国利益集团政治研究 [M]．北京：中国社会科学出版社，2002.

[68] 滕玉成，牟维伟．农村社区建设和治理研究述评 [J]．东南学术，2010 (6).

[69] 王鹏杰，白友涛．消费合作社在新农村社区建设中的作用——以南京市永宁镇张圩社区为例 [J]．黑河学刊，2015 (9).

[70] 万秀丽，马斌．农民专业合作社与农民制度化政治参与问题研究 [J]．甘肃社会科学，2011 (6).

[71] 王晓明，范迎春，任鹏飞．“新三驾马车”要形成合力 [J]．瞭望，2006 (45).

[72] 温家宝．不失时机推进农村综合改革　为社会主义新农村建设提供体制保障 [J]．求是，2006 (18).

[73] 吴理财．乡镇改革与后税费时代乡村治理体制的构建 [J]．城市发展研究，2006 (4).

[74] 吴光芸，杨龙．社会资本是脚下的社区治理 [J]．中共福建省委党校学报，2007 (1).

[75] 吴新叶．农村基层非政府公共组织研究 [M]．北京：北京大学出版社，2006.

[76] 吴业苗．农村基层社会管理与“社区化”体制建构——基于城乡一体化视角 [J]．社会科学，2013 (8).

［77］许丹．国外乡村建设经验及对我国新农村建设的启示［D］．黑龙江大学，2009.

［78］项继权．农村社区建设社会融合与治理转型［J］．社会主义研究，2008（2）．

［79］徐勇．在社会主义新农村建设中推进农村社区建设［J］．江汉论坛，2007（4）．

［80］徐勇．中国农村研究［M］．北京：中国社会科学出版社，2002.

［81］徐勇．乡村治理与中国政治［M］．北京：中国社会科学出版社，2003.

［82］徐旭初．中国农民专业合作经济组织的制度分析［M］．北京：经济科学出版社，2005.

［83］许锦英．社区性农民合作社及其制度功能研究［J］．山东社会科学，2016（1）．

［84］严国萍，任泽涛．论社会管理体制中的社会协同［J］．中国行政管理，2013（4）．

［85］阎占定，白照坤．新型农民合作经济组织乡村政治参与状况分析［J］．农业技术经济，2011（5）．

［86］阎占定．新型农民合作经济组织参与乡村治理研究［D］．华中农业大学，2011.

［87］阎占定．嵌入农民合作经济组织的新型乡村治理模式及实践分析［J］．中央民族大学学报，2015（1）．

［88］闫威，夏振坤．利益集团视角的中国“三农”问题［J］．中国农村观察，2003（5）．

［89］闫文秀，李善峰．新型农村社区共同体何以可能？——中国农村社区建设十年反思与展望（2006—2016）［J］．山东社会科学，2017（12）．

［90］杨贵华．集体资产改制背景下“村改居”社区股份合作组织研究［J］．社会科学，2014（8）．

［91］杨世松．对新型农村社区建设的探索［J］．决策探索，2011（12）．

［92］杨团．综合农协：中国三农改革的突破口［J］．西北师大学报（社会科学版），2017（3）．

［93］杨团．由乡村治理到国家治理——韩国农协结构性市场化改革的根源

与中国启示［J］. 探索与争鸣，2018（2）.

［94］杨岳 . 现代日本乡村治理及其经验借鉴［J］. 法制与社会，2018（2）.

［95］叶齐茂 . 欧盟十国乡村社区建设见闻录［J］. 国外城市规划，2006（4）.

［96］［美］英格尔斯 . 人的现代化［M］. 殷陆君译 . 成都：四川人民出版社，1985.

［97］俞可平 . 新移民运动、公民身份与制度变迁——对改革开放以来大规模农民工进城的一种政治学解释［J］. 经济社会体制比较，2010（1）.

［98］俞可平 . 治理与善治［M］. 北京：社会科学文献出版社，2000.

［99］于水 . 乡村治理与农村公共物品供给［M］. 北京：社会科学文献出版社，2008.

［100］袁方成，李爱燕，吴理财等 . 从村民自治到社区自治：基层民主的新发展——温州村级组织转制与新兴社区建设调查研究［M］. 北京：中国社会科学出版社，2014.

［101］赵晓峰，刘成良 . 利益分化与精英参与：转型期新型农民合作社与村两委关系研究［J］. 人文杂志，2013（9）.

［102］赵晓峰，王艺璇 . 阶层分化、派系竞争与村域合作社发展——基于河南省先锋村新型农民合作社发展实践的调查［J］. 中国农村观察，2013（3）.

［103］张晓山 . 农民专业合作社发展需要关注的一些问题［J］. 农村经营管理，2011（1）.

［104］张斌 . 日本、韩国农业专业化组织调研报告［J］. 世界农业，2011（2）.

［105］张静 . 基层政权——乡村制度诸问题［M］. 杭州：浙江人民出版社，2000.

［106］张晓军，齐海丽 . 新农村建设中农村民间组织的角色探讨［J］. 学会，2008（2）.

［107］张益丰，陈莹钰，潘晓飞 . 农民合作社功能“嵌入”与村治模式改良［J］. 西北农林大学学报，2016（6）.

［108］张颖，高强，鲁可荣 . 新农村呼唤社区合作组织——中国农村社区合作组织与社会主义新农村建设论坛综述［J］. 中国改革，2006（8）.

［109］张颖举 . 新型农村社区建设试点的调查报告［J］. 经济纵横，2014（1）.

[110] 张兴华．城市农民工的现状、问题与对策［J］．技术经济与管理研究，2007（5）．

[111] 张永翊，王倞，任连娣．农民专业合作社与农村社会事业治理——农民专业合作社的功能研究［J］．生产力研究，2011（11）．

[112] 浙江省农业厅课题组．从 323 家合作社看浙江农民专业合作社发展［J］．农村经营管理，2007（8）．

[113] 郑风田．集中居住应以农民需求和意愿为本［J］．城乡建设，2009（9）．

[114] 周维宏．现代日本乡村治理及其借鉴［J］．国家治理，2014（4）．

[115] 周静，牛亚丽，闫磊．借鉴韩国农协经验，促进中国农民专业合作社健康发展［J］．世界农业，2014（3）．

附录 1：访谈提纲

访谈对象为社区领导、社区普通工作人员、农民合作社负责人、普通社员等。目的是了解社区发展过程中的问题，农民合作社在带动农民致富方面的作用，并且找到农民合作社在参与农村社区治理方面的一些典型案例，关注农民合作社在弥补社区服务功能方面的一些作用。

一、农民合作社在带动农民致富方面的作用

1. 合作社在农业生产物资（种子、化肥、农药、薄膜等）方面的作用如何？社员通过农民合作社采购的物资比例大概是多少？

2. 农民合作社在农产品销售中的作用如何？社员通过农民合作社销售的农产品比例大概是多少？

3. 农民合作社在农业技术服务方面的作用如何？社员每年得到农民合作社技术指导、培训的次数为多少？

4. 农民合作社在农业生产贷款方面的作用如何？社员在生产需要贷款的时候专业合作社能不能帮助解决？每年平均获得贷款几次？

5. 社员在生活中遇到困难或麻烦的时候，农民合作社能不能提供及时有效的帮助？

二、目前新型农村社区服务功能的短板

1. 农民最希望得到的社区服务有哪些？新型农村社区建设的目标是“发展生产、乡村文明、村容整洁、管理民主”，哪些得到了满足，哪些没有得到满足？

2. 政府对社区建设有哪些补贴？政府支持农业的项目通过什么途径执行，效率如何？农民合作社有没有承担政府项目？

3. 新型社区建设起来后，农民的土地有没有流转起来？农民的生产方式有没有随之改进？土地流转后农民合作社吸收农民就业情况如何？社区在为农民提供就业机会方面做了哪些工作？

4. 社区运作资金的主要来源有哪些？社会资本（合作社、当地企业）参与农村社区服务设施建设的积极性如何？资金筹措是不是困难？

5. 新型社区建成后，社区居民对公共服务、文化体育设施、健康医疗、自然环境等方面是否满意？对生活质量改善帮助如何？

三、农民合作社参与新型农村社区建设的案例

1. 在社会方面的作用：农民合作社在调解民间纠纷、帮扶弱势群体、红白喜事组织、社区文化娱乐活动等方面有哪些表现？

2. 在政治方面的作用：农民合作社在维护农民权益、社区财务公开、防止腐败发生等方面有哪些表现？

3. 在公共设施建设方面的作用：农民合作社道路的修缮、文化体育设施建设、农田水利设施建设方面有哪些表现？社员对此的态度如何？

4. 在社区运行中，农民合作社有没有参与到社区治理中来？比如参加社区管理委员会、监督委员会，社区党总支吸收专业合作社党支部，组织社员参加社区选举等。

5. 在社区事务决策中，农民合作社有没有发言权？有没有采取民主协商机制等让农民合作社这样的组织参与到社区治理中来？

附录 2：农村示范专业合作社调研问卷

尊敬的合作社领导、社员：

我是国家社科基金项目“农民专业合作组织问题研究”负责人，现委托我校学生利用暑期回乡之际，对浙江省的农村专业合作社进行专题调研，问卷只用于学术研究，您的回答将受到严格保密，希望得到您的配合，谢谢！

1. 在村委会、地方人大代表的选举中，您是（ ）。

①每次都参加 ②经常参加 ③偶尔参加 ④没有参加过

2. 您认为村委会是（ ）。

①国家政权组织 ②基层群众自治性组织 ③乡镇的派出机构

3. 您希望自己当村干部吗？（ ）。

①想当 ②无所谓 ③不想当

4. 最喜欢看的电视节目是（ ）。

①新闻节目 ②法制节目 ③电视剧 ④综艺节目 ⑤农业科技节目

5. 假如您参加了上次村委会选举，主要原因是（ ）。

①这是自己的权利和义务 ②熟人拉票不好意思 ③非常希望某人当选 ④选举对自己有好处

6. 您对实施“村民自治”的看法是（ ）。

①农民自己当家做主 ②走过场，还是几个人做主 ③不好说

7. 下列问题中，您最担心村里搞不好的事情是（ ）。

①村集体财务 ②计划生育指标 ③住房用地使用 ④集体分红 ⑤农村治安 ⑥子女教育问题 ⑦其他

8. 如果您在工作或生活中发生自己不能处理的问题时，哪些人给您的帮助最大？（ ）

①家人、亲戚 ②朋友或熟人 ③村委会或村支部 ④合作社

9. 您投票选举村干部时，最看重他哪一点？（ ）

① 有文化、懂道理 ② 敢为村民说话 ③ 办事公道 ④ 经营能力强

⑤和自己关系近

10. 对于村干部在专业合作社兼任职务，您的观点是（　）。

①村干部大都能力强、关系广，对合作社的发展起积极作用　②村干部事务多，不适合在合作社担任职务　③村干部在合作社兴办过程中起了很大作用，应该承担职务

11. 进行村民选举会对本村带来的影响是（　）。

①加剧各派矛盾，影响团结　②助长歪风邪气　③能促进本村经济发展　④把真正有才能、愿意为群众干事的人选上来　⑤说不清

12. 您加入现在的合作社后的最大感受是（　）。

①收入有了保证　②做事情有了依托　③和以前差别不大

13. 有人通过行贿的方式从村干部那里捞到好处，您的观点是（　）。

①谁也不愿意送礼，没办法而已　②从上到下都这样，无所谓　③不正之风，应该抵制　④村里事务越来越公开化，这种现象越来越少了

14. 如果县、镇政府通过了一项损害包括您在内的农民利益的规定，您认为反映农民的呼声最现实、最有效果的方式是（　）。

①通过新闻媒体反映农民的要求　②通过集体上访找相关部门解决　③找人大代表反映问题　④通过自己的组织如合作社向上反映

15. 对于村里存在的一些不满意的问题，您一般通过什么方式来表达自己的看法？（　）

①参加村民大会，发表意见　②直接找村干部交涉　③向县、乡人大代表或上级部门反映情况　④联合其他农民采取共同协调的方法协商解决　⑤反映也不管用，干脆不去反映

16. 您曾向村干部、人大代表或乡镇干部反映过哪类问题？（　）（可多选）

①经济问题，如物价、税收、集体经济等　②政治问题，如选举、干群关系、作风等　③公共事务，如道路、教育、土地分配等　④个人私事

17. 2007 年 7 月 1 日起实施的《中华人民共和国农民专业合作社法》规定专业合作社的主管部门是（　）。

①民政部门　②农业部门　③工商部门　④不清楚

18. 您参加过自己合作社的投票表决吗，如果参加了，您认为（　）。

①我的一票很重要　②投票是我的权利　③多一票也不起作用

19. 如果有机会参加合作社理事会或监事会，您愿意吗？（　）。

①很高兴有更多的机会为社员服务　②大家选我的话，就干吧　③担心干

不好，还是做好自己的事情再说吧　④自己就是其中一员

20. 您认为在你们的专业合作社建立党支部会起到什么作用？（　）

①积极作用　②消极作用　③没有作用　④说不清楚

21. 您认为专业合作社在村里应该起怎样的作用？（　）

①合作社发展了，应该积极参与村里的公共事务建设，为村子的发展做出贡献　②安心发展合作社的业务，不要掺和村里的事情　③合作社和村里没有直接关系

22. 您认为您所在的合作社在维护农民利益方面的作用怎样？（　）

①确实能够维护绝大多数社员的利益　②对于经营大户的利益维护更多些　③有的时候，比如遇到市场差的情况，利益不容易保障

23. 您感觉乡镇政府对于发展专业合作社的态度是（　）。

①全力支持　②没有给予太多的关注，任我们自由发展　③支持，但是也担心势力太大　④不支持

24. 参加专业合作社，可以使您的收入（　）。

①有明显增加　②有一定的增加　③增加不多　④没有什么变化

25. 合作社的骨干成员如果参加村委会竞选，您的态度是（　）。

①全力支持，会给合作社的发展带来更多的便利　②不支持，他走了会影响合作社的发展　③拿不准，看情况再说吧

26. 您觉得村干部在你们合作社的发展中，起了怎样的作用？（　）

①支持并参与了专业合作社的建设　②在用地、用房、用电等方面给予了不少帮助　③不支持也不反对　④个别时候不支持专业合作社的发展

27. 您觉得专业合作社的重大事情应该由谁来决定？（　）

①主要负责人决定　②理事会集体决定　③社员大会集体决定

28. 下列说法，您同意哪一个？（　）

①合作社只是个经济组织，和村委会不会产生冲突　②合作社强大了，会削弱乡镇政府、村委会在农民中的影响力　③合作社和村委会谁能带领农民致富，农民就拥护谁

29. 您认为合作社在今后的发展中应该加强哪些方面的工作，请您随便谈谈。

____

____

后　记

本书以本人承担的国家社科基金一般项目“农民专业合作社的政治参与问题研究”（06BZZ012）、“嵌入农民合作社的新型农村社区治理研究”（14BSH010）和教育部人文社会科学研究项目“农村业缘组织与地缘组织的协同治理模式研究”（10YJA810004）的研究成果为基础，结合对目前农村社区治理中出现的新情况的研究而完成。本书试图从农民合作社与现有农村治理体系融合的角度，探讨“社会协同、公众参与”的具体方式和路径，为新型农村社区治理提供一条可以借鉴的思路。

三个课题在研究过程中，课题组成员彭金荣、谢敏、张秀英等，以及浙江财经大学的数十位研究生、本科生参加了实地调研和问卷调查活动，收集了大量一手资料。在调研过程中得到了一些农业主管部门与大量的农民合作社、农村社区以及合作社农民的帮助和配合，使几个课题得以顺利完成，在此一并表示感谢！

董进才

2020 年中秋